Peter Wald

Jemen

Antike und Islam – Geschichte, Kultur und Kunst im Südwesten Arabiens

DUMONT

Kunst-Reiseführer

In der vorderen Umschlagklappe:
Übersichtskarte des Jemen

In der hinteren Umschlagklappe:
Historische Karte des Jemen

Die wichtigsten Orte auf einen Blick

keine Sterne
sehenswert

☆
Umweg lohnt

☆☆
keinesfalls versäumen

Inhalt

Reisen im Jemen

Praktische Reisehinweise

Vorwort

In den letzten beiden Jahrzehnten unseres Jahrhunderts hat sich der Jemen stark verändert. Der im Trend stetig zunehmende Tourismus hat ebenso deutliche Spuren hinterlassen wie das verständliche Streben vieler Jemeniten, in einem modernen Staat mit möglichst allen Errungenschaften der neuen Zeit zu leben. Ziel unseres Buches ist es, Menschen, die erstmalig in den Jemen reisen, auf dieses besondere Land der arabischen Welt vorzubereiten, indem wir zum Verständnis des geschichtlichen und kulturellen Hintergrundes der jemenitischen Lebensart beitragen. Ein tieferes Verständnis soll möglichst auch bei denjenigen Reisenden erzielt werden, die vielleicht etwas irritiert, manchmal sogar verärgert, von ihrem »Jemen-Abenteuer« zurückgekehrt sind. Denn etwas Abenteuerliches steckt immer noch in den Jemen-Reisen, obwohl das Land seit rund 27 Jahren für Einzel- und Gruppenreisende geöffnet ist. Deswegen reisen wir ja erstmalig oder immer wieder in den Jemen: weil bei allem Modernismus die uralten Stammesstrukturen mindestens unter den Berg- und Wüstenjemeniten noch erhalten sind und dazu beitragen, eine archaische Urbanität zu bewahren, wie sie anderswo in der arabischen Welt kaum noch zu finden ist.

Nur das Abenteuer im Jemen nicht forciert suchen! Die zur Auflösung einer kritischen Situation erforderliche Sachkunde läßt sich nicht im Handumdrehen aneignen. Möglich erscheint es aber, die Grundkenntnisse zu erlangen, die eine Jemen-Reise ohne übermäßige Dramatik zu einem bleibenden Erlebnis machen. Auch dabei möchten wir helfen. Wir stützen uns nicht allein auf unsere eigenen Erfahrungen der letzten 25 Jahre. In all dieser Zeit sind ständig Hinweise, Ratschläge und Informationen anderer engagierter Jemen-Reisender, Entwicklungshelferinnen und -helfer, Wissenschaftler und Diplomaten sowie jemenitischer Freunde in unseren Kenntnis-Fundus eingegangen. Ihnen allen danken wir! Hervorheben möchten wir die Zusammenarbeit mit unseren Freunden im Vorstand und Beirat der Deutsch-Jemenitischen Gesellschaft e.V., und besonders danken wir für die Hilfe der Professoren Horst Kopp und Walter W. Müller.

Auf die neueste Jemen-Karte (1997) der Deutsch-Jemenitischen Gesellschaft haben wir uns bei der Übertragung arabischer Ortsnamen gestützt. Wir sind dieser Transkribierung im wesentlichen gefolgt, obwohl sie nicht dem arabischen Klang der Worte entspricht. Im Register am Ende des Buches finden Sie dieser Schreibweise eine lautliche Transkibierung beigesellt. Im Land kann der Einzelreisende ohne Arabischkenntnisse mit jemenitischer Hilfe seine Ziele wohl identifizieren.

Köln, September 1997
Edith und Peter Wald

Tür in Shibam, Wadi Hadramaut. Der Dekor ist nicht arabischer, sondern südost-asiatischer Herkunft, wie er seit etwa Mitte des 19.Jh. von vorwiegend hadramitischen Händlern aus Java und Sumatra eingebracht wurde.

Das Land und seine Bewohner

Der Naturraum

Der Jemen, die Republik Jemen, bildet den Südwesterker der Arabischen Halbinsel. Die Republik wird im Westen vom Roten Meer, im Süden vom Indischen Ozean (Golf von Aden) begrenzt; im Osten stößt sie an das Sultanat Oman, im Norden und Nordosten an das Königreich Saudi-Arabien. Teile der Grenze mit Saudi-Arabien sind noch nicht dem internationalen Recht entsprechend abgesteckt. Deswegen schwanken die Zahlen für das Flächenausmaß des Jemens zwischen 478 000 und 533 000 km^2. Jedenfalls ist die Republik Jemen eineinhalb mal so groß wie Deutschland und der zweitgrößte Staat auf der Arabischen Halbinsel.

Mancher wird vom Schiff aus im Rotmeerhafen Al-Hudaydah einreisen. Einige werden die hohen Hürden des Transits durch Saudi-Arabien überwinden und mit dem Auto auf dem langen Landweg kommen. Doch die große Mehrheit der Besucher des Jemens wird weiterhin im Flugzeug die Hauptstadt San'a' ansteuern und dabei noch vor der Einreise, so sie bei Tageslicht erfolgt, eine dramatische Lektion zur Vielschichtigkeit des Landes empfangen.

Noch über dem Roten Meer verläßt das Flugzeug die Reisehöhe. Das hell türkisfarbene Wasser in Küstennähe wechselt über zu dunkelgrünen, dann sandfarbenen und schließlich wieder grünen Bändern. Man erkennt deutlich den Sprung vom ersten Fruchtlandstreifen der Küstenebene zum Wüstenstreifen, endlich zum Fruchtland des Vorgebirges. Nun scheinen die Kämme und Spitzen der Berge zu dem Flugzeug aufsteigen zu wollen. Grau, braun und schwarz sind die vorherrschenden Farben der steinernen Riesen, die dann doch in einem gehörigen Abstand bleiben. Waren die beiden Regenzeiten (März / April und Juli / August) ergiebig, sind auf den Flanken der Berge scheinbar grüne Matten ausgebreitet; Feldpflanzen, Sträucher und Bäume stehen dann gerade in vollem Saft.

Kurz vor der Landung auf der Hochebene von San'a' zieht das Flugzeug eine weite Kurve. Der Bogen gibt dem Reisenden die Gelegenheit, in die Schlünde erloschener Vulkane zu blicken. Hauptsächlich im Osten und im Norden ergossen sich in grauer Vorzeit aus Dutzenden von Kratern mächtige Lavaströme. Schwarzes bis grünliches lebensfeindliches Gestein ist zu erkennen. Doch man erkennt auch Felder, Gärten und Häuser in der Vulkanlandschaft.

Küstenebenen, Gebirge und Wüsten prägen die Eigenarten der Landschaften im Jemen. Über die Meere kommen von Afrika und Indien her Regenwolken, die sich meistens an den Flanken der Berge, bei günstigen Bedingungen auch im Hochgebirge und über der Ebene von San'a' abregnen. Weil schon im Altertum der Jemen viel mehr vom Regen begünstigt war als andere Teile Arabiens, kam im alten Rom der Name *Arabia Felix* für den Südwesterker der Halbinsel auf. Doch das »Glückliche Arabien« war und ist nicht allein das Geschenk des Himmels. Heftige Gewitter oder subtropischer Dauerre-

Blick von den Klippen des Jol hinab in das Wadi Daw'an, ein Seitental des Wadi Hadramaut

Frau mit Umhang und typischem Strohhut im Wadi Hadramaut auf dem Weg zur Feldarbeit. Die Verhüllung ist nicht nur Ausdruck islamischer Sittsamkeit, sondern soll auch vor Staub und Sonne schützen.

gen können gerade am Fuß der Gebirge und in trockenen Wüstentälern Sturzfluten auslösen; Häuser und Pflanzungen werden mitgerissen, Menschen und Vieh ertrinken. Zum Arabia Felix konnte der Jemen nur werden, weil seine Bewohner es sehr früh gelernt hatten, Sturzfluten zu regulieren, Wasser zu speichern und Felder systematisch zu bewässern. Überreichliche Regenmengen sind bis jetzt nicht voll beherrschbar; dennoch haben rund 3000 Jahre Wasserregulierung den Jemen zu einer Art Gesamtkunstwerk gemacht.

Dieses »Gesamtkunstwerk« läßt sich in drei Großlandschaften gliedern: Die bis zu 70 km breite, sanft ansteigende Küstenebene am Roten Meer und am Golf von Aden wird besonders im Südwesten durch vorstoßende Gebirgsflanken gegliedert. Zeugnisse früheren Vulkanismus finden sich auch hier an vielen Stellen, nicht nur am Ostrand der San'a'-Hochebene; zum Beispiel liegt die südjemenitische Hafenstadt Aden in einem Doppelkrater. Die Ebene am Roten Meer heißt Tihama, in deutscher Übertragung »heißes Land«. Zeitweise ist die Tihama eine der heißesten und schwülsten Gegenden der Welt; sie verzeichnet ein Jahresmittel von 27,8 °C.

Zum Landesinneren hin erhebt sich steil das zerklüftete, im Westen stellenweise über 3000 m hohe Gebirge. Westlich der Hauptstadt San'a' liegt der höchste Berg der Arabischen Halbinsel, der 3760 m hohe Nabi ash-Shu'aib. An das Gebirge schließt sich ein Hochland an mit Durchschnittshöhen von 2000 bis 3000 m. Vom Hochland aus führen zahlreiche Täler in Richtung Rotes Meer und Golf von Aden hinab oder aber, meistens in nordöstlicher Richtung, zur großen Wüste hin. Diese reicht halbmondförmig an den Ost- und Nordrand der Vorgebirge heran, allerdings nicht nur mit gold- oder fahlgelben Sanddünen. Es gibt auch riesige Schotterflächen, dann wieder schimmert heller Sand zwischen und unter fast schwarzen

Terrassen bei Amran im Bergjemen über 2500 m hoch. Dort gedeiht neben Hirse und Gemüse vor allem Qat, und die »grüne Droge« ist die größte Einkommensquelle.

Lavakrusten hervor, anderswo ist der Boden kilometerweit mit melonenartig geschliffenen Steinen bedeckt.

Der jemenitischen Rotmeerküste sind Dutzende von Inseln vorgelagert, doch nur ganz wenige haben Wasser und bieten Menschen eine dauernde Existenzmöglichkeit. Kamaran nahe Al-Hudaydah ist eine Ausnahme; es beherbergt mehrere bewohnte Orte. Vor der Küste des Golfs von Aden fehlen Inseln fast völlig. Eine Besonderheit bedeutet die Insel Soqotra. Sie ist allerdings rund 700 km südöstlich von Aden vor der ostafrikanischen Küste zu finden.

Die Flora

Die beiden Regenzeiten, so sie ergiebig sind, bedenken die einzelnen Regionen des Landes ganz unterschiedlich. An den Meeresküsten regnet es sehr selten. An den Vorgebirgen entlassen die Wolken etwa 300 mm Niederschlag im Jahr. Für die Randgebirge im Südwesten kann man mit bis zu 1000 mm, im Osten nur mit knapp 400 mm rechnen.

Vor allem in Küstennähe sind Teile der Tihama wüstenhaft, und es ist kaum mehr als eine magere Weidewirtschaft möglich. Regnet es aber doch einmal, dann sät man Hirse ein, selbst in Sandböden. Schon nach ein bis zwei Monaten kann die Ernte eingebracht werden. Weiter landeinwärts in Richtung der Berge wartet man im Frühjahr und im Spätsommer auf Fluten, die vom Gebirge her abfließen. Wenn das Wasser kommt, wird es mit Hilfe von Erddämmen in einem System von Kanälen auf die Felder geleitet.

Im mittleren Bergjemen (Höhenstufe zwischen 1800 und 2500 m) bilden sich häufig vegetationsfreundliche Nebel, was auf das Zusam-

Mangroven an der Küste von Kamaran im Roten Meer und Flaschenbaum im westlichen Vorgebirge

mentreffen von feuchtwarmer Tiefland- und kühler Hochlandluft zurückzuführen ist. Diese mittlere Region ist die am meisten von der Natur begünstigte: In oft sehr engen Hochtälern gibt es reichlich Wasser, manchmal sogar ganzjährig; unter großen Schattenbäumen gedeihen Kaffee, Bananen, Mangos, Orangen, Mais, Hirse, Gemüse. An den höher gelegenen Hängen und bis zu den Gipfeln der mittleren Region ist man schon wieder auf Regenfälle angewiesen und muß die Niederschlagsmengen regulieren. Dort ist die Kunst des Terrassenbaus besonders hoch entwickelt.

Das Hochland ist nahezu baumlos. Dort gibt es einen kargen Regenfeldanbau. An manchen Plätzen zeigt allerdings üppiges Grün, daß doch Quellen vorhanden oder Brunnen gebohrt worden sind. Im gebirgigen Osten wechseln wasserreiche Täler mit üppiger Vegetation und wüstenhafte Hochflächen einander ab. Manchmal trifft man auf kleine Dattelpalmhaine, die weiter im Südosten, namentlich im Wadi Hadramaut, das Landschaftsbild geradezu beherrschen. Berühmt im Jemen sind die Tamariskenbäume des wüstenhaften Gebietes von Harib, die ein besonders gutes Bauholz liefern.

Nicht nur im Jemen, sondern weltberühmt sind einige andere Baumarten. Obwohl er eher knorrig, ruppig und struppig aussieht, sei doch der Weihrauchbaum (Gattung *Boswellia*) an erster Stelle genannt; schließlich ist dem Handel mit seinem Harz und mit dem des Myrrhebaums (*Commiphora myrrha*) der Beginn einer südarabischen Hochkultur vor rund 3000 Jahren zu danken. Heute findet man den Weihrauchbaum (oder -strauch) am ehesten im Südosten des Jemens, das heißt in der Randzone des Wadi Hadramaut zur großen Wüste hin. Noch häufiger kommt er auf der Insel Soqotra vor.

Viel eindrucksvoller sind auf Soqotra allerdings die sogenannten Drachenblutbäume (*Dracaena cinnabari*). Aus einiger Entfernung gesehen, stehen sie wie mächtige Pilze an den Hängen von Hügeln. Der bittere Saft abgestorbener Exemplare dient als Grundstoff für Heilmittel der Volksmedizin. Wo Drachenblutbäume gedeihen, sind meistens auch »Flaschenbäume« (*Adanium obesum*) zu finden. Der Strauch wird auch Wüstenrose genannt, da die Blüten, mit denen sich die Zweige im Frühjahr bedecken, rosa sind und ähnlich wie die des Oleander aussehen. Er kann bis zu zwei Meter hoch werden und entwickelt einen bauchigen Stamm, der ihm zu dem Vergleich mit einer Flasche verholfen hat. Der Flaschenbaum ist übrigens auch im Westen des Jemens in Höhen zwischen 600 und 1800 m zu finden. Dort stehen oft nahebei die im Jemen besonders eindrucksvollen Euphorbien.

Die Fauna

Den Steinbock kann der Besucher des Jemens nur noch als Hinterlassenschaft der Antike bewundern, vielfach aufgereiht oder als Einzelexemplar in Alabaster, Granit oder anderes Material gehauen; lebend soll ein Steinbock im Jemen zuletzt Mitte des 20. Jahrhunderts gesehen worden sein, und die Gattung gilt dort seither als ausgerottet. Auch konnte in den letzten Jahrzehnten niemand glaubwürdig nachweisen, ein Exemplar der Leoparden-Art gesehen zu haben, die es im Jemen geben soll. Hingegen gibt es viele Zeugnisse über die Existenz von kleineren Pavian-Herden. Man trifft sie am ehesten an den westlichen Gebirgshängen zur Tihama in einer Höhe von 600 bis 1000 m.

Dem Handel mit dem Harz des Weihrauch- und des Myrrhebaums (oben) ist der Beginn der südarabischen Hochkultur vor 3000 Jahren zu danken.

Wissenschaftler haben bisher 65 Arten von Reptilien nachgewiesen, darunter sechs, die es nur im südwestlichen Arabien gibt. Wüstenwarane und Dornschwanzgame, oft an die 20 cm lang, sind die eindrucksvollsten (und für Menschen harmlosen) Echsen. Nachweisen konnte man bisher auch an die 40 Schlangenarten. Einige davon gelten als durchaus giftig. Da aber Schlangen von Natur aus nicht aggressiv sind, sollte man mit Achtsamkeit (und gutem Schuhwerk) ohne Schlangenbiß durch den Jemen kommen. Hochinteressant, harmlos, aber schwer zu erspähen sind die Chamäleons, ebenso die Landschildkröten, denen man vielleicht noch in den Wadis der südwestlichen Bergregion begegnen kann. Seeschildkröten sind am ehesten in den seichten Buchten am Golf von Aden zwischen den Orten Bir Ali und Mukalla und in Sandstrand-Buchten auf der Insel Soqotra anzutreffen.

Schmetterlinge sieht man häufig, am besten im Mai und Oktober. 106 Arten sind belegt, die meisten afrikanischen Ursprungs. Noch vielfältiger ist die Vogelwelt. Manche der 360 festgestellten Arten gibt es nur im Jemen; gerade diese Arten stehen auf der Liste der vom Aussterben bedrohten Spezies. Vogelkundler und Vogelfreunde schätzen die Felsen von Kawkaban nahe San'a' als Beobachtungsposten. Um seltene Wasservögel zu sehen, bietet sich vor allem die seichte Küste des Roten Meeres bei Kamaran, zwischen Al-Mukha (Mokka) und dem Bab al-Mandeb an. Jedoch auch die Küste bei Schuqra am Golf von Aden hat eine reiche Vogelfauna zu bieten. Beide Meeresseiten beherbergen immer noch einen für heutige Verhältnisse enormen Fischreichtum, obwohl industrielle Fischerei ausländischer Firmen, oft unter Mißachtung internationaler Bestimmungen, den Beständen schon großen Schaden zugefügt hat.

Das edle Pferd der Araber spielt im Jemen eine geringe Rolle. Am ehesten findet man den früheren Stolz der Beduinen noch in der Armee und bei bestimmten Polizeieinheiten. Als Arbeitstiere dienen in den Landstädten hauptsächlich Esel, auf den Äckern Buckelrinder und im Überlandtransport namentlich in wüstenhaften Gebieten das Kamel. Manche Bauern sind aber längst auf Traktoren umgestiegen, obschon sie für Terrassen meistens unbrauchbar sind. Und viele ›Beduinen‹, oft nur Halbnomaden, sieht man heutzutage mit Kleinlastern oder Geländefahrzeugen durch die Wüste fahren.

Mensch und Umwelt

Wer bei San'a' das Flugzeug verläßt, betritt nicht gerade das Dach der Welt, wohl jedoch die zweite Etage, sozusagen; er befindet sich in rund 2000 m Höhe. Die jemenitische Hauptstadt ist auf einer Hochebene entstanden. Diese ist etwa 80 km lang und stellenweise 20 km breit. Künstlicher Bewässerung mit Hilfe von Brunnen, dazu gelegentlichem Regen verdankt das Gebiet große Fruchtbarkeit. In geschützten Tälern werden hochwertige Obstkulturen unterhalten: Weintrauben, Aprikosen, Quitten, Pfirsiche, Zitronen, Apfelsinen, Mandeln, Feigen und Walnüsse machen nur einen Teil des Angebotes aus, in dem natürlich auch Qat, ein mildes Rauschmittel, nicht fehlt.

Rund zwei Millionen Menschen leben zur Zeit auf der Hochebene von San'a', die Hälfte davon in der jemenitischen Hauptstadt selbst. Damit ist dieses Gebiet das größte Ballungszentrum des Jemens, und besonders im Umfeld der Metropole sind die Folgeschäden eines zu starken Bevölkerungswachstums deutlich zu erkennen. Der ganze Jemen hat jetzt rund 16 Millionen Einwohner. Zwanzig Jahre früher waren es gerade mal sechs Millionen im sogenannten Nordjemen. Die Vereinigung von 1990 mit dem bis dahin selbständigen Südjemen erhöhte die Einwohnerzahl nur um zwei Millionen. Es gibt also einen starken natürlichen Bevölkerungszuwachs. Er liegt zur Zeit bei leicht über drei Prozent.

Junge Frauen in der Landestracht des Wadi Hadramaut. Viehhüten und Feldarbeit gehen für sie als Kinder vor dem Schulbesuch.

Immerhin lebt die große Mehrheit der Jemeniten, nämlich 84 Prozent, auf dem Land; nur 16 Prozent der Bevölkerung ist in Städten anzutreffen. 13,5 Millionen Jemeniten siedeln in Kleinstädten unter 10 000 Einwohnern, in Dörfern oder Einzelgehöften. Gerade die Dörfer und Einzelgehöfte, oft erbaut auf langgestreckten Bergrücken oder kühnen Gipfeln, sind ein prägender Teil der Landschaft.

Die Hochebene des zentralen Berglandes hat mit ihren großen Flächen fruchtbaren Bodens und verhältnismäßig ergiebigen Regen-

Sie gehört zu den Halbnomaden der südöstlichen Region Shabwah, die sich von Kleintierzucht ernähren.

fällen die Bewohner von vornherein zu einer üppigen Lebensweise verführt. Es wurden immer mehr Felder, Gärten, ja sogar Plantagen angelegt. Wenn der Regen mäßig ausfiel oder ganz ausblieb, konnte auf die scheinbar unerschöpflichen Grundwasserreserven zurückgegriffen werden. Ein Gespür für das ökologische Gleichgewicht, wie es den Berg- und Wüstenbewohnern angeboren zu sein scheint, fehlte den Menschen der Hochebene fast ganz. Die expandierende Landwirtschaft und das immer größer werdende San'a' benötigten ungeahnte Mengen an Frischwasser. Heute droht dem Wasserhaushalt des ganzen Gebietes der Notstand.

Etwa 40 km nordöstlich von San'a' beginnt eine andere ökologische Zone. Dort gibt es nur einige wenige Tiefbrunnen. Regenwasser wird in mächtigen Zisternen gespeichert, von denen manche schon seit der Antike genutzt werden. In dieser Vulkanlandschaft sind die Häuser vieler Ortschaften nur aus behauenen Steinen errichtet und zeigen sich einheitlich schwarz, grau oder grün, je nach Färbung der verfügbaren Vulkanite. Dort erkennt man besonders deutlich, wie Bautätigkeit auch der Bewirtschaftung zugute kommt: Steine werden in Schwerstarbeit vom Boden abgetragen, um dem Hausbau und den Terrassenabstützungen zu dienen. Dadurch wird Boden freigelegt, den Tuffablagerungen fruchtbar gemacht haben.

Im Norden und im Osten des zentralen Jemens nähert man sich den Wüstenzonen. Zwischen Bergen und Wüste siedeln Bauern und wandern Halbnomaden. Die vier- und fünfstöckigen Häuser, die charakteristisch sind für den Bergjemen, dienten auch diesen Bauern als Vorbild, doch deren Häuser wurden aus Stampflehm errichtet, der schichtweise in dicken Wülsten aufgetragen ist. Steine sind seltener geworden in der Gegend, deren kleine Täler überwiegend Einzelgehöfte oder Streusiedlungen beherbergen.

Marktfrauen in der Tihama sind aufgeschlossen und selbstbewußt. Ihre Tätowierungen dienen überwiegend der Abwehr des „bösen Blickes".

Das Land im Nordosten des Bergjemens, das Gebiet zwischen dem Hochland bei Sa'dah (rund 1000 m) und dem sogenannten Leeren Viertel, heißt Al-Jawf. Es gilt als das konservativste Traditionsgebiet des Jemens. Hier war früher, bis noch vor etwa 60 Jahren, die Grenze zwischen dem Lebensraum der Wüstennomaden und dem der seßhaften Bauern fließend. Die meisten Nomaden sind inzwischen seßhaft geworden; ihr beduinischer Ehren- und Verhaltenskodex ist eine Synthese eingegangen mit den oft noch archaischen, ebenfalls von Stammeszugehörigkeit geprägten Sitten und Gebräuchen der Bauern.

Das Kernland der legendären Königin von Saba, die Region Ma'rib, liegt ebenfalls im Grenzgebiet zwischen Bergland und Wüste, etwa 135 km östlich von San'a'. Obwohl in dieser Region die Ölsuche schon vor einem Jahrzehnt erfolgreich gewesen ist und damit gewissermaßen das Industriezeitalter in sie einzog, folgen die Menschen dort den traditionellen Stammesregeln. Auch in ihnen mischen sich Beduinenmentalität mit dem Verhalten wehrhaften Bauerntums. Den von der Regierung erlassenen Regeln wird großes Mißtrauen entgegengebracht, denn die Regierung verschafft fremden Besuchern, Touristen, Zugang zu den antiken Stätten, und sie beutet die erschlossenen Ölquellen aus – und die Bewohner der Region können gar nicht abschätzen, wieviel materiellen Gewinn das alles bringt. Sie leben in dem Gefühl, um einen gerechten Anteil am Gewinn betrogen zu werden. So entstehen wiederum Spannungen, die gelegentlich zu Zusammenstößen zwischen der Staatsmacht und der Stammesmacht führen.

Die noch weiter südöstlich gelegene Region Bayhan hat bis 1990 im Zeichen eines arabisch geprägten, das heißt clan- und stammesgebundenen Sozialismus gestanden. Bayhan war Teil der aufgelösten

Jahrhundertelang Viehzüchter, Karawanenführer und manchmal auch Räuber, finden viele Beduinen heute auch andere Erwerbsquellen: in der Region Hadramaut wächst die Erdöl- und Erdgasförderung mit einem zunehmenden Bedarf an Arbeitskräften.

Volksrepublik Südjemen. Für die Sozialisten gab es hinsichtlich der Produktion allerdings im Wadi Bayhan und Umgebung wenig zu tun. Es wurde und wird nämlich kaum etwas produziert, wenn man von der auf wenige Talschaften beschränkten Landwirtschaft und von der Steinsalzgewinnung absieht. Bayhan und die im Osten sich anschließende Region Shabwah sind deutlich gezeichnet von der großen Wüste, an deren Südrand sie grenzen. In diesem Grenzbereich zwischen Wüste und Halbwüste florierte das Beduinentum länger als anderswo. Es soll in ihm heute noch an die 20 000 Vollnomaden geben. Einige andere Zehntausende sind aber in volksdemokratischer Zeit mit sanftem und manchmal auch unsanftem Druck seßhaft gemacht worden.

Im Südabschnitt des Wadi Bayhan siedeln Leute vom Stamm der Musabein, im Nordabschnitt ist der Stamm der Bal Harith vorherrschend. Nach Nordosten hin, Richtung Shabwah, schließen die Al-Karab an, jene Beduinen, die Fremden lange den Zutritt zu einigen antiken Stätten der Region fast unmöglich gemacht haben. Die Al-Karab sind auch jetzt noch zum größten Teil Vollbeduinen. Sie züchten Dromedare, Ziegen und Fettschwanzhammel. Neben den Produkten ihrer Viehwirtschaft verkaufen sie handgewebte Matten sowie Holz, das sie in den Wüstentälern sammeln. Lange Karawanen bringen an den wichtigen Markttagen Holz zu den großen Dörfern.

Viele frühere Generationen von Bewohnern des benachbarten Wadi Hadramaut haben ihr Leben im Kampf gegen räuberische Beduinen wie die Al-Karab verbracht. Auf den Klippen beiderseits des Tales sieht man in bestimmten Abständen steinerne Türme, und manche einzelnstehenden Häuser auf der Talsohle wirken mit ihren Ecktürmen, Schießscharten, Zinnen und Torbögen wie mittelalterliche Burgen in Europa. Das sind die verbliebenen Verteidigungsanlagen aus der Zeit arabischer Kleinfürsten. Die ehemaligen Händler und die ehemaligen Nomaden der Region Hadramaut sind heutzutage gemeinsam vorwiegend auf die Landwirtschaft angewiesen.

Um den ›grünen Jemen‹ kennenzulernen, wendet sich der Besucher von San'a' aus am besten nach Süden oder Westen. In Richtung Ta'izz oder der Hafenstadt Al-Hudaydah steigt er aus rund 2000 m auf zunächst 1500 und 1000 m Höhe ab. An den Meeresküsten selber regnet es fast nie; aber im Gebiet der Handels- und Industriestadt Ta'izz, 1400 m hoch gelegen, sind die Klimabedingungen am günstigsten. Dort gibt es die meisten Niederschläge. Die Täler sind oft tief eingeschnitten, und wenn ein Tal nicht allzu eng ist, bietet sich der Blick auf eine zauberhafte Landschaft.

Zwischen rund 1400 und 800 m Höhe am West- und Südabstieg des Zentralmassivs ist der Jemen am grünsten. Das verdankt er aber nicht allein den dort herrschenden Naturbedingungen. Vielmehr haben Generationen von Menschen ihre Arbeitskraft investiert, um die Hänge der Berge tausendfach zu staffeln. Sie haben in regelmäßigen Abständen zum Teil meterhohe Mauern gebaut, deren Material, Bruchsteine, einmal den Boden bedeckte. Indem sie zu Baumaterial wurden, gaben die Steine fruchtbare Erde frei: Diese ist jetzt hinter den Mauern gespeichert.

Eine Steinschüttung, deren Material ebenfalls aus dem Hang stammt, bildet den Untergrund des Terrassenfeldes. Auf die Schüttung ist eine etwa 30 cm starke Humusschicht aufgetragen. Fast fugenlos ohne Mörtel zusammengesetzte Bruchsteinmauern bilden die senkrechte Stufe bis zum nächsten Absatz. Wenn einmal die Schleusen des Himmels sich öffnen, dann kann das Wasser nicht mehr den Hang hinunterrasen, sondern muß von Terrasse zu Terrasse plätschern und dabei die Pflanzen auf jeder Etage nässen. Im mittleren Jemen sieht man besonders deutlich den Erfolg der jemenitischen Landwirtschaft, der darin begründet liegt, daß es der Mensch über Jahrtausende verstanden hat, sich den Gegebenheiten der Natur anzupassen, sie aber gleichzeitig nutzbar zu machen.

Auch die Jemeniten der Küstenebene mußten sich anpassen, aber mehr an Sonne, Hitze, Dürre, Staub. Mit den extremen Klimabedingungen der Tihama fertigzuwerden, gelang den Menschen dort um so besser, als zumindest ein Teil von ihnen der Westküste des Roten Meeres, der afrikanischen Küste entstammt. Der flache Küstenstreifen war stets viel schlechter gegen Eindringlinge zu verteidigen als das Bergmassiv. Dem ist es zuzuschreiben, daß in der Tihama fast überall afrikanische Einflüsse erkennbar sind – im Äußeren, in der Kleidung und im Verhalten der Menschen ebenso wie in ihren Häusern und Geräten. Zum Teil ist die starke Vermischung mit afrikanischen Völkern auch auf den Sklavenhandel zurückzuführen, der bis in das 20. Jh. hinein einen Stützpunkt im Jemen hatte. In den dunkelhäutigen Menschen der Saranik-Stämme – der größten Stammesföderation der Tihama – vermutet man die frühesten Einwohner des Gebietes; doch war bisher nicht zu klären, ob sie zuerst diesseits oder jenseits des Roten Meeres gelebt haben.

Mehr afrikanisch als jemenitisch ist in der Tihama auch der Stil des Wohnens. Von der Großstadt Al-Hudaydah und den festen Kleinstädten abgesehen, gibt es in Küstennähe fast nur runde oder quadratische Hütten aus Stroh oder Schilf. Wohlhabende Leute ließen mit Muschelkalk von den Korallen im Meer bauen, und am starken Verfall der Kaufmannshäuser etwa in Al-Luhayyah oder in Al-Mukha (Mokka) kann man erkennen, daß Muschelkalk ein sehr vergängliches Material ist. Steine für feste Häuser, die auch künftigen Generationen als Wohnsitz dienen sollten, mußten über weite Strecken, oft über mehrere hundert Kilometer, herbeigeschafft werden. Das geschah jedenfalls für Festungsbauten und Moscheen, die besonders im 16. Jh., während der ersten osmanischen Besetzung, zahlreich errichtet worden sind.

Heute läßt man gerade an der feuchtheißen Küste für neue Zweckbauten nicht nur der Kosten, sondern auch der Haltbarkeit wegen gerne mal die Betonmischer laufen. Ebenso wird die Landwirtschaft vielerorts industralisiert. So findet man im westlichen Flachland immer mehr Großprojekte mit Pumpenbewässerung.

Die Menschen von Na'it und Umgebung sind durch harte Arbeit im Vulkangebiet der östlichen San'a'-Hochebene geprägt.

Junger Jemenite mosaischen Glaubens am Nordrand der Hochebene vonSan'a'. Seit einigen Jahren haben solche Juden größere Integrationschancen.

Flaschenkürbisse des Vorgebirges als Wassergefäße (Kalebassen): ein auf dem Markt in Bayt Al-Faqih viel gehandeltes Produkt

Baumwolle, Luzerne, Tabak, Tomaten und andere Gemüse sind die wichtigsten Produkte industrieller Landwirtschaft in der Tihama.

Das ›Gesamtkunstwerk‹ Jemen ist an vielen Stellen bedroht, an manchen Stellen schon beschädigt. Überverbrauch von Grundwasser, sorgloser Umgang mit Abwässern wie auch mit Plastikmüll, Kostenzwänge beim modernen Bauen und ein ständig wachsender Strom von Touristen sind die hauptsächlichen Gefahrenpunkte. Ein modernes Umweltbewußtsein im europäischen oder amerikanischen Sinn ist unter den Jemeniten kaum verbreitet. Aber ein großer Teil von ihnen besitzt noch das ererbte Gespür für die zwingende Notwendigkeit, daß Mensch und Natur in Harmonie miteinander leben müssen. Gerade dieses Gespür ist meistens gepaart mit einem konservativen Lebensgefühl, gebunden an religiöse und tribalistische Richtlinien. Hier muß man an die zahlreichen fremden Besucher appellieren, im eigenen und im jemenitischen Interesse jenes Lebensgefühl nicht leichtfertig zu verletzen.

Geschichte

Die Entdeckung des Jemen

Die frühen Entdecker des Jemens begegneten fast immer zuerst den Menschen der Küstenregionen, sei es nach der Landung mit dem Schiff in Aden, sei es in einem Hafen am Roten Meer. Der deutsche Entdecker **Carsten Niebuhr**, Mitglied einer dänischen Expedition, landete am 29. Dezember 1762 in dem kleinen jemenitischen Hafen Al-Luhayyah. Die Reisenden waren schon in Ägypten, auf der Sinai-Halbinsel und in der arabischen Hafenstadt Dschiddah gewesen. Sie wußten, daß sie in Al-Luhayyah den Herrschaftsbereich des jemenitischen Imams betreten würde. Es dauerte wochenlang, bis die Expedition aus San'a' eine Genehmigung zur Weiterreise ins Landesinnere erhielt.

Auf Kamelen und Pferden zog die Gruppe schließlich von Al-Luhayyah weiter. Etwa vier Tagesreisen benötigte sie bis zur Stadt Bayt al-Faqih in der Tihama; der moderne Reisende kann die Strecke mit dem Auto in einigen Stunden bewältigen. Als Niebuhr und seine Reisegefährten in Bayt al-Faqih eintrafen, waren schon fast zwei Monate seit ihrer Landung an der jemenitischen Küste vergangen. Man machte die Stadt zum Hauptquartier und ging an die Arbeit. Die fünf Mitglieder der Gruppe schwärmten in verschiedene Richtungen aus und begannen Material für eine umfassende Landeskunde zu sammeln. Niebuhr konzentrierte sich darauf, die Unterlagen für eine Jemen-Karte zu erarbeiten (s. hintere Umschlagklappe). Das Ergebnis seiner Bemühungen war ein Werk, das für rund ein Jahrhundert europäischen Forschern den Weg in den Jemen wies.

Die dänische Expedition hielt sich zu lange in der damals noch stark von Malaria verseuchten Küstenebene auf. Zum Teil zögerten die ersten Erkrankungen der Reisenden, zum Teil auch die örtlichen Machthaber den Abmarsch nach Ta'izz und San'a' hinaus. Als die Gruppe schließlich am 16. Juli 1763 in der jemenitischen Hauptstadt eintraf, waren zwei ihrer Mitglieder schon auf dem Weg gestorben. Auch den vier übrigen Reisenden saß die Malaria im Blut. In der ersten Hälfte des August 1763 sollten vom Hafen Al-Mukha (Mokka) aus britische Segelschiffe in See stechen. Diese Möglichkeit, das für sie so bedrohliche Land wieder zu verlassen, wollten sich Niebuhr und seine Reisegefährten nicht entgehen lassen. So konnten sie nur 16 Tage in San'a' bleiben, obwohl die Anreise von Kopenhagen zweieinhalb Jahre gedauert hatte.

Niebuhr versuchte während des kurzen Aufenthaltes in San'a' eine Karte der Stadt anzulegen. Doch es gab Schwierigkeiten. In seinem Tagebuch hält er fest: »Wo immer ich hinging, hatte ich eine Menschenmenge hinter mir. Vermessungen wurden dadurch absolut unmöglich gemacht.« Immerhin konnte Niebuhr doch eine Beschreibung der jemenitischen Hauptstadt geben. Eine weitere Tagebuch-

Carsten Niebuhr war 28 Jahre alt, als er zusammen mit vier Reisegefährten von Kopenhagen aus zu der vom dänischen König finanzierten Arabien-Expedition aufbrach. Früh Waise geworden, hatte der friesische Pfarrerssohn nur eine lückenhafte Ausbildung als Landvermesser. Dennoch wuchs Niebuhr auf der fast siebenjährigen Reise zu einem großen Gelehrten heran, dessen Erkenntnisse Generationen von Forschern beeinflußten.

Eintragung lautet: »Es gibt sieben Stadttore und eine Reihe von Moscheen, von denen einige von türkischen Paschas gebaut worden sind. San'a' erweckt den Eindruck, als sei es stärker bevölkert, als es in Wirklichkeit ist; vier Gärten nehmen einen Teil des Platzes in den Stadtmauern in Anspruch. Es gibt bloß zwölf öffentliche Bäder in San'a', jedoch viele Paläste, wovon die drei schönsten von dem jetzt regierenden Imam gebaut worden sind.« Die vier Fremden wurden zweimal vom regierenden Imam, Al-Mahdi al-Abbas, empfangen. Dann nahmen sie den beschwerlichen Rückweg nach Al-Mukha, um von dort am 23. August 1763 auf einem britischen Segler in Richtung Indien in See zu stechen.

Obwohl die dänische Expedition so unglücklich verlaufen war – Carsten Niebuhr kehrte schließlich als einziger Überlebender nach Europa zurück – , scheint das Unternehmen andere Forscher zum Aufbruch nach Südarabien angeregt zu haben. 1810 erkundete der deutsche Gelehrte **Ulrich Jasper Seetzen** den Jemen. Durch ihn gelangten zum ersten Mal handschriftliche Kopien altarabischer Inschriften nach Europa. Seetzen selbst aber kehrte nicht wieder zurück. Nach rund sieben Monaten im Jemen schrieb er am 10. November 1810 in Al-Mukha seinen letzten bekannt gewordenen Bericht, in dem es hieß, er werde noch einmal nach San'a' reisen, um von dort nach Ma'rib und Hadramaut vorzustoßen. Nach seiner Abreise fehlen dann zuverlässige Nachrichten über den Forscher. Er soll am Rande des Weges nach Ta'izz ermordet worden sein. Ein anderes Gerücht lautet, Seetzen sei in San'a' vergiftet worden.

Fünf Archäologen, ein Apotheker, ein Missionar, zwei Botaniker und ein Schiffsoffizier versuchten in den nächsten fünfzig Jahren den Schleier zu lüften, der über dem Land im Südwesten der Arabischen Halbinsel lag. Was Seetzen nicht gelungen war, der Vorstoß nach Ma'rib, vollbrachte der französische Apotheker **Joseph Arnaud**. Dieser Franzose ist vielleicht der erste Entwicklungshelfer in Südarabien gewesen. Er hatte Ende der dreißiger, Anfang der vierziger Jahre des vorigen Jahrhunderts als Apotheker im Dienst des Imams gestanden. Nach dem Ende seines Arbeitsvertrages wurde Arnaud von einem französischen Konsul zu einer Ma'rib-Expedition angeregt.

Arnaud warb einen Beduinen als Führer an. Er gelangte damit in den Genuß der Sicherheitsgarantien, die der Stamm eines Führers jedem Schutzbefohlenen gibt. Am 12. Juli 1843 brach Arnaud in der Kleidung eines Beduinen nach Ma'rib auf. Die Reise dorthin dauerte sechs Tage. In Ma'rib und Umgebung vermochte Arnaud lediglich zwei Tage zu bleiben. Die Bewohner des Gebietes waren so abweisend, daß der Reisende die antiken Ruinen nur flüchtig besichtigen und den zahlreichen sabäischen Inschriften nur wenig Aufmerksamkeit widmen konnte. Dennoch gelangten durch ihn 56 Kopien solcher Inschriften nach Europa, wo sie die Gelehrten in Atem hielten.

Noch ein weiterer Franzose, **Joseph Halévy**, leistete Hervorragendes für die Südarabien-Forschung. 1869/70 durchstreifte er im Auftrag der Pariser Akademie den Jemen. Er bereiste das Land in der

Kleidung eines armen orientalischen Juden. Zwar begegnete man ihm in dieser Rolle mit Verachtung und Herablassung, doch kam er stets besser durch, als es einem Christen gelungen wäre. Halévy brachte fast 700 Kopien von Inschriften nach Hause.

Einen starken Aufschwung erlebte die moderne Jemen-Forschung durch den Österreicher **Eduard Glaser**, der in der Zeit zwischen 1882 und 1894 das Land viermal gründlich bereiste. Glaser hat die wichtigsten Plätze des Hochlandes, der Küstenebene und des Gebietes zwischen den Städten Ta'izz und Aden sowie Ma'rib besucht und der interessierten Öffentlichkeit in Europa genauer beschrieben als irgendein Reisender vor ihm. Die südarabische Schriftforschung brachte er voran, indem er mit Hilfe von Gips und Baumwollbinden Abgüsse von Schrifttafeln herstellte, die den Originalen ebenbürtig waren. Aber nicht nur die Erprobung einer neuen Technik war Glasers Verdienst, vielmehr war hier zum ersten Mal ein Forscher auf den Plan getreten, der seine jemenitische Umwelt so genau kannte und ihr so sachgerecht zu entsprechen vermochte, daß sie ihm die Zeit für gründliche Forschung ließ. Eduard Glaser war Entdeckungsreisender, Forscher und Journalist in einer Person.

Der türkische Herrschaftsbereich beschränkte sich zur Zeit Eduard Glasers im wesentlichen auf San'a'. Außerhalb der Landeshauptstadt und einiger befestigter Plätze reichte die Macht des Osmanischen Reiches nicht weit. Dennoch konnte der österreichische Forscher nicht ohne Zustimmung des Gouverneurs in San'a' zu den praktisch autonomen Stämmen des Hochlandes reisen. Da es zu jener Zeit auch ratsam erschien, als Muslim getarnt aufzutreten, kleidete sich Glaser entsprechend; häufig wurde er allerdings für einen Türken gehalten. Dies erhöhte seine Gefährdung, denn die osmanische Besatzungsmacht lag im ständigen Konflikt mit dem einheimischen jemenitischen Herrscher, dem Imam. Glaser meisterte die Gefahr, weil er Arabisch sprechen konnte und seine scharfe Beobachtungsgabe ihn befähigte, sich schnell auf die Mentalität der Stammesjemeniten und ihrer Scheichs einzustellen.

Als der Deutsche **Hermann Burchardt** (s. S. 103) 1909 eine Jemen-Reise unternahm, herrschte zwischen den Türken und dem Imam ein Burgfriede. Burchardt genoß deswegen die Unterstützung beider Mächte, insbesondere in der Form von Schutz- und Empfehlungsbriefen. Die Briefe halfen jedoch nichts, als er und sein italienischer Begleiter Benzoni am 19. Dezember 1909 von Räubern angegriffen und durch Flintenschüsse getötet wurden.

Die beiden deutschen Jemen-Forscher **Carl Rathjens** und **Hermann von Wissmann** knüpften in den zwanziger Jahren unseres Jahrhunderts erfolgreich an die Arbeit an, die Eduard Glaser rund fünfzig Jahre zuvor begonnen hatte. Auch sie scheuten die damals noch gefahrvollen und anstrengenden Reisen in den Jemen und im Jemen nicht; ihre wissenschaftlichen Erkenntnisse publizierten sie in einer solchen Weise, daß auch ein breiteres Publikum von der Existenz der archaischen, ihren Bürgern jedoch noch voll genügenden

Gesellschaftsordnung im Südwesten der Arabischen Halbinsel erfuhr. Die Archäologie verdankt den beiden Forschern die Ausgrabung des sabäischen Tempels von Al-Huqqa, nördlich von San'a'. Auch konnten sie mit Hilfe alter Fliegeraufnahmen, erstellt von deutschen Piloten nach dem ersten Weltkrieg, den ersten genaueren Plan des alten Teils der Metropole entwerfen.

Adolph von Wrede, der ägyptisches Dialektarabisch sprach, gab sich auf seiner Reise 1843 als Ägypter aus. Der Reisebericht wurde erst 27 Jahre später und nach dem Tod des Forschers von Heinrich Freiherr von Maltzan herausgegeben. Leo Hirsch meinte, von Maltzan habe fälschlicherweise unterstellt, daß von Wrede des Arabischen perfekt mächtig gewesen sei. Ihm, Leo Hirsch, hingegen „will es ... so scheinen, als habe gerade die lückenhafte sprachliche Schulung Wredes manchen seiner auffallenden Schnitzer in den Namen und andere Irrtümer verschuldet."

Die Erforschung des südlichen Jemens war fast ebenso schwierig wie die des Nordjemens. Aden, die ehemalige Hauptstadt des Südens, war dabei gelegentlich Ausgangspunkt für Entdeckungsreisen in beiden Richtungen. Der erste europäische Bericht über das Innere des Jemens stammt von dem italienischen Abenteurer **Lodovico di Varthema**, der 1502 in Aden landete. Di Varthema wurde als Gefangener in die Nähe von San'a' gebracht, kam jedoch frei und durfte schließlich Teile des Nordjemens bereisen. 1609 landete ein englischer Kaufmann namens **John Jourdain** in Aden; wegen Zollschwierigkeiten mit dem Statthalter begab er sich schließlich zum osmanischen Pascha nach San'a'. 1711 riskierten zwei französische Kaufleute die gefährliche Reise von Aden nach San'a'. 1843 kam mit **Adolph von Wrede** dann ein Deutscher nach Aden. Das Ziel dieses Forschungsreisenden war nicht das jemenitische Hochland, sondern Hadramaut. Tatsächlich gelang dem Deutschen der Vorstoß in das Innere des eigentlichen Südarabiens. Jedoch hatte von Wrede keine glückliche Hand bei der Auswertung seiner Beobachtungen und Eindrücke. Seine Interpretationen wirkten häufig zu fantastisch.

Der nächste und bahnbrechende Hadramaut-Reisende, **Leo Hirsch**, schrieb beschwichtigend in seinem Bericht: »Eine frühe und nicht geringe Anregung zu meinem Unternehmen verdanke ich dem v. Wrede'schen Werk, dem einzigen, das aufgrund des Augenscheins berichtet und dem der Vorwurf der Unglaubwürdigkeit sicher mit Unrecht gemacht worden ist.«

Leo Hirsch beherrschte das Arabische wie das Hebräische. Auf der Grundlage dieser beiden semitischen Sprachen begann der Berliner in Südarabien Dialektstudien zu treiben. Sein eigentliches Ziel war jedoch die Erforschung des Wadi Hadramaut, zu der er im Winter 1892/93 aufbrach. Ausgangspunkt war Aden, das zu dieser Zeit schon über fünfzig Jahre lang unter britischer Kolonialherrschaft gestanden hatte. Von der Kolonie aus steuerte Hirsch zunächst per Schiff einige Ortschaften der Küste an. Aber obwohl er gute britische Empfehlungen an die lokalen Machthaber in Al-Mukallah und Shihr mit sich führte, blieb ihm der Weg ins Landesinnere versperrt.

Leo Hirsch nutzte die Zwangslage, um die Küstenplätze nacheinander zu besuchen. Hirsch gelangte dabei bis in die Nähe der Region, die heute den Westteil des Sultanats Oman bildet. Überall widerfuhr dem Reisenden aus Berlin das gleiche: Die örtlichen Autoritäten nahmen ihn freundlich auf, begegneten jedoch seinem Wunsch, nach Norden zu reisen, in allen Tonlagen zwischen höflicher orientalischer Hinhaltetaktik und schroffer Ablehnung. Wenn er intensiv genug befragt wurde, enthüllte der jeweilige Statthalter oder Sultan schließlich die Ursache des passiven oder offenen Widerstandes: Man entsprach dem Verlangen der Beduinen des Hinterlandes, Fremden den Zutritt zum Wadi Hadramaut zu verwehren. Leo Hirsch schrieb die Schwierigkeiten einer Mischung aus religiösem Fanatismus, orientalischem Geschäftssinn und politischen Rivalitäten zu.

Leo Hirsch benötigte mehr als ein halbes Jahr, ehe er das Mißtrauen der Beduinen beschwichtigt und die Machthaber der Küstenregion zur Unterstützung seines Vorhabens überredet hatte. Am 1. Juli 1893 konnte er von Mukallah aus endlich ins Wadi Hadramaut aufbrechen. Anfangs war seine eigene Reisegruppe Teil einer Karawane, die der Sommerhitze wegen die Wegstrecken in Nachtmärschen zurücklegte. Hirsch fügte sich darin nur widerwillig, weil die Dunkelheit es ihm erschwerte, das Gelände zu erforschen. Den zweiten Teil der Reise bis zu der Ortschaft Hadscharein legte er dann unter Protest seiner Leute in Tagesmärschen zurück. Allerdings, so schrieb Hirsch in sein Tagebuch, »haben wir fast unablässig die blinkende Sonne vor Augen; es ist beinahe unmöglich, die Gegenstände zu erkennen.«

»Nirgends mehr als in diesem Lande ist der Reisende auf den guten Willen und die Kenntnisse seiner Begleiter angewiesen, deren Angaben er fast immer ungeprüft dahinnehmen muß.«
(Aus dem Tagebuch des Leo Hirsch)

Leo Hirsch hielt sich 38 Tage lang im Wadi Hadramaut auf. Er machte die Stadt Shibam zum Ausgangspunkt für die Erforschung des Landesinneren, und es gelang ihm auch, die Städte Say'un und Tarim zu besuchen. Say'un scheint auf Hirsch den besten Eindruck gemacht zu haben, während er sich über die später wegen ihrer Architektur viel bestaunten Orte Shibam und Tarim fast ausschweigt. Hirschs Hauptleistung liegt darin, daß er seine Forschungsreise überhaupt durchzusetzen vermochte und daß er der Nachwelt eine verläßliche Wegbeschreibung hinterließ. Er war übrigens bewaffnet und scheute sich nicht, mit der Waffe zu drohen, wenn es ihm erforderlich erschien. Seine perfekten Kenntnisse des Arabischen ermöglichten es ihm freilich fast immer, Überredungskünste statt Drohungen anzuwenden. Als ihn aber Frömmler in Tarim zur vorfristigen Abreise nötigen wollten und seinen Auszug aus der Stadt mit Feindseligkeiten begleiteten, zog er doch einmal den Revolver und schoß in die Luft. Seine hervorragenden Kenntnisse der hadramitischen Mentalität und seine perfekten Sprachkenntnisse setzen Hirsch instand, falsche von echter Frömmigkeit zu unterscheiden:»Meinen Freund Schemah interessierte von meinen Medikamenten vorzüglich Berendi (Brandy), den er als ein Universalheilmittel pries, und nach dessen Vorhandensein er sich angelegentlich erkundigte; ein kleiner Beweis, wie die Folie seiner lokalen Frömmigkeit auf dem Grunde ein recht freien Weltanschauung ruhte. Der arme Schemah! Ich mußte seine Schmerzen ungestillt lassen, da ich in den Tropen nie geistige Getränke genieße.«(Aus dem Tagebuch des Leo Hirsch)

Hans Helfritz war der Pionier einer neuen Art von Entdeckungen des Jemens. Obwohl er 1932/33 und 1935 Hadramaut und einen Teil des jemenitischen Königreiches zu wissenschaftlichen Zwecken besuchte, dienten seine schwierigen Reisen eher dem späteren ›Entdeckungstourismus‹. Der junge Musikwissenschaftler mußte die Expeditionen nach dem Südwesten der Arabischen Halbinsel überwie-

Hans Helfritz zu Anfang der dreißiger Jahre in der Kleidung eines nordarabischen Beduinen

gend aus schmaler Börse selbst finanzieren. Außer mit Wachswalzen für die Aufnahme musikethnologischer Proben hatte er sich mit Foto- und Filmkamera gerüstet. Helfritz, ein talentierter Reiseschriftsteller, vermochte seine mit großem Wagemut durchgeführten Reisen in spannende Berichte umzusetzen, die schon in den dreißiger und vierziger Jahren ein breiteres Publikum für den Jemen einnahmen. Hans Helfritz reiste zuerst 1932 über Al-Hudaydah in den Herrschaftsbereich des damaligen Imams ein. Zu seiner eigenen Überraschung bekam er die Genehmigung zum Besuch San'a's, und er bewältigte die Reise von der Küste des Roten Meeres bis zur Hauptstadt auf einem Maultier in acht Tagen.

Helfritz durfte sich etwa zwei Wochen lang in San'a' aufhalten, wurde von Imam Yahyah empfangen, dann aber »zur baldigen Ausreise« nach Al-Hudaydah zurückgeschickt. Beim zweiten Mal gelangte der Musikwissenschaftler aus einer ganz anderen Richtung kommend in die jemenitische Hauptstadt. Von Aden aus fuhr er zunächst per Schiff nach Mukallah. Wie seinerzeit Leo Hirsch, so wurde in der arabischen Hafenstadt zunächst auch Hans Helfritz der Vorstoß ins Landesinnere verwehrt. Doch schon von Shihr, dem nächsten Küstenort, aus konnte er den Marsch ins Wadi Hadramaut antreten.

So begann im ersten Drittel des 20. Jh. eine Entdeckungsreise, die den großen Pionierfahrten des 19. Jh. in nichts nachstand: Helfritz folgte zunächst Leo Hirschs Spuren, marschierte jedoch ab Shibam in Richtung Westen, d. h. er durchquerte ein Stück der gefürchtetsten arabischen Wüste, des »Rub' al-Khali«, des sogenannten Leeren Viertels, um in das Sultanat Bayhan vorzustoßen. Damit befand sich der Forscher an der Hintertür des Königreichs Jemen.

Unter großen Mühen gelang es Hans Helfritz, Beduinen als Führer für eine Reise von Bayhan nach Harib anzuwerben. In Harib, einer

Ortschaft im Kernland des antiken Königreichs Saba, betrat er wieder den Herrschaftsbereich des Imams Yahyah. Er wurde drei Wochen lang festgesetzt, bis aus San'a' die Genehmigung des Herrschers zur Weiterreise eintraf. Yahyah legte auch diesmal, wie schon beim ersten Vorstoß Helfritz' in den Jemen, die Reiseroute nach der Hauptstadt genau fest. In seinem Bericht schrieb der Forscher: »Der Weg, den ich zu nehmen hatte, besaß immerhin den Vorteil, daß er durch einen bisher noch unbekannten Teil des Jemens führte, aber er war weit und galt auch als beschwerlich.«

Als Helfritz die mühselige Strecke schließlich hinter sich gebracht hatte, wurde er in San'a' sofort in Polizeigewahrsam genommen. Nach fünf Tagen im Büro des Polizeichefs, unterbrochen nur durch einen Stadtgang zwecks Besuchs von zwei Landsleuten, erging gegen Hans Helfritz abermals ein Abschiebungsbefehl nach Al-Hudaydah.

Die dritte Entdeckungsreise von Hans Helfritz in Südarabien konzentrierte sich auf Hadramaut. Der junge deutsche Wissenschaftler geriet dabei in Konkurrenz zu zwei einflußreichen britischen Reisenden, die viel von dem Gewicht des damaligen Weltreichs auf ihrer Seite hatten. **St. John Philby**, politischer Agent Großbritanniens im Nahen Osten und zu jener Zeit Berater und Günstling von Ibn Saud, dem Gründer des Königreichs Saudi-Arabien, plante 1935 den Vorstoß nach Shabwah. Unter Kennern galt dieser schwer zu erreichende Platz als Zentrum des antiken Königreichs Hadramaut; seine nähere Erforschung mußte von großem wissenschaftlichem Nutzen sein. Mit Hilfe maßgebender Freunde in Aden und eines vielfältigen Erfahrungsschatzes bemühte sich gleichzeitig auch die große britische Entdeckungsreisende **Freya Stark**, nach Shabwah zu gelangen. Ziel ihrer geplanten Hadramaut-Reise war es, dort den Einfluß der britischen Regierung zu mehren, als erste Europäerin einen geheimnisumwitterten Ort in Südwestarabien zu erreichen und neuen Stoff für ihre interessanten Reiseberichte zu finden.

Freya Stark in den fünfziger Jahren, als sich ihre Reisefreudigkeit von Südarabien nach Vorderasien verlagert hatte

Aufgrund politischer Beziehungen und umfassender Sprachkenntnisse war Freya Stark über das konkurrierende ›Unternehmen Helfritz‹ genauestens unterrichtet. Jedoch hielt eine ernste Erkrankung sie in Shibam zurück, während Philby noch mit generellen Reisevorbereitungen beschäftigt war. Der junge Deutsche konnte sich nicht auf einflußreiche politische Fürsprecher stützen und besaß nur die bescheidenen, im Deutschland der Wirtschaftskrise ersparten Mittel seiner Reisekasse. Dennoch gelangte er, der zwei Jahre früher auf dem Weg in den Nordjemen dicht an Shabwah vorbeigezogen war, als erster Europäer an den Ort, der einmal eine wichtige Position im frühen südarabischen Königreich eingenommen hatte. Obwohl Hans Helfritz nur eine Nacht und wenige Tagesstunden in Shabwah bleiben konnte, ehe ihn die mißtrauischen Bewohner des Ortes vertrieben, ist doch diese Reise von 1935 als großes Ereignis in die Geschichte der Entdeckung Südarabiens eingegangen.

Ende der vierziger Jahre trat **Wendell Phillips** auf den Plan. Der Amerikaner wußte durch geschickte Propaganda stets auch aus

Wendell Phillipps mit einem Bronzefuß in Ma'rib; die Statue selbst wurde nie gefunden.

Mißerfolgen noch etwa zu machen. Er war nach Art und Verhalten eine Mischung aus Forscher, Abenteurer, Agent und Journalist. Nun benötigt wohl jeder Forschungsreisende einige Eigenschaften, die ihn befähigen, auch unkonventionelle Wege zu gehen. Bei Wendell Phillips waren jedoch diese Eigenschaften allzu stark ausgeprägt. In dem Bestreben, durch Schwung und Forschheit Schwierigkeiten aus dem Weg zu räumen, ritt er sich manchmal in noch größere Probleme hinein.

Dennoch hat die Wissenschaft Wendell Phillips einiges zu verdanken. Er brachte 1949 und 1950 im damaligen südarabischen Sultanat Bayhan, das noch unter britischem Schutz stand, eine umfassende Grabungskampagne zustande. Dabei arbeitete der Amerikaner, der alles andere als der Typ des zähen Einzelreisenden war, mit großem materiellem Aufwand und einem Team erstklassiger Wissenschaftler, darunter ein Schriftexperte. Die Ergebnisse waren dementsprechend gewichtig. Das amerikanische Team legte im Wadi Bayhan die Ruinen der Stadt Timna' frei und machte zahlreiche Funde an Statuen, Bruchstücken von Statuen, Bronzefiguren und Gebrauchsgegenständen.

Während der Timna'-Kampagne hatte Wendell Phillips auch auf Ma'rib einen Blick geworfen, die mutmaßliche Hauptstadt des antiken Königreiches Saba. Von Bayhan bis Ma'rib sind es auf Wüstenpisten etwa 60 km, getrennt damals nur durch eine nicht genau markierte Staatsgrenze. Zu Phillips' Zeit im Wadi Bayhan verlief durch den Wüstensand aber auch die unsichtbare Grenze eines Weltreichs zu einem zwar rückständigen, jedoch stets auf seine Unabhängigkeit eifersüchtig bedachten arabischen Staat. Bayhan gehörte zum britischen Aden-Protektorat und Ma'rib zum Königreich Jemen. Der jemenitische König, der Imam, hatte gegenüber der britischen Weltmacht historisch begründete Ansprüche erhoben, und die Folge war ein schon jahrelang schwelender, gelegentlich auch in hellen Flammen lodernder Grenzkonflikt. Kein Wunder also, daß der amerikanische Archäologe bei einem heimlichen Vorstoß von Bayhan in Richtung Ma'rib auf jemenitischem Gebiet von bewaffneten Arabern gestellt und vertrieben wurde.

Trotz abschreckender Erfahrungen stellte der Amerikaner schließlich beim Imam den Antrag, im Königreich Jemen archäologisch tätig werden zu dürfen. Zu seiner eigenen Überraschung erhielt er im Frühjahr 1951 die Aufforderung, zu Verhandlungen nach Ta'izz zu kommen. Noch im April desselben Jahres konnte Wendell Phillips im Namen der »American Foundation for the Study of Man« mit der jemenitischen Regierung einen Vertrag über Grabungsarbeiten in Ma'rib abschließen. Der damalige Herrscher, Imam Ahmad, hatte die Genehmigung schon nach der ersten Audienz für den Amerikaner und seine Begleiter gegeben. Rückschauend ist zu vermuten, daß ihn politische Beweggründe veranlaßten, Wendell Phillips zu begünstigen. Wahrscheinlich glaubte er ebensowenig wie seine Berater an den primär wissenschaftlichen Charakter des Projektes, sondern sah es als Tarnung für einen Versuch Washingtons an, eigene nationale In-

Pater Jamme, Wissenschaftler in Wendell Phillips' Archäologenteam, untersucht den Latexabdruck einer Inschrift am Awwam-Tempel in Ma'rib.

teressen gegen die bis dahin dominierenden britischen Interessen in Südarabien zur Geltung zu bringen. Man darf annehmen, daß Imam Ahmad hoffte, britischen Interessen zu schaden, wenn er den Amerikanern Einfluß im Jemen gewährte.

Das amerikanische Team hielt sich 1951/52 rund neun Monate lang in Ma'rib auf. Wendell Phillips verbrachte einen Teil dieser Zeit außerhalb des Jemens, um neue finanzielle Mittel aufzubieten und die Expedition auszuweiten. Für die in Ma'rib tätigen Wissenschaftler, darunter der Chef-Archäologe Frank Albright, waren die neun Monate ein Alptraum. Sie wurden auf Schritt und Tritt von den Beauftragten des Imams verfolgt. Die Unsicherheit und Unwissenheit der jemenitischen Beamten behinderten jede einzelne Phase der archäologischen Feldforschung. Um die wissenschaftlich außerordentlich wertvollen, materiell jedoch uninteressanten Abgüsse von sabäischen Inschriften entwickelte sich ein zäher Kampf. Die in Ma'rib stationierten Regierungssoldaten, von ihren Vorgesetzten zur Wachsamkeit angestachelt, wurden in den Augen der bedrängten Forscher zu einer schier unerträglichen Bedrohung. Als der Chef der Expedition schließlich nach zweiwöchigem vergeblichem Warten in Ta'izz auf eine Audienz beim Imam wieder selbst das Kommando in Ma'rib übernahm, war es zu spät. Auch der persönliche Einsatz half nichts mehr. So blieb dem Organisationsgenie Wendell Phillips kein anderer Ausweg, als die Flucht des Archäologenteams aus Ma'rib zu organisieren.

Am 12. Februar 1952 gelang es den Teilnehmern der amerikanischen Expedition, unter Zurücklassung nahezu aller Fundstücke, des größten Teils der wissenschaftlichen Ausbeute und der meisten persönlichen Habseligkeiten auf zwei Lastwagen aus dem Grenzgebiet des Königreiches Jemen in das Sultanat Bayhan im britischen Aden-Protektorat zu entkommen. In den Monaten nach der Flucht entwickelte sich zwischen der jemenitischen Regierung und Wendell Phillips ein Propagandakrieg, der das ganze Ausmaß des gegenseitigen Mißverstehens enthüllte.

Doch konnte all dies das bedeutsame Gesamtergebnis der amerikanischen Ma'rib-Expedition nicht zunichte machen: Zum ersten Mal in der Geschichte der modernen Archäologie waren in Ma'rib sabäische Tempelanlagen ausgegraben worden; für gut drei Jahrzehnte sollte dies die einzige nennenswerte Grabung im Gebiet von Ma'rib bleiben, und ein beträchtlicher Teil der archäologischen Sammlung im Nationalmuseum von San'a' stammt aus den Funden eben jener Ma'rib-Expedition des Jahres 1951/52.

Die Antike: Königreiche der Händler

Der griechische Historiker und Geograph Herodot (geb. um 484 v. Chr.) war sich seiner Sache sicher, als er schrieb: »Gegen Süden ist Arabien das letzte von den bewohnten Ländern, in welchem sich der Weihrauch findet, der sonst nirgendwo wächst, desgleichen Myrrhen, Kassia, Zimt und Ledanum oder Ladanum.« Für uns hingegen gehört es heute zu den offenen Fragen, woher der Großteil jenes Weihrauchs stammte, auf dessen Vertrieb der Wohlstand des Sabäischen Reiches und der anderen antiken Königreiche Südarabiens beruhte. Völlig gesichert ist immerhin, daß jahrhundertelang Weihrauch und anderes Räucherwerk wie auch Gewürze und sonstige Handelsgüter von der südarabischen Küste auf mehreren Karawanenwegen durch den Jemen an die Mittelmeer- und Rotmeerküste gelangten; von dort wurde ein Teil der Güter weiter nach Ägypten und Europa verschifft.

Ganz gewiß war die Küstenregion des Südjemens auch Anbauland von Weihrauch, fraglich ist jedoch, ob der überwiegende Teil des Räucherwerks wirklich im Südjemen wuchs. Viel spricht für die Annahme, daß große Mengen Weihrauch auf der Insel Soqotra im Golf von Aden, im Westen des heutigen Oman, im Norden der heutigen Republik Somalia und in Indien gewonnen wurden. Die Südaraber dürften hauptsächlich als Zwischenhändler gewirkt haben, wobei es ihnen aufgrund einer handelspolitisch günstigen Position möglich war, beträchtliche Profite zu erzielen.

Sicherlich waren die Menschen, die während einer Zeitspanne von rund 1500 Jahren in den sechs Königreichen des antiken Südarabiens lebten, nicht sämtlich oder auch nur überwiegend im Handel tätig. Aber jene Königreiche konnten sich nur bilden und halten, weil sie wichtige auswärtige Handelspartner der damals etablierten »Industriestaaten« waren.

In den 1500 Jahren zwischen Gründung des sabäischen Staates und seinem endgültigen Zusammenbruch ging es im wesentlichen immer um die Kontrolle über die Handelswege. Da fast alle früheren Handelswege Karawanenrouten waren, darf man wohl dem Kamel eine hervorragende Rolle bei der Staatsgründung in Südarabien zu-

Arabischer Küstensegler im Roten Meer, Ansicht des 19. Jahrhunderts

schreiben. Die Forschung lehrt, daß erst nach der Zähmung des Kamels und seinem Einsatz als Lasttier die Überquerung der Arabischen Halbinsel von Süd nach Nord und von Nord nach Süd in wirtschaftlich vertretbaren Zeiträumen zur Selbstverständlichkeit wurde. Mit dem schwächeren und für extreme Wüstengebiete ungeeigneten Esel war die rund 2500 bis 3000 km lange Strecke kaum zu bewältigen. Das Kamel aber konnte auch solche Routenabschnitte meistern, auf denen der Esel aus Wassermangel zugrunde gegangen wäre. Mithin sind die Sabäer wahrscheinlich zuerst als Kameltreiber in das Blickfeld der damaligen Kulturvölker getreten.

Entlang der Route von der südarabischen Küste hinaus in das jemenitische Bergland und weiter nach Norden entstanden Stationen, Stützpunkte, Dörfer, letztlich auch Zusammenschlüsse der zum Schutz der Karawanenwege unterhaltenen Siedlungen. Damit waren die Grundlagen zum Aufbau von Staaten geschaffen. Etwa auf den ersten 500 km der Wüstenstrecke – von Süden her gerechnet – bildete sich zunächst der sabäische Staat, dann das Königreich Ma'in, das als vormalige Nordprovinz von Saba ein südarabischer Außenposten gegenüber Zentralarabien war.

Die Südaraber haben nicht nur früher als etwa die Ägypter das Kamel im Handelsverkehr nutzbar gemacht, sie kannten auch früher als ihre Kunden das Geheimnis der Monsunwinde. Damit erschlossen sie sich lange vor den Ägyptern und den Arabern des Nordens, aber auch vor Griechen und Juden den Seeweg nach Indien. Über Südarabien gelangten Gewürze in den Mittelmeerraum – unter anderem Zimt – , die ihren Ursprung im fernen Osten hatten. Textilien, Edelsteine, Öle, Felle und Getreide scheinen die Südaraber ebenfalls aus Indien bezogen zu haben. Der Aufstieg der südarabischen Händler vergrößerte ihren Warenbedarf. Deswegen richteten sie schon früh Handelsniederlassungen an der ostafrikanischen Küste und an der afrikanischen Seite des Roten Meeres ein.

Zwei Entwicklungen in der Schiffahrt leiteten den Niedergang der südarabischen Staaten ein. Zunächst hatten die Bewohner am Roten Meer die Navigation entlang der von Riffen, Strömungen und Seeräubern verunsicherten Küsten endlich doch gemeistert. Damit wurde der arabische Karawanenhandel entscheidend zurückgeworfen, und je besser der Seeweg genutzt werden konnte, um so weniger attraktiv war der Landweg. Später dann entdeckten auch Griechen und Römer das Geheimnis der Monsunwinde und nahmen den Indienhandel in eigene Hände. Damit war das von den Südarabern etwa 700 Jahre lang gehaltene Handelsmonopol vollends gebrochen.

Möglicherweise hätte schon um die Zeitenwende der Handelsverkehr der südarabischen Binnenstaaten mit dem Mittelmeerraum ein Ende gefunden, weil nahezu alle Güter per Schiff bis zum Nordende des Roten Meeres gelangen konnten. Die wichtigsten Handelspartner der Südaraber am Nordende, die **Nabatäer**, hatten jedoch ihre Staatsgrenze weit nach Süden vorgeschoben. Etwa seit 400 v. Chr. bis vielleicht 50 n. Chr. wurden besonders die Sabäer von den Nabatäern als Wirtschaftspartner durch die Geschichte begleitet. Als die Juden in die Babylonische Gefangenschaft geführt wurden (587 v. Chr.), löste dies eine kleine Völkerwanderung aus. Das Wüstenvolk der Nabatäer strömte von Zentralarabien in ein Gebiet, das zuvor von den Edomitern bewohnt worden war, die ihrerseits freigewordenes jüdisches Land in Besitz genommen hatten. Die Nabatäer setzten sich im Gebiet der Berge von Schera um Petra im heutigen Jordanien fest. Der Zeitpunkt der Einwanderung lag um 550 v. Chr.

Anfangs lebten die Nabatäer hauptsächlich von Überfällen auf Karawanen aus dem arabischen Süden. Doch sobald sie sich eine staatliche Ordnung gegeben hatten, begannen sie ihre Profitnahme aus dem Handelsverkehr in geordnete Bahnen zu lenken: Zölle, Abgaben und Gebühren ersetzten den nackten Raub. Schließlich gingen die Nabatäer dazu über, Karawanenhandel in eigener Regie zu betreiben. Vom 3. Jh. v. Chr. an scheinen sie den nördlichen Teil der ›Weihrauchstraße‹ von Südarabien zum Mittelmeer kontrolliert zu haben. Um die Zeitenwende erlangte dann das nabatäische Reich seine größte Ausdehnung. Die Südgrenze dieses Karawanen-Imperiums verlief zwischen den (heute saudi-arabischen) Ortschaften Hegra und Hayil. Von dort waren es noch knapp dreißig Tagesmärsche bis zur Grenze des Sabäischen Reiches; für die gesamte Strecke von der Küste des Mittelmeeres bis zur südarabischen Küste mußte man rund neunzig Tage veranschlagen.

Eine schöne Legende: Die Königin von Saba

Hat es sie überhaupt je gegeben, die vielzitierte Königin von Saba? Von Schriftstellern zur Titelheldin ihrer Romane erhoben, von Reiseveranstaltern zur Werbeträgerin gemacht und auch im Jemen selbst als Namengeberin für allerlei Institutionen benutzt, melden Wissenschaftler doch immer wieder Zweifel an. Und das, obwohl sie in zwei heiligen Schriften, in der Bibel und im Koran, eine Rolle spielt! Aber wie die Wissenschaft keine Ruhe gegeben hat, bis sie irdische Zeugnisse für das Leben der Propheten Jesus Christus und Muhammad präsentieren konnte, so sucht sie auch nach solchen für die Existenz der Königin von Saba. Diese haben sich aber bis heute nicht finden lassen.

Die Königin von Saba, wie man sie sich in Europa vorstellte. Lithographie, um1890, nach einer Miniatur des Bellifortis von Conrad Kyeser

Neuen Forschungsergebnissen verdanken wir die Erkenntnis, daß die sabäische Kultur schon rund 1000 Jahre v. Chr. zu blühen begann. Jener Zeit ist eine aus massiven Steinquadern errichtete Bewässerungsanlage zuzuschreiben, die 1983/84 von deutschen Forschern zwei Kilometer südöstlich vom großen Ma'rib-Staudamm am Fuß des Jabal Balaq al-Ausat aufgedeckt worden ist. Doch wir müssen dieses Werk der Initiative einer Gemeinschaft von Bauern zuordnen.

Die ältesten Inschriften, die einen sabäischen Staat bezeugen, stammen nämlich aus dem 8. Jh. v. Chr. So bleibt in dem Bericht der Bibel über den Besuch der Königin von Saba bei Salomo (965–926) in Jerusalem ein zeitlicher Widerspruch. Wenn tatsächlich eine südarabische Königin bei Salomo gewesen sein sollte, so müßte die Reise um das Jahr 950 v. Chr. stattgefunden haben. Der jetzige Stand der Forschung lehrt uns aber, daß der sabäische Staat Jahrzehnte nach dem Tod des großen Salomo entstanden ist. In den Annalen des Assyrerkönigs Tiglatpilesar III. (745–727 v. Chr.) gibt es den ersten Hinweis: Dort ist von dem Tribut die Rede, den die Sabäer nach Mesopotamien zu schicken hatten.

Fast wie vor 2000 Jahren spiegelt sich die Südschleuse des antiken Wasser-Stau- und Verteilungssystems der Oase Ma'rib im Abflußwasser; doch der Abfluß stammt von einem drei Kilometer Wadi-aufwärts 1986 fertiggestellten, neuen Staudamm.

In der Phantasie der meisten Jemeniten spielt die legendäre Königin des antiken Südarabien als »Malika Bilqis« (Königin Bilqis) eine Rolle. Den von Wendell Phillips teilweise freigelegten Awwam-Tempel des Mondgottes Almaqah schreiben die Jemeniten der Bilqis zu. Er ist anscheinend im 8. bis 7. Jh. v. Chr. gebaut worden, und für diese Zeit – wie für die gesamte Geschichte des Sabäischen Reiches – kann die Existenz einer Königin nicht nachgewiesen werden.

Namhafte Forscher, z. B. der Brite St. John Philby, bemühten sich darum, eine historische Brücke zu bauen. Philbys Theorie schlägt vor, daß die »Königin von Saba« eine Stammesfürstin gewesen sei, die mit sabäischen Arabern aus Mesopotamien gekommen war, um im Gebiet des heutigen Syriens zu nomadisieren. Damals habe jeder größere Stammesverband seinen Anführer König oder Königin genannt, meint Philby. So sei die Anführerin der Sabäer schließlich als »Königin von Saba« zu Salomo nach Jerusalem gelangt, um Tribut zu entrichten. Ein anderer, nach Südarabien gewanderter und dort seßhaft gewordener Teil der Sabäer hätte dann die Erinnerung an »Königin Bilqis« ausgeschmückt und jahrhundertelang bewahrt.

Der Bau des berühmten Staudamms von Ma'rib (zuerst: Maryab) begann Anfang des 6. Jh .v. Chr. Der Damm erstreckte sich über 680 m und sperrte das Wadi Adhanna vollständig ab. Die Speicher- und Bewässerungsanlage war mit Überlaufkanälen versehen worden. Für den Bau benutzte man Steinquader, die eine Höchstleistung an Steinmetzarbeit bedeuteten; die Fugen zwischen den Quadern waren kaum noch sichtbar. Trotzdem wurden die einzelnen Blöcke im Innern noch durch Blei- und Kupferbolzen miteinander verbunden. Nach sachverständigen Schätzungen reichte die Anlage aus, um etwa 9600 ha Kulturland zu bewässern.

Erst mit dem ständigen Ausbau des Bewässerungssystems und der Stauanlage wurde Ma'rib zur Hauptstadt des Sabäischen Reiches. Zuvor war das etwa 35 km westlich gelegene Sirwah politisches und kulturelles Zentrum des jungen Staates gewesen. Die Bedeutung von Sirwah bleibt noch zu klären. Was immer weitere Ausgrabungen und Bewertungen zutage fördern werden – es ist auch so erkennbar, daß Sirwah aufgrund seiner geographischen Lage nicht die Bedeutung gewinnen konnte, die später Ma'rib errang.

Ihre Technologie und die Kontrolle über einen erheblichen Teil des südarabischen Handelsverkehrs mit Ägypten, den Staaten am Rande des östlichen Mittelmeeres und Europa machten die Sabäer groß. Das Sabäische Reich verlor an Macht und Stärke, als Fortschritte in der Schiffbau- und Navigationstechnik Ägypter, Griechen und Römer dazu brachten, den Handelsverkehr mit Südarabien auf dem Seeweg in eigener Regie abzuwickeln. Außerdem war Saba, dem ältesten der südarabischen Königreiche, im Laufe der Jahrhunderte die Konkurrenz mehrerer Nachbarstaaten erwachsen.

Etwa um 410 v. Chr. gelang es zwei Vasallenstaaten, sich der sabäischen Vormacht zu entziehen: Ma'in, das Reich der Minäer, lag nördlich von Saba; Qataban lag südlich und war ein Land mit zwei

Küsten – am Roten Meer und am Golf von Aden. Beide Staaten, Ma'in und Qataban, verbündeten sich mit Hadramaut. Das Sabäische Reich hatte damit nicht nur einen großen Teil seines Territoriums verloren – auch das Kernland wurde von den drei miteinander verbündeten Rivalen eingeengt. Aus dieser Situation mußte sich ein Konflikt auf Leben und Tod ergeben. 343 v. Chr. gelang es den Sabäern, Qataban zu schlagen und für einige Zeit wieder zu unterwerfen. Das Jahr 120 v. Chr. sah sogar die Rückeroberung des Reiches der Minäer, und aus dem inzwischen wieder selbständig gewordenen Qataban lösten sich zwei Provinzen, Himyar und Radman. Die Sabäer unterstützten die beiden abtrünnigen Provinzen, die sich als eigene Staaten zu konstituieren vermochten. Das Himyaritische Reich sollte allerdings später zum Untergang des alten Saba beitragen.

Vasallen und Rivalen der Sabäer: Ma'in, Qataban und Ausan

Das Reich der Minäer war anscheinend immer ein Binnenstaat. Es entstand und wuchs in einem Gebiet, das heute im nordöstlichen Teil des Nordjemens die Provinz Al-Jawf bildet. In seiner Blütezeit erstreckte sich das Reich noch weiter nach Norden und schloß die Oase Najran ein, die seit 1934 unter Kontrolle Saudi-Arabiens steht. **Ma'in**, wie das Königreich der Minäer hieß, war der nördlichste Außenposten Südarabiens an der Karawanenstraße nach Gaza und Damaskus. Ma'in ist unter den sechs südarabischen Reichen dasjenige, das am wenigsten erforscht werden konnte.

Um 410 v. Chr. geriet das mächtige Sabäische Reich in Schwierigkeiten. Nach rund zehn Jahren von Wirren und Krieg riß sich der Nordteil des Reiches unter Führung der Stadt Yathill von Saba los. Yathill, in der westlichen Archäologie auch unter dem Namen Baraqisch bekannt, wurde als Hauptstadt des nunmehr unabhängigen Nordens jedoch bald aufgegeben; mit dem Bau von Qarnawu entstand eine neue Metropole. Nach dem Erlangen der Eigenstaatlichkeit verbündete sich das Reich der Minäer mit Hadramaut. Dieses Bündnis wurde nicht nur zur Abwehr der Sabäer geschlossen, vielmehr konnten Ma'in und Hadramaut als Handelspartner durch die Erschließung einer neuen Karawanenroute den Warentransport nach Norden beschleunigen und verbilligen. Wie einer aus Yathill stammenden Inschrift zu entnehmen ist, gelangten minäische Kaufleute bis nach Ägypten und Syrien. Die Handelsniederlassung in der Oase Dedan, heute Provinz Hejas des Königreiches Saudi-Arabien, wurde im 4. Jh. v. Chr. als Stützpunkt auf dem Wege nach Aqaba, Gaza und Damaskus von Minäern gegründet. Vielleicht fünfzig bis achtzig Jahre später, in der ersten Hälfte des 3. Jh. v. Chr., erlebte Ma'in dann seine Hochblüte. Die Könige in Qarnawu ließen sich durch ein Gremium von Männern aus Adelsfamilien beraten. Die Regierung scheint sich gegenüber Saba stets defensiv verhalten zu haben.

Die Reste des Haupttempels bei Ma'in (Qarnawu) zeigen deutlich, wie vor 2300 Jahren in einer Tempelanlage Monolithpfeiler vertikal und horizontal verbaut worden sind.

Qarnawu dehnte das Reich in Richtung Norden aus und benötigte alle Kräfte, um die Nordgrenze und die Karawanenwege gegen Angriffe der Beduinenstämme zu verteidigen. Als das Reich der Minäer zerstört wurde, kam der Feind aus dem Süden. Etwa um 120 v. Chr. eroberten die Sabäer Ma'in.

Aden war nicht die Hauptstadt des antiken Königreiches **Ausan**. Die Südarabien-Forschung schreibt diese Rolle dem inschriftlich erwähnten Ort Miswar tief im Landesinneren am Rand der großen Wüste zu, ist sich jedoch ihrer Sache nicht ganz sicher. Im oberen Wadi Marcha vermuten Wissenschaftler nach neuen Erkenntnissen eine der Kernlandschaften Ausans. Aden hingegen war bestimmt der bedeutendste Hafen des einst mächtigen Handelsstaates, dessen große Zeit in der Spanne von 600 bis 500 v. Chr. gelegen haben dürfte. Vor jener Zeit waren die Bewohner des Gebietes wohl Zulieferer für den Karawanenhandel nach Norden gewesen. Da die afrikanische Küste nahe war, organisierten sie die Einfuhr von Gütern aus Afrika. Der Zwischenhandel machte die Küstenbewohner wohlhabend. Und der Wohlstand gab ihnen die Macht, zu ihrem Schutz einen eigenen Staat in Konkurrenz zu dem der Sabäer zu gründen.

Die Boote der Kaufleute von Ausan segelten nach Nordwest ins Rote Meer und nach Südwesten zur ostafrikanischen Küste. Sie gründeten die ersten südarabischen Kolonien im heutigen Eritrea, im heutigen Somalia und auf der heute Sansibar genannten Insel. Teils waren die Außenstellen nur Handelsniederlassungen, teils aber erobertes Gebiet. Je mehr Wohlstand und Macht der Ausaner sich vergrößerten, desto stärker wurden Mißtrauen und Neid der benachbarten Sabäer.

Einer sabäischen Inschrift ist zu entnehmen, daß der Priesterfürst Karib al-Watar von Ma'rib – der erste Herrscher, der sich »König von Saba« nannte – im Jahre 410 v. Chr. Ausan eroberte. Die Sabäer machten sich bei dieser Gelegenheit – jedenfalls nach heutigen Begriffen – schwerer Kriegsverbrechen schuldig. Nicht nur wurden die Tempel der Festung Miswara (Miswar) zerstört, auch die meisten Adeligen Ausans wurden niedergemetzelt. Nach weiteren Inschriften fanden rund 16 000 Menschen den Tod, obwohl die Kampfhandlungen schon abgeschlossen waren. Nahezu alle Städte und Siedlungen des unglücklichen Königreiches wurden geplündert und niedergebrannt. Ein Teil der Küstenzone des zerstörten Staates wurde dem Sabäischen Reich einverleibt, ein anderer Teil der Küste und das Binnenland fielen an Qataban, einen Vasallenstaat der Sabäer.

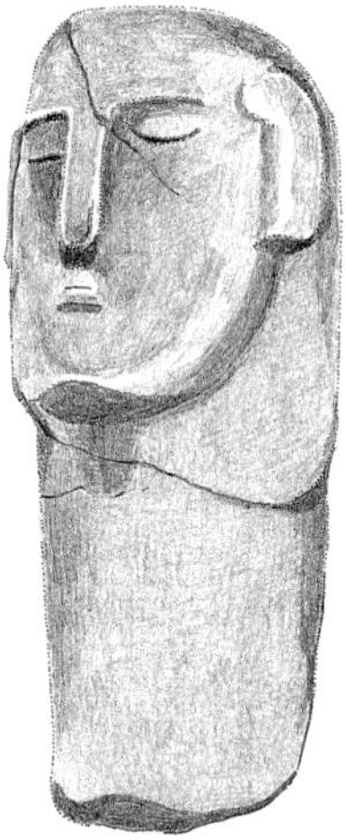

Qatabanische Votivgabe aus Alabaster, heute im Museum von Aden

Qataban reichte nun plötzlich bis an die Küste des Indischen Ozeans. Damit war dieser Staat eine Handelsmacht ersten Ranges geworden. Während Qataban vorher nur vom Karawanen-Transithandel profitieren konnte, beherrschte es nun unter anderem den vorzüglichen Hafen Aden und einen Teil des Seehandels. Qataban gewann dadurch so sehr an Macht, daß es nur wenig später – etwa um 390 v. Chr. – auch den sabäischen Einfluß abschütteln konnte. Knapp 200 Jahre lang hielten sich die Qatabaner danach noch auf der Höhe ihrer Macht und ihres Wohlstandes. Timna', Hauptstadt des Qatabanischen Reiches, scheint damals fast so groß wie Ma'rib und jedenfalls die zweitgrößte Stadt Südarabiens gewesen zu sein. Der römische Historiker Plinius d. Ä. (24–79 n. Chr.) schrieb, die qatabanische Metropole habe 65 Tempel in ihren Mauern beherbergt. Leisten konnte sie sich den Aufwand, weil ihre Macht ausreichte, um den möglichen direkten Karawanenverkehr zwischen dem hadramitischen Shabwah und Ma'rib zu unterbinden. Das geschah durch militärischen Druck, jedoch auch durch die Sicherung und technische Verbesserung der eigenen Verbindungswege nach Ma'rib.

Als weniger Kamelkarawanen den langen Marsch durch die Wüste antraten und statt dessen der Schiffsweg für den Handel zwischen Südarabien und Ägypten oder Syrien (über den heutigen Hafen Aqaba) eine wachsende Bedeutung errang, war Qataban mit seiner ehemals ausanischen Küstenzone in einer günstigen wirtschaftlichen Position. Doch erregte die Vorzugsstellung den Neid der Nachbarn, und dies um so stärker, je mehr der Handel sich auf den Seeweg verlagerte.

Etwa 120 v. Chr. traf Qataban dann ein schwerer Rückschlag: Zwei Provinzen im Nordwesten des Qatabanischen Reiches, Himyar und Radman, rissen sich mit sabäischer Hilfe los. Der schnell erstarkende Staat der Himyariten wurde zum gefährlichen Gegenspieler für Qataban, aber auch für Saba. Timna' war bald wieder nur die Hauptstadt eines Binnenstaates, verbündet mit Hadramaut gegen die Feinde im Norden und im Westen. Doch als die Stadt fiel – die Datierung ist umstritten –, kam der Feind aus dem Osten. Das erstarkte Königreich Hadramaut versetzte dem unmittelbaren Nachbarn und Rivalen Qataban die Todesstöße. Es waren tatsächlich mehrere Stöße, denn immerhin hielt sich das Qatabanische Reich nach der Vernichtung seiner Hauptstadt noch einige Jahrzehnte, ehe es von Hadramaut vollständig eingenommen werden konnte.

Rivale und Partner der Sabäer: Hadramaut

Die Südarabien-Forschung geht davon aus, daß etwa um 750 v. Chr. die Fundamente eines Staates im Hadramaut gelegt worden sind. Inschriftensteine dokumentieren Namen von Herrschern des Sabäischen, Minäischen und des Hadramischen Reiches ab etwa 800 v. Chr., und zwar als Priesterfürsten. Aus diesen wurden später in allen drei Reichen weltliche Könige. Man vermutet, daß der Übergang zur weltlichen Herrschaft sich zuerst in Hadramaut vollzogen hat und dann von den anderen Staaten nachgeholt worden ist. Die Anregungen für den Wechsel der Herrschaftsform soll Hadramaut von jenseits der Meere, eventuell aus Indien, erhalten haben.

Das eigentliche Wadi Hadramaut – in der Antike Sarian genannt – ist sicherlich die Geburtsstätte des Staatswesens gewesen, aus dem sich später das am weitesten östlich gelegene der südarabischen Königreiche entwickelte. Von welcher Hauptstadt aus der alte hadramische Priesterstaat regiert wurde, konnte bis jetzt nicht ermittelt werden. Als Shabwah zur Königsstadt der Hadramiten aufstieg, waren jedenfalls bereits einige Jahrhunderte ins Land gegangen und hatten sich die politischen Verhältnisse in Südarabien mehrmals stark verändert.

Plinius d. Ä. kündete den Ruhm der neuen Metropole, die er »Sabota« nennt. In seiner »Naturalis historia« berichtet er über die Weihrauchgewinnung sowie den Handel mit dem Duftstoff und erwähnt dabei auch die »Catabaner« (von Qataban) – gelegentlich auch »Gebbaniten« genannt – als die engsten Handelspartner der »Chatramotiter« (Einwohner von Hadramaut). Sabota/Shabwah war nach Plinius die Drehscheibe des gewinnträchtigen Handels: »Der gesammelte Weihrauch wird auf Kamelen nach Sabota durch ein einziges Tor gebracht. Dort empfangen die Priester für den Gott, welchen sie Sabin nennen, den zehnten Teil... Der Weihrauch kann nicht anders als durch das Land der Gebbaniten ausgeführt werden. Daher wird auch an deren König Zoll erlegt... Auch den Priestern und Schreibern des Königs werden bestimmte Teile gegeben. Außer diesen plündern noch die Wächter, Trabanten, Pförtner und Bedienten davon. Wohin ihr Weg geht, müssen sie hier für Wasser, dort für Futter oder das Quartier und allerlei anderes zahlen, so daß die Kosten für jedes Kamel bis an unsere Küste sich auf 688 Denare belaufen.«

Was aber hat sich in den rund 700 Jahren zwischen dem Aufkommen eines hadramitischen Staates und der von Plinius beschriebenen Blüte Shabwas abgespielt?

Das Priesterfürstentum Hadramaut, anfangs auf das große Wüstental beschränkt, hatte keinen direkten Zugang zum Weihrauch. Der Boswelia-Strauch oder -Baum, dessen Harz Weihrauch genannt wird, gedeiht in einem subtropischen Klima in 600 oder 700 m Höhe, nicht aber in der trockenen Witterung des Wadis. Unter der Voraussetzung, daß die Klimaverhältnisse vor 3000 oder 2000 Jahren in Südarabien nicht gänzlich anders gewesen sind als heute, dürfen wir den Hauptbestand des Boswelia-Gewächses deshalb in der weiter östlich gelegenen Region von Dufar (heute eine Provinz des Sultanats Oman) vermuten. Sie hat in den heißen Monaten des Jahres hohe Monsun-Niederschläge zu verzeichnen. Ähnliche Klimabedingungen, jedoch abgeschwächt, herrschten in der von Dufar aus weiter westlich gelegenen Küstenregion, das heißt an der heutigen südjemenitischen Küste bis etwa nach Mukallah. Die für Weihrauchgewinnung optimale Klimakonstellation war und ist in Südarabien auf die Küstenberge von Dufar und auf die Insel Soqotra beschränkt. Dort also, gut 600 km östlich des Wadi Hadramaut, lag offenbar das eigentliche Weihrauchland.

Weihrauch wird heute in ganz Südarabien als Duftstoff im Alltag gebraucht, jedoch nicht für sakrale Zwecke. Zu jedem besseren Haushalt gehören Weihrauchbrenner, die von den heimischen Töpfereien in vielen Varianten mit regional unterschiedlichem Dekor hergestellt werden. Hier ein Stück aus der Tihama

Die Produzenten des Weihrauchs konnten ihre Ware zu den Abnehmern in Ägypten und Syrien nicht bringen, ohne das Hoheitsgebiet Hadramauts zu berühren. Bei den Hadramiten, besonders in deren Hauptstadt Shabwah, kam es dann zu den an Plünderung grenzenden Abgabenerhebungen, die Plinius schildert. Die hohen Gewinne am Durchgangshandel ermunterten die Bewohner des Priesterfürstentums, ihren Machtbereich entlang der Handelswege weiter auszudehnen. Dies bedeutete Expansion in südliche Richtung, zum Meer hin, und Expansion in nordwestliche Richtung, den Grenzen des sabäischen Machtbereiches entgegen.

Man darf wohl auch annehmen, daß die Hadramiten schon frühzeitig begehrliche Blicke auf das Anbaugebiet des Weihrauchs selbst geworfen haben. Zuerst wurde die Küstenregion zwischen dem heutigen Mukallah und Sayhut der hadramischen Macht unterworfen. Die Ausweitung des Reichsgebietes in Richtung Nordwest rief dann allerdings die Sabäer auf den Plan. In der Zeit zwischen 600 und 450 v. Chr. scheint der hadramische Staat von dem wesentlich mächtigeren Sabäischen Reich in einem Vasallenverhältnis gehalten worden zu sein. Erst ab etwa 400 v. Chr. hat es dann ein selbständiges weltliches Königreich Hadramaut gegeben. Dieses war stark genug, um Dufar, das südarabische Hauptanbaugebiet für Weihrauch, zu erobern.

Erbe der Sabäer: Himyar

Etwa im Jahr 20 vor unserer Zeitrechnung leitete die Regierung des südarabischen Königreiches **Himyar** den Bau einer neuen Hauptstadt ein, Zafar genannt. Das wurde die Metropole eines Staates, dessen Herrschaftsbereich vor allem das jemenitische Hochland umfaßte. Entsprechend hoch, fast 3000 m, lag die Hauptstadt. Auch die Menschen von Himyar, die Himyariten, entsprachen den Bergen; sie waren spröder und härter als die Bewohner der sabäischen Ebenen.

Die eigenständige Geschichte des Bergstaates hatte rund hundert Jahre früher begonnen. In einer Zeit großer Umwälzungen hatten damals die Sabäer das Minäerreich erobert, während es zugleich zum Bürgerkrieg im Königreich Qataban gekommen war. Zwei Provinzen,

Himyar und Radman, hatten sich von Qataban losgerissen und im Bund mit den Sabäern den Westen und den Süden des Qatabanischen Reiches erobert. Der neue Staat Himyar/Radman umfaßte ein Gebiet bis zum Südausgang des Roten Meeres, das heißt, er kontrollierte Bab al-Mandeb, die Meerengen zum Indischen Ozean, das »Tor der Tränen«. Etwa zur selben Zeit wurde mit verbesserten Segelschiffen und neuen Navigationskenntnissen der Seeweg zwischen Ägypten und Indien »erschlossen«. Dadurch erlangte Himyar/Radman eine handelspolitische Schlüsselstellung, denn die Boote von und nach Ägypten mußten durch das Bab al-Mandeb. Kontrolle über die Meerengen aber bedeutete hohe Zoll- und Gebühreneinnahmen. Dies wiederum erregte die Mißgunst der Sabäer.

Etwa im siebten Jahrzehnt nach der Gründung von Zafar, also etwa im Jahr 50 unserer Zeitrechnung, hatte sich das Sabäische Reich durch Konflikte mit den Himyariten und aufgrund innerer Wirren erschöpft. Der einst so mächtige Staat geriet zeitweise in Abhängigkeit von Himyar/Radman und wurde praktisch von Zafar aus regiert. Die uralte sabäische Dynastie aus dem Kernland um Sirwah und Ma'rib erlosch. Dort setzte sich ein Herrscher aus dem Hochland durch. Um 190 n. Chr. brachte einer seiner Nachfolger, Sharum Autar, Himyar noch einmal in ein Abhängigkeitsverhältnis zu Saba. Dann wieder, gegen Ende des 3. Jh. n. Chr., gelang den Himyariten die Eroberung Ma'ribs mitsamt dem sabäischen Kernland.

Die nächsten Himyariten-Könige vermochten ihr Reich in der jemenitischen Küstenebene am Roten Meer weiter auszudehnen. Der himyaritische Herrscher Schammar Yuharisch kontrollierte schließlich, gestützt durch den König des äthiopischen Aksum, ein Reich größter Ausdehnung. Er hatte Teile des Königreiches Hadramaut erobert und nannte sich nun »König von Saba, Dhu Raydan, Hadramaut und Yamnat«. Das von Shammar Yuharish regierte Reich muß in etwa dem Gebiet des heutigen vereinigten Jemens entsprochen haben.

Untergang im Wüstensand

Die Königreiche Hadramaut und Saba erlagen in einem Zeitraum von rund 300 Jahren teilweise gemeinsam der Vitalitat des jüngeren himyaritischen Staates, aber auch dem Ansturm arabischer Nomaden und einer Reihe von Naturkatastrophen. Schon Mitte des 2. Jh. hatten sich in Shabwah, der Hauptstadt Hadramauts, aufgrund des großen Aufwandes des königlichen Hofes starke soziale Spannungen ergeben. Im selben Jahrhundert scheinen auch schwere Erdbeben das hadramitische Kernland heimgesucht zu haben. Schließlich folgten auf die Unterwerfung durch das sabäisch-himyaritische Reich Einfälle des halbnomadischen Reitervolkes der Kinda aus Zentralarabien. Bei einem dieser großen Überfälle sollen 30 000 Kinda nach Hadramaut gelangt sein; sie beherrschten als halbnomadische Feudalherren einen Großteil der einheimischen Bauernbevölkerung.

Bleibt jahrelang die Bewässerung durch Regen oder Grundwasser aus, erobert der Wüstensand die künstlich geschaffenen Oasen zurück.

Vor allem der Einbruch fremder Völkerschaften erwies sich für Hadramaut als sehr folgenschwer. Die Kinda-Stämme hatten in der Mitte der Arabischen Halbinsel eine große Konföderation gebildet, die in der Geschichtsschreibung als Staat eingestuft wird, jedoch kaum mehr als eine fluktuierende, unstete Ballung von Nomadenmacht darstellte. Die Kinda waren zuvor schon vom Nordende des Persischen Golfes nach Zentralarabien eingewandert; und als Hadramaut gefallen war, zogen sie weiter nach Süden bis zur Küste des Indischen Ozeans. Als Folge ihrer Invasion wurden Bauern und Städter des vormaligen Königreiches Nomaden untertan, und das schon stark urbanisierte Land (die Städte Shibam, Say'un und Tarim im Wadi Hadramaut finden in Ma'rib in einer Inschrift aus dem 4. Jh. n. Chr. Erwähnung) fiel zeitweise wieder den Beduinen anheim.

Die Sabäer lebten vom 3. Jh. n. Chr. an in einem sabäisch-himyaritischen Reich, dominiert eindeutig von den Himyariten. Nachdem Zafar Hauptstadt geworden war, verringerte sich die Bevölkerungszahl im künstlich bewässerten sabäischen Kernland ständig; die neue Metropole in den Bergen übte eben eine große Anziehungskraft auf alle Menschen aus, die nahe am Zentrum der Macht sein wollten. So blieb es nicht aus, daß die Anlagen zur Wasserverteilung und der große Staudamm in der Oase Ma'rib vernachlässigt wurden. Geröll und Schlamm, von den Sturzbächen im Wadi Adhanna immer wieder angeschwemmt, konnten nicht mehr aus dem Staubecken entfernt werden. Dies dürfte die Abfluß- und Überlaufkanäle verstopft haben, so daß Stauwasser schließlich die Dammkrone überflutete. Brüche des Dammes sind für die Mitte des 5. und des 6. Jh. n. Chr. verbürgt. Zu einer schweren Dammbruch-Katastrophe kam es im Jahre 542 n. Chr., doch konnte der Statthalter Abraha durch den Einsatz von Truppen die Situation noch einmal unter Kontrolle bringen.

Wann sich der letzte Dammbruch ereignete, durch den die Oase von Ma'rib verödete, ist unbekannt. Aber es kann nur kurze Zeit nach der Katastrophe von 542 n. Chr. gewesen sein. Bisher sind jedenfalls keine späteren Datierungen bekannt geworden. Erwähnung findet der endgültige Dammbruch im Koran, der rund 80 bis 90 Jahre später vom Propheten Muhammad in Mekka und Medina verbreitet wurde.

Wüstensand begann das frühere Fruchtland der Oase Ma'rib zu bedecken, und im Sand versanken schließlich auch die Pfeiler, Säulen, Träger, Statuen und Inschriften der Gestirnsgottheiten. Zur gleichen Zeit wurde das alte Kulturland Hadramaut weitgehend von der Außenwelt abgeschnitten, denn an der Küste setzten sich gegen Ende des 6. Jh. n. Chr. persische Statthalter fest, deren Machtpolitik darin bestand, die Stämme des Hinterlandes gegeneinander auszuspielen. Hadramaut wurde immer mehr zu einem von Stammeskonflikten gezeichneten Land.

Mit der Katastrophe von Ma'rib, dem Untergang des Königreiches Hadramaut und schließlich dem Zerfall des Himyaritischen Reiches war aber die Geschichte der Himyariten selbst noch nicht zu Ende. Zur Zeit des Dammbruchs, wahrscheinlich bald nach 542 n. Chr., waren große Teile des Jemens von den Äthiopiern besetzt. Obwohl die Eroberer von südarabischen Einwanderern nach Ostafrika abstammten, wurden sie im Jemen doch als fremde Unterdrücker betrachtet. Der himyaritische Adel und seine Gefolgschaft scharten sich in Opposition zu den Äthiopiern um einen Nachkommen der sabäisch-himyaritischen Dynastie, Saif, und dessen Sohn Mäadi-Kareb. Etwa um 573 n. Chr. machten sich die beiden himyaritischen Fürsten auf den Weg, um ausländische Hilfe zum Kampf gegen die Äthiopier zu gewinnen.

Es zeigte sich eine vorderorientalische Großmacht jener Zeit, das Sassaniden-Reich, an einem jemenitischen Abenteuer interessiert. Verwirklicht wurde die militärische Aktion allerdings erst Jahre später. Saif war schon gestorben, und sein Erbe, Mäadi-Kareb, mußte noch einmal am Hof der Sassaniden erscheinen, ehe endlich Hilfstruppen bewilligt wurden.

Mit nur einigen tausend Persern soll der himyaritische Prinz schließlich nach Südarabien zurückgekehrt sein. Immerhin bewegte die Ankunft ihres Prinzen mit einer militärischen Streitmacht die Himyariten zum Aufstand. Zur Entscheidungsschlacht mit den Äthiopiern soll es in der Nähe von San'a' gekommen sein. Die Äthiopier wurden geschlagen, und der himyaritische Prinz errang die Würde eines Vizekönigs, tributpflichtig dem Herrscher der Perser. Später wurde Mäadi-Kareb von Anhängern der äthiopischen Partei ermordet. Zwischen Äthiopiern und Persern kam es danach im Jemen zu einem langwierigen Machtkampf, der erst 595 n. Chr. zu Ende ging, als ein neues persisches Heer im Jemen gelandet war. Nun wurde ein Perser Statthalter. Die himyaritische Tradition lebt seither – vielleicht bis in unsere Tage – nur noch in jenen Stammesfürsten fort, heute

Scheichs genannt, die im Notfall ihre Eigenständigkeit und ihre Eigenart mit Waffengewalt gegen die Zentralmacht verteidigen.

Das Erscheinen des Islams

Das Credo des Islams in arabischer Thuluth-Schrift: »Es gibt keinen Gott außer Gott.«

Zwei große und ehrwürdige Moscheen im Jemen wetteifern um die Ehre, das erste islamische Gotteshaus im Land gewesen zu sein: die Hauptmoschee von San'a' und die Janad-Moschee nahe Ta'izz. Wissenschaftlich zu klären ist der Streit wahrscheinlich nicht. Beide Moscheen könnten noch – was sie für sich auch beanspruchen – zu Lebzeiten des Propheten (Todesjahr: 632) gegründet worden sein. Jedenfalls trafen um 630 mehrere Abgesandte Muhammads im Jemen ein, um die neue Religion zu verbreiten und die Almosensteuer einzuziehen. Es kommt also sehr darauf an, welchen Weg die Missionare von Mekka aus genommen hatten: die Hochlandroute über Najran und Sa'dah nach San'a' oder die Küstenroute über Al-Luhayyah und Zabid nach Ta'izz.

Der damalige persische Statthalter im Jemen unterwarf sich sehr schnell dem expandierenden neuen Glauben. Die Islamisierung der Bevölkerung ging hingegen langsamer voran. Sie gelang zuerst bei den Menschen der Küstenebene, die sich dem Islam unterwarfen, wie er von Mekka und Medina aus gelehrt wurde. Damit traten die Tihama-Bewohner in den Hauptstrom des islamischen Glaubens ein, in die sunnitische Orthodoxie. In den Bergen wurde es schwieriger. Bezeichnenderweise konnte dort ein früher Ketzer, der sich selber zum Propheten erklärte, noch viele Jemeniten in seinen Bann schlagen. Sogar die Abgesandten Muhammads wurden von ihm wieder vertrieben. Es dauerte bis in die Zeit des ersten Kalifen, Abu Bakr (632–634), ehe eine islamische Armee den Bergjemen ganz unterworfen hatte.

Hadramaut erwies sich als noch schwieriger für die Boten des neuen Glaubens. Kaum hatte dort der Islam Fuß gefaßt, zerfiel die junge Glaubensgemeinschaft in rivalisierende und manchmal einander bekämpfende Sekten. Die im Hadramaut herrschenden und oft von außen noch geschürten Stammeskonflikte waren eine wesentliche Ursache für den Zerfall. Erst rund 200 Jahre nach dem Sieg des Islams brachte Ahmad Ibn Isa al-Muhajir (s. S. 198), ein Einwanderer aus Basra am Persischen Golf, dem Wadi Hadramaut neue Stabilität. Der fromme Mann, der nach eigener Aussage aus der Familie des Propheten stammte, konnte den orthodoxen Islam als alleingültigen durchsetzen – nicht mit dem Schwert, sondern durch geschicktes Verhandeln, durch Überredungskunst. Dieser Sieg des reinen Geistes über Beduinenstarrsinn setzte ein Zeichen: Es fanden sich in der Folgezeit immer mehr fromme Männer, die ohne Waffengewalt, nur durch das Wort, den religiösen Frieden zu erhalten suchten. Ihre Autorität rührte daher, daß sie den Koran auswendig kannten und glaubwürdig machen konnten, daß ihr Stammbaum auf die Familie Muhammads zurückging.

In der Stadt Kufa am Persischen Golf wurde eine vorislamische arabische Schrift zum sogenannten Kufisch weiterentwickelt. In dieser stark geometrischen Schrift sind die ersten Exemplare des Korans niedergeschrieben und dann jahrhundertelang kopiert worden. Hier ein Koranblatt aus dem 9.Jh. (ca.5oo A.H.)

Im hohen Norden des Bergjemens, in der Region Sa'dah, gelangte um 897 n. Chr. (288 isl. Zeitr.) ein zugewanderter Sektenführer, Al-Hadi Yahyah Ibn Hussain, zu großem Einfluß. Al-Hadi war Imam (Vorbeter) einer ebenfalls zugewanderten Gruppe von Zaiditen, deren Islamverständnis auf schiitischer Grundlage beruhte (). Diesem Imam gelang es, in Sa'dah und Umgebung einen Bund von Stämmen zu organisieren, dessen weltliche und geistliche Führung bei ihm lag. Damit war der zaiditische Staat im Jemen geboren, der bis zur Revolution von 1962 bestehen bleiben sollte.

Die Menschen in der Tihama unterstanden indessen meistens anderen Herrschern. Nach abendländischer Zeitrechnung im Jahre 819 gründete Muhammad Ibn Ziyad in der Küstenebene die Stadt Zabid nebst einer bald berühmten islamischen Universität. Ibn Ziyad war der Typ des religiös sehr beschlagenen Stammesführers, dessen geistiger Einfluß sich weiter verbreitet. So gelang es ihm, eine Dynastie zu gründen, und er regierte ab 821 von Zabid aus große Teile des Jemens.

Man darf Ibn Ziyad den ersten nationaljemenitischen islamischen Herrscher nennen, da er bei gleichzeitiger Anerkennung des Kalifen – des Nachfolgers Muhammads als Führer der Gläubigen – beträchtliche Eigenständigkeit von Bagdad, dem Sitz der Zentralgewalt, erlangte. Rund 200 Jahre lang lenkten Ziyadenfürsten die Geschicke des Küstenstreifens. Dann ging ihre Dynastie unter, doch weitere 500 Jahre lang herrschten Fürsten unabhängig von dem Imam des Hochlandes über die Tihama.

Der letzte Herrscher sunnitischen Glaubens, Ahmad at-Tahir, hatte zunächst seinen Einfluß im größten Teil des heutigen Jemens durchsetzen können. Dann jedoch geriet er in Konflikt mit den von Ägypten aus operierenden Mamelucken, die ihn schließlich stürzten und einige Städte besetzten. Zabid war unter den Plätzen, an denen sich die Mamelucken zu halten vermochten. Gegen Ende 1583 landete der osmanische Heerführer Soliman Pascha in Al-Mukha. Zabid wurde wenige Tage später von den Türken genommen. Bald danach war die ganze Tihama in ihren Händen.

Osmanische und britische Fremdherrschaft

Das Hochland bereitete den Türken und ihren Hilfstruppen viel größere Schwierigkeiten als die Küstenebene. Es dauerte noch acht Jahre, bis sie auch San'a' einnehmen konnten. Die Osmanen teilten ihren neuen Machtbereich nun in zwei Verwaltungsregionen auf: die Bergregion mit San'a' und die Küstenregion mit Zabid als Zentrum. Der jemenitische Herrscher des Hochlandes, Imam Sharaf ad-Din, zog sich in die Bergfeste Kawkaban, rund 25 km nordwestlich von San'a', zurück. Von diesem Zeitpunkt an waren die Hauptstadt und das ganze Hochland ständig umkämpft. 1597 wurde wieder Sa'dah Hauptstadt des Bergjemens. Dort hatte sich Al-Mansur al-Qassim Ibn Muhammad als Imam der zaiditischen Stämme durchgesetzt. Imam Al-Qassim reiste im Land umher, predigte den Kampf gegen die wirtschaftliche Ausbeutung durch die Türken und war schließlich erfolgreich in seinem Bemühen, den Aufruhr der Jemeniten zu einem organisierten Aufstand zusammenzufassen.

Ein in Kairo stationierter Chronist des Osmanischen Reiches schrieb um diese Zeit: »Nirgendwo haben wir so viele Soldaten verloren wie im Jemen. Unsere Soldaten verschwanden dort wie Salz im Wasser. Wenn wir unser Soldatenregister überprüften, stellten wir fest, daß wir von der Zeit des Ibrahim Pascha (1524) bis heute 80 000 Soldaten in den Jemen schickten, von denen lediglich 7000 die Expedition überlebt haben.«

In den neunziger Jahren des vorigen Jahrhunderts erprobte die Hohe Pforte auch zivile Reformen, um das Vilayet Jemen zu befrieden. Sie scheiterte jedoch mit dem Versuch, das osmanische Rechts- und Schulwesen einzuführen. Ebenso wurde nichts aus dem Projekt, eine Eisenbahn von Al-Hudaydah nach San'a', die rund 2000 m Höhenunterschied zu überwinden gehabt hätte, zu bauen. Das Projekt blieb in der Planungsphase stecken.

Von 1569 bis 1607 eroberten die Türken – mit der Tihama als Basis – Teile der Bergregion zurück. Doch kam es dort in der Folgezeit zu einer Kette von Aufständen, bis 1635 die osmanischen Streitkräfte so erschöpft waren, daß der Jemen als erster arabischer Staat die Unabhängigkeit vom Osmanischen Reich erlangte.

Im 19. Jh. wurde die Tihama dann erneut zum Kampfplatz fremder Mächte. Zuerst kamen die Wahabiten, Anhänger einer puritanisch-islamischen Lehre, die Ende des 18. Jh. aus Zentralarabien aufgebrochen waren, um ein Großreich zu erobern. Die Wahabiten waren zuerst nach Mekka, Medina und Djidda, dann nach Süden bis zum Hafen Al-Mukha (Mokka) vorgestoßen. Der Imam des Jemens rief gegen diese Eindringlinge die Ägypter zur Hilfe. Machthaber in Kairo war zu jener Zeit schon der ehemalige türkische Offizier (albanischer Herkunft) Muhammad Ali, der seinerseits von einem Großreich träumte. Er entsandte 1819 Truppen in den Jemen, die mehrere Städte in der Küstenebene besetzten. Muhammad Alis Soldaten blieben über zwanzig Jahre lang in der Tihama, ehe sie aufgrund britischen Drucks abgezogen wurden.

Nur wenige Jahre später kamen die Türken wieder: 1849 traf auf dem Landweg ein kleines Expeditionsheer ein, das Al-Hudaydah und später San'a' erobern konnte. Als jemenitischer Widerstand die Türken zwang, San'a' abermals aufzugeben, ließen sie immerhin ein kleines Truppenkontingent in der Tihama zurück. Es hielt dort aus, bis 1872 eine ganze Armee eintraf, die den Nordjemen noch einmal für das Osmanische Reich eroberte. Verhältnismäßig gesichert war die türkische Herrschaft in den folgenden Jahren immer nur in der Küstenebene – das Bergland leistete anhaltenden Widerstand, der von Zeit zu Zeit zum offenen Aufstand entbrannte.

Mehrmals mußten sich die Türken aus San'a' und anderen Städten zurückziehen. Erst 1911 kam es zu einem Burgfrieden zwischen dem im Hochland regierenden Imam und dem türkischen Gouverneur in San'a', der auch vertraglich gesichert wurde. Dieser Burgfriede hielt bis zum Ende des Osmanischen Reiches 1918; er bewirkte, daß Imam Yahyah die türkischen Offiziere, die sich für ein Verbleiben im Jemen entschieden hatten, mit den Worten »liebe Feinde« begrüßte und sie in seine Armee einstellte.

Eine andere Gruppe von Feinden konnte sich bei den Jemeniten nicht beliebt machen: die Briten. Als 1835 Captain Haines, ein Seeoffizier der Marine von Britisch-Indien, die südarabische Küste inspizierte, war die einst blühende Hafenstadt Aden zu einem Nest von nicht einmal hundert Steinhäusern abgesunken. Dennoch erregte der Ort die Aufmerksamkeit der Kolonialbehörde in Indien, weil er als Stützpunkt im Kampf gegen die französische Marine-Präsenz an der ostafrikanischen Küste geeignet schien.

Im Januar 1839 nahmen die Briten unter einem Vorwand Aden mit Waffengewalt ein. Der Platz, zuvor im Besitz des Sultans von Lahj, wurde Kolonie. Durch die Eröffnung des Suezkanals (1869) gewann Aden den Rang des wichtigsten Transithafens an der Schiffahrtstraße zwischen dem Mittelmeer und Asien. Es begann unter britischer Herrschaft aufzublühen.

Stammesaufstände in der Umgebung von Aden konnten stets schnell niedergeschlagen werden und führten meistens zur Vergrößerung des Kolonialbesitzes. Dieser umfaßte bald die ganze südarabische Küstenregion und das dahinterliegende Wadi Hadramaut; im Norden stieß die britische Einflußzone an den noch osmanisch bestimmten Bergjemen. 1914 schlossen das Osmanische Reich und das Britische Weltreich einen Vertrag, der ihre Interessen im Jemen gegeneinander abgrenzte. Imam Yahyah wollte diesen Vertrag später nicht als gültig anerkennen, und seine Soldaten fochten in der Folgezeit so manches Grenzscharmützel mit den Briten und ihren arabischen Hilfstruppen des südarabischen Protektorates.

Der ganze britische Einflußbereich, ausgenommen die Kolonie Aden-Stadt, wurde nach dem Prinzip der indirekten Herrschaft regiert. Dies bedeutete, daß die Stammesführer, die Klein-Sultane, Emire und Scheichs in ihrer Hoheit über das einfache Volk von ihnen gestärkt wurden, solange sie den »Ratschlägen« der Beauftragten Londons folgten. Die Ratgeber bekämpften nicht den destabilisierenden Egoismus der Stämme, sondern nutzten ihn aus. Das Prinzip der indirekten Herrschaft sollte allerdings fatale Folgen haben, als die britische Kolonialpolitik ins Wanken geriet.

Ein Ende der britischen Oberhoheit über Aden und das südarabische Hinterland begann sich in der ersten Hälfte der sechziger Jahre abzuzeichnen. Damals hatten mehrere bewaffnete Unabhängigkeitsbewegungen schon an Boden gewonnen. London versäumte es, sich rechtzeitig mit den relativ gemäßigten Kräften in Aden zu arrangieren. Statt dessen setzte die Kolonialbehörde auf eine militärische Lösung und wollte zu deren politischer Absicherung die Stammesfürsten des Hinterlandes in einem Bundesstaat zusammenfassen. Es war dies der verzweifelte Versuch, das schon nach halbwegs demokratischen Prinzipen organisierte Aden mit den Feudalherren zusammenzuspannen, um dann einen pro-britischen postkolonialen Staat zu hinterlassen.

Die militärische Lösung als Voraussetzung für eine stabile Südarabische Föderation funktionierte nicht. Je länger gekämpft wurde, desto stärker wurden die radikalsten Kräfte des Widerstandes. Diese bezogen materielle Hilfe vom damaligen Ostblock, insbesondere von der Sowjetunion und der Deutschen Demokratischen Republik. Folglich öffnete sich der südarabische Widerstand auch der politischen Einflußnahme seiner Geld- und Waffengeber.

Als 1967 infolge des Sechstage-Krieges zwischen Ägypten und Israel der Suezkanal geschlossen werden mußte, verlor Aden schlagartig seine Bedeutung als Transithafen – und die Briten verloren das Interesse an einer Fortsetzung des Kampfes um den Besitz der Kolonie. Nun aber mußten sie den Vertrag über die Unabhängigkeit des Südjemens mit den radikalsten Kräften des Widerstandes abschließen. Diese begannen sich nach dem Abzug der Kolonialmacht sofort über die Schutzbestimmungen für die Stammesfürsten hinwegzusetzen. Innerhalb von zwei Jahren waren sie alle in den links-nationalistischen und sozialrevolutionären Stürmen untergegangen, die ihren Ursprung im Versagen der britischen Kolonialpolitik in Aden gehabt hatten.

Zwei unabhängige Jemen-Staaten

Während die Südjemeniten gegen die Briten um ihre Unabhängigkeit kämpften, tobte im Nordjemen ein Bürgerkrieg. Im September 1962 hatte in San'a' ein Militärputsch stattgefunden, der eigentlich eine Revolution sein sollte. Die aufständischen Offiziere hatten zwar die Residenz des regierenden Imams, Muhammad al-Badr al-Mansur, zusammenschießen können; doch Muhammad al-Badr lag nicht tot unter den Trümmern, sondern war zur Hintertür hinaus entwichen. Er konnte in den Norden seines Landes entkommen und fand in den Höhlen des Berggeländes nordwestlich von Sa'dah eine Zuflucht.

Von dort aus organisierte er mit saudi-arabischer Hilfe die Gegenwehr, während das neue republikanische Regime in San'a' Ägypten zu Hilfe rief.

Der damalige ägyptische Präsident Gamal Abdel Nasser entsandte ein Truppenkontingent nach dem anderen in den Bürgerkrieg unter den Jemeniten, ohne eine Entscheidung zugunsten der Republik erzwingen zu können. Wie rund 420 Jahre vordem die Soldaten des osmanischen Reiches, so waren von 1962 bis 1967 die ägyptischen Soldaten mit ihrer überlegenen Ausrüstung in der jemenitischen Küstenebene zwar siegreich, doch im Partisanenkrieg in der Wüste und im Bergjemen konnten sie nicht gewinnen. Aber auch die Königstreuen gelangten nicht zum Sieg. Der opferreiche Konflikt geriet in eine Sackgasse.

Die Wende im jemenitischen Bürgerkrieg kam nach der Niederlage Ägyptens im Sechstagekrieg gegen Israel im Juni 1967. Präsident Abdel Nasser mußte sein Expeditionskorps aus dem Jemen zurückziehen, um die geschlagene ägyptische Armee am Suezkanal zu stabilisieren. Jetzt war plötzlich Raum gegeben für einen Kompromißfrieden zwischen den königstreuen Stämmen und den republikanischen Streitkräften des Jemens. Saudi-Arabien half schließlich, den Friedensschluß zu vermitteln. Ab 1969 war dann Nordjemen eine eher konservativ strukturierte Republik, mit der sich sowohl Saudi-Arabien als auch Ägypten abgefunden hatten.

So standen ab 1969 zwei unabhängige Jemen-Staaten nebeneinander, deren innere wie äußere Politik grundverschieden waren. Im Nordjemen versuchte die junge republikanische Staatsmacht behutsam ihre Autorität auch auf die bewaffneten Stämme auszudehnen, die vor einigen Jahren noch auf Seiten der Royalisten gefochten hatten. Außenpolitisch war man in San'a' auf eine Neutralität bedacht, die es gestatten würde, Hilfe aus Ost und West, von den Vereinigten Staaten wie von der Sowjetunion und ebenso von den konservativen wie von den sozialistisch orientierten Araberstaaten fur den Wiederaufbau des vom Bürgerkrieg schwer geschädigten Landes zu mobilisieren. Im Südjemen steuerte man ab 1967 unverhohlen auf die Gründung einer Volksrepublik zu, deren Stütze der Sowjetblock sein würde.

»In letzter Zeit hörte die Weltöffentlichkeit vom Jemen nur über die Meldungen von den Kämpfen und den Opfern, die das jemenitische Volk zur Verteidigung seiner Revolution und zur Sicherung des Fortbestandes seiner Republik auf sich genommen hatte. Doch heute ist man zweifelsohne in der ganzen Welt aufmerksam geworden auf die sozialen, kulturellen und wirtschaftlichen Fortschritte des Landes.«
(Der ehemalige Ministerpräsident des Nordjemens, Mohsen Ahmad al-Aini, 1973 in einer Grußbotschaft)

Die Vereinigung

Die siebziger und achtziger Jahre waren in den beiden Jemen-Staaten durch Wirren, Staatsstreiche, versprochene gegenseitige Annäherung und darauf folgende blutige Grenzkriege gezeichnet. Im Nordjemen übernahm die Armee das Regiment, während im Südjemen die diktatorisch herrschenden Sozialisten sich in bürgerkriegsähnliche Konflikte verstrickten. Ab 1978 konnte der noch heute am Schalthebel der Macht befindliche General Ali Abdallah Saleh dem Nordjemen eine bis dahin ungeahnte Stabilität verleihen; hingegen fanden im

Südjemen noch 1986 überaus blutige Richtungskämpfe innerhalb der alleinregierenden Sozialistischen Partei statt. Dies veranlaßte die wirtschaftlich schwächer werdende Sowjetunion, ihre vielfältige und kostspielige Hilfe für den volksdemokratischen Südjemen erheblich zu reduzieren.

Als Anfang der neunziger Jahre der Zusammenbruch des Ostblocks erfolgte, erlosch die äußere Hilfe für den Südjemen fast vollständig, und die Verhältnisse dort wurden unhaltbar. In Aden besann man sich folglich auf Vereinbarungen mit San'a', in absehbarer Zeit zum Zusammenschluß der beiden Jemen-Staaten zu gelangen. Im Mai 1990 wurde die Vereinigung von Nord- und Südjemen zur Republik Jemen proklamiert.

Die Vereinigung war jedoch in Wirklichkeit anfangs nur eine lockere Verzahnung der beiden Jemen-Staaten. Jede Seite war bemüht, ihre jeweilige gesellschaftliche und politische Struktur zu erhalten. Die beiden Regierungen wurden lediglich zusammengeführt, so daß ein paritätisch besetztes Großkabinett entstand. Sehr bald blockierten sich die südjemenitischen Sozialisten und die nordjemenitischen Konservativen innerhalb der Regierung und der Bürokratie gegenseitig.

Jedwede Regierungstätigkeit kam zeitweise zu einem Stillstand. Während man einerseits um Demokratisierung bemüht war, 1993 sogar Parlamentswahlen mit Kandidaten mehrerer Parteien veranstaltete, fand ein verdeckter Machtkampf statt. Dieser mündete im Mai/Juni 1994 in einen kurzen, aber heftigen Bürgerkrieg. Politiker des Südjemens, überwiegend Radikalsozialisten, jedoch auch einige im Exil lebende Traditionalisten, versuchten den Abfall vom Gesamtstaat. Sie proklamierten noch einmal eine unabhängige Republik Südjemen. Diese wurde jedoch schon wenige Wochen später von den überlegenen Truppen der Zentralregierung besiegt. Seither wird der mühselige Versuch unternommen, einen wirklichen Ausgleich zwischen konträren Interessen des Nord- und des Südjemens zu schaffen sowie einen höheren Grad von Demokratie zu erreichen.

Im April 1997 fanden abermals Parlamentswahlen mit Kandidaten mehrerer Parteien statt, die von Beobachtern aus vielen Ländern der Welt als „überwiegend fair“ beschrieben wurden. Die frühere Staatspartei des Südjemens, die Sozialistische Partei, machte den Fehler, diese Wahlen zu boykottieren. Deswegen ist sie im jetzigen Parlament nur noch durch einige wenige ihr nahestehende unabhängige Abgeordnete vertreten. Ein gewisses Spannungsverhältnis herrscht jetzt zwischen dem mit absoluter Mehrheit regierenden Allgemeinen Volkskongreß, der Partei des Staatspräsidenten, und der konservativen bis religiösen Islah-Partei, der zweitstärksten Kraft, hinter der auch die meisten Stammesführer stehen.

Daten zur Geschichte

Der vorislamische Jemen

800 v. Chr.	Der sabäische Staat entsteht. Bau des Bewässerungssystems von Ma'rib.
740 v. Chr.	Die Sabäer entrichten Persien Tribut. Baubeginn am Ma'rib-Damm.
550 v. Chr.	Sirwah wird Residenzstadt von Saba. Bau der Tempel in Sirwah und Ma'rib.
500 v. Chr.	Ma'rib wird Hauptstadt von Saba. Bau der Stadtmauer um Ma'rib.
400 v. Chr.	Entstehung des Staates Ma'in.
399 v. Chr.	Zerstörung des Reiches Ausan durch die Sabäer.
390 v. Chr.	Krieg zwischen Saba und Qataban.
343 v. Chr.	Sieg der Sabäer über Qataban.
120 v. Chr.	Wiedererstarken des Sabäischen Reiches.
25 v. Chr.	Erfolgloser Südarabien-Feldzug der Römer.
20 v. Chr.	Erstarken des Himyaritischen Reiches. Zafar wird Hauptstadt von Himyar.
50	Zerfall des Sabäischen Reiches.
180	Erstes Eindringen der Äthiopier nach Südarabien.
190	Neo-Sabäisches Reich.
542	Völliger Bruch des Ma'rib-Staudamms. Bau von Kirchen in Zafar und Najran.
570	Einfall eines persischen Heeres in Südarabien.
628	Anerkennung der Lehre des Propheten Muhammad durch den persischen Statthalter.

Der islamische Jemen

632	Sendboten des Propheten kommen in den Jemen, um Streit zu schlichten. Baubeginn an der Großen Moschee in San'a' und an der Janadiya.
633	Aufteilung des Jemens in drei Provinzen durch den Kalifen Abu Bakr.
660	Verwüstung des Jemens durch Truppen des Gegenkalifen Muawija.
661	Jemen wird Provinz der in Damaskus residierenden Umaiyyaden.
812	Jemen wird Provinz der in Bagdad residierenden Abbassiden.
819	Gründung der Religionsuniversität Zabid. Ziegelbauten und Große Moschee in Zabid.
897	Yahyah Ibn al-Hussein wird in Sa'dah erster Saiditischer Imam.
1261	Einzug des Imams Yahyah Ibn Muhammad in San'a'.

1517	Ausbau von San'a', Kawkaban und Thula.
1538	Eroberung Adens durch die Osmanen. Fertigstellung der Koranschule und Ashrafiya-Moschee in Ta'izz.
1539	Mit dem Eindringen osmanischer Truppen in die Tihama kommt ein osmanischer Statthalter nach San'a'. Bau der Mustafa-Pascha-Moschee in Zabid.
1599	Aufstand der Jemeniten gegen die Osmanen.
1630	Abzug der osmanischen Truppen aus dem Jemen. Integrierung des osmanischen Baustils in den jemenitischen.
1709	Vertrag zwischen Frankreich und dem Jemen über eine Handelsniederlassung in Al-Mukha.
1762	Ankunft einer dänischen Expedition mit Carsten Niebuhr im Jemen.
1799	Großbritannien nimmt die Insel Perim am Südausgang des Roten Meeres in Besitz.
1804	Einfall der zentralarabischen Wahhabiten in den Jemen.
1832	Die Ägypter erobern die Tihama.
1839	Einnahme Adens durch Großbritannien.
1849	Osmanische Truppen dringen wieder in den Jemen ein.
1867	Großbritannien dehnt seine Oberhoheit auf das Hinterland von Aden aus.
1871	San'a' wird wieder von einem osmanischen Statthalter regiert.
1891	Aufstand im jemenitischen Hochland gegen die osmanische Oberhoheit.
1911	Imam Yahyah wird als autonom anerkannt.
1914	Der Jemen wird vertraglich geteilt.
1918	Kapitulation der Türken im Jemen.
1933	Krieg zwischen dem Jemen und Saudi-Arabien.
1934	Gebietsabtretungen an Saudi-Arabien.
1948	Ermordung des Imams Yahyah; Rückeroberung der Macht durch Imam Ahmad.
1951	Wendell Phillips gräbt Tempelanlagen bei Ma'rib aus.
1959	Gründung der Südarabischen Föderation mit britischer Hilfe.
1962	Der Tod Imam Ahmads löst Revolution und Bürgerkrieg aus.
1965	Radikalisierung des Unabhängigkeitskampfes in Aden; zunehmende ägyptische Einmischung in den Bürgerkrieg im Nordjemen.

1967	Das ägyptische Expeditionsheer zieht sich aus dem Nordjemen zurück; der Südjemen wird von Großbritannien unabhängig.
1969	Bei den Richtungskämpfen im Südjemen trägt die Linke den Sieg davon.
1970	Nach dem Erlöschen des Bürgerkrieges im Nordjemen wird ein Kompromißfrieden geschlossen.
1972	Erster Grenzkrieg zwischen Nord- und Südjemen.
1978	Oberst Ali Abdallah Saleh wird Präsident des Nordjemens.
1979	Zweiter Grenzkrieg zwischen Nord- und Südjemen.
1986	Fertigstellung eines neuen Staudamms in Ma'rib oberhalb des antiken.
1990	Vereinigung von Nord- und Südjemen zur Republik Jemen.
1994	Südjemen versucht vergeblich, zur Eigenstaatlichkeit zurückzukehren.
1997	Mit Parlamentswahlen wird der Demokratisierungsversuch fortgesetzt.

Die Schulpflicht gilt im Jemen für alle Kinder, jedoch wird sie gerade bei Mädchen oft nicht eingehalten.

Religion und Kunst

Die Schrift

Durch den deutschen Forscher Ulrich Jasper Seetzen gelangten im Jahr 1810 fünf Bruchstücke spätsabäischer Inschriften nach Europa. Sie wurden 1811 publiziert, womit nach Bekundung der Fachwelt »die Disziplin der altsüdarabischen Epigraphik ihren Anfang nahm« (W. W. Müller). Etwa 80 Jahre später brachte der österreichische Gelehrte Eduard Glaser zahlreiche Abgüsse von sabäischen Schrifttafeln mit nach Wien, und aufgrund einer neuen Technik waren die Kopien den Originalen ebenbürtig. Sie erleichterten den Sprachforschern das Bemühen, die Inschriften zu entziffern und die Strukturen der Sprache des antiken Südarabien zu erkennen. Heute sind über 4000 solcher Inschriften registriert und größtenteils auch gelesen worden. Zu den Grunderkenntnissen der Gelehrten gehört es, daß sie es mit vier Sprachen, nämlich Minäisch, Sabäisch, Qatabanisch und Hadramitisch, zu tun haben; diese Sprachen sind zwar eng miteinander verwandt, jedoch auch wiederum deutlich voneinander zu unterscheiden.

Es gehört zu den Vergnügen heutiger Reisender, solche (meistens längst bekannten) epigraphischen Hinterlassenschaften immer wieder selbst aufzuspüren. In Stein gemeißelt, findet man die Schriftzeichen an den Wänden antiker Tempelruinen und auf Bruchstücken im Gelände verstreut. Aber auch beim Gang durch Dörfer und kleine Städte lassen sich immer wieder Spolien entdecken, ein Schriftstein aus der Antike, der jetzt vielleicht als Tür- oder Fenstersturz in einer Moschee dient, oder sogar eine Tiernachbildung nebst Schrift in der Mauer eines Wohnhauses. Je häufiger die Buchstaben der alten südarabischen Schrift dem Jemen-Reisenden begegnen, desto stärker wird das Gefühl, sie seien ein Element künstlerischer Äußerung.

Es handelt sich überwiegend um Schriftzeichen von großer Einfachheit und Klarheit. Erst in der Spätzeit des sabäisch-himyaritischen Reiches verloren sie diese Tugenden: Querstriche, schmückende Formen und betonte Rundungen kamen hinzu. In der Endphase der alten Kultur Südarabiens wurden also die gemeißelten Schriftbänder bis zu einem gewissen Grad zur dekorativen Kunst. Ornamentale Schrift als höchste Ausdrucksform schöner Kunst – diese dann islamisch-arabische Entwicklung zeichnet sich in der vorausgegangenen Gesellschaft aber noch nicht ab. Es bestand ja kein religiös bedingtes Bilderverbot. Da jedoch bei den frühen Südarabern ohne den Segen der Götter nichts zu verrichten war, besaßen die steinernen Schriftbänder eine wesentliche kulturpolitische Funktion. Sie dokumentierten für die Nachgeborenen, daß man sich bemüht hatte, das allerhöchste Wohlwollen für Staat und Gesellschaft zu verpflichten.

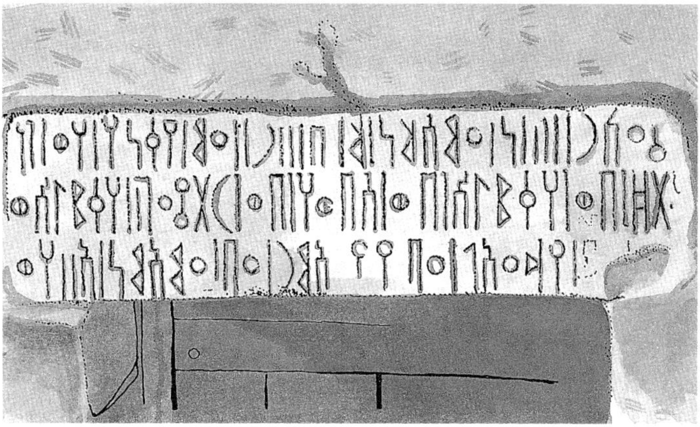

Schriftstein in Ma'rib

Aus der Entzifferung jener Schriftbänder haben sich viele Hinweise auf die Geschichte der südarabischen Königreiche ergeben. Über die Lebens- und Denkweise der alten Bevölkerung wissen wir dagegen weniger. Es bestehen – wie in allen Bereichen der Erforschung des frühen Südarabien – auch in der Literatur- und Schriftforschung noch große Lücken. Eine schwerwiegende Behinderung ergibt sich daraus, daß man außer den in Stein gehauenen kaum weitere schriftliche Aufzeichnungen gefunden hat. In den achtziger Jahren wurden einige Holzstäbchen entdeckt, die schwer zu entziffernde handschriftliche Aufzeichnungen in sabäischer Schrift erkennen lassen. Darüber hinaus ist keine auf vergänglichen Materialien wie Leder, Textil oder Papier aufgezeichnete Literatur bekannt geworden. Zudem wurden nirgendwo Ziffern entdeckt. Zwar könnten, wie im Hebräischen, auch im Altsüdarabischen Buchstaben noch einen Zahlenwert besitzen. Dennoch erscheint es undenkbar, daß Händlervölker wie die südarabischen ohne eigentliche Ziffern auskommen konnten. Hier muß man wohl ebenfalls eine Forschungslücke vermuten.

Zum ersten Mal wurden in Deutschland antike südarabische Schriftzeichen um die Mitte des vorigen Jahrhunderts enträtselt. Rund einhundert Jahre später erschien die erste umfassende Arbeit über die südarabische Grammatik. Weitere Erkenntnisse konnten nach der amerikanischen Ma'rib-Expedition (s. S. 27f.) in den fünfziger Jahren unseres Jahrhunderts gewonnen werden. Der heutige Forschungsstand läßt sich wie folgt zusammenfassen:

Das Alphabet der frühen Südaraber besteht aus 29 Buchstaben und besitzt keine Kurzvokale; in den vier alten südarabischen Sprachen gibt es bei einzelnen Buchstaben auch Abweichungen voneinander. Die Herkunft des Alphabets ist ungeklärt; einer Theorie zufolge gelangte das im syrisch-palästinensischen Gebiet entstandene Schriftsystem auch zu den Südarabern, und die übernommenen Buchstaben wurden zu den im Süden typischen wohlproportionierten und geradlinigen Schriftzeichen umgemodelt. Nach einer anderen Theorie empfingen die Südaraber aus dem Land zwischen Euphrat und Tigris Impulse zur Entwicklung eines eigenen Alphabets. In diesem frühen Alphabet abgefaßte Inschriften reichen etwa 2700 Jahre zurück. Im 7. Jh. v. Chr. wurde die südarabische Schrift noch in Schlangenlinien gelesen, d. h. die nächste Zeile schloß – vom Standpunkt unserer eigenen Schreibweise aus – zuerst rechts am Ende der vorausgegangenen, dann links am Beginn der vorausgegangenen Zeile an. Etwa seit dem 6. Jh. v. Chr. sind die südarabischen Schriftzeichen – wie das moderne Arabisch und Hebräisch – jeweils von rechts nach links zu lesen.

Der Sonnengöttin gewidmetes Räucheraltärchen mit der Darstellung des Sonne-Mond-Symbols (Louvre)

Durch sabäische, minäische und himyaritische Auswanderer gelangte in den letzten 400 Jahren vor Beginn unserer Zeitrechnung Südarabiens Schrift und Sprache auch nach Äthiopien. Zuerst setzte sie sich dort, besonders im heutigen Staat Eritrea und in der Provinz Tigré, in ihrer originären Form durch. Später wurden die schlichten und hohen südarabischen Schriftzeichen dann in eine fast kursive Schrift umgewandelt. Jeder Konsonant erhielt ein Vokalzeichen, auf das die Südaraber ursprünglich in ihrer Sprache nicht angewiesen waren. Und nicht nur die Schreibweise, auch die Sprache veränderte sich: Die auf der afrikanischen Seite des Roten Meeres lebenden Südaraber verzichteten ganz auf den Gebrauch einiger Konsonanten, die sie in ihrer Mundart nicht mehr nötig hatten. So setzte sich nach und nach eine neue geschriebene Sprache durch, die uns unter dem Namen »Geez« bekannt ist und deren Schrift für das Amharische, die heutige Hauptsprache Äthiopiens übernommen wurde. Im amharischen Alphabet lebt so mehr von der alten südarabischen Schrift fort als in den Buchstaben des modernen Arabisch.

Die vorislamischen Religionen

Gestirnsgottheiten

Inschriften aus dem südarabischen Altertum erwähnen eine Vielzahl von Gottheiten. Innerhalb der sabäischen Götterwelt läßt sich jedoch eine Gestirnsdreiheit als Zentrum erkennen: Mond, Sonne und Venus. Der Mondgott Ilumquh (Almaqah) hatte die größte Bedeutung. Ihm war in Ma'rib der Haupttempel, der im Notfall auch als Fluchtburg diente, gewidmet. Die Sonnengottheit war weiblich und führte den Namen Shams – im modernen Arabisch das Wort für Sonne. Der Gestirnsgott Venus war männlich und wurde Attar genannt; ihm fiel die für Ma'rib besonders wichtige Rolle eines Bewässerungsgottes zu, verbunden mit dem Fruchtbarkeitskult.

Opfer und Gebete waren die wichtigsten Kulthandlungen, daneben auch die Pilgerfahrten zu bestimmten religiösen Zentren. Den Inschriften nach zu schließen, waren Tier- und Trankopfer vorherr-

Sabäische Stele mit Sonne-Mond-Symbol (oben), Figur im Faltengewand (mitte) und Darstellung zweier Krieger in kurzen Röcken mit Lanzen (unten)

schend, wobei den Göttern auch Duftstoffe dargeboten wurden. Buße und Reue spielten eine gewisse Rolle. Man flehte um Gesundheit, Fruchtbarkeit des Bodens, um Vergebung für vergangene Verfehlungen. Öffentliche Sündenbekenntnisse folgten auf Verletzung der Reinheitsbegriffe, die besonders für die Geschlechtsbeziehungen und die Ausübung der Riten genau umrissen waren. Je nach Rang bestattete man Tote in einfachen Gräbern, die mit Steinen eingefaßt und von einem Steinhügel überdeckt waren, oder in Höhlengräbern, die manchmal bis zur Größe von Mausoleen ausgebaut wurden. Wie im alten Ägypten so herrschte auch in Saba der Glaube an ein Leben nach dem Tod, indem der Verstorbene noch Geräte und Dienstleistungen in Anspruch nehmen konnte. Man gab den Toten Schmuck,

Gefäße, Stelen, geschnitzte oder aus Ton gebrannte Figuren mit ins Grab.

Im antiken Südarabien waren nahezu alle Handlungen unter den Schutz der Götter gestellt. Folglich spielten die Priester eine wichtige Rolle. Bautätigkeit, Feldarbeiten und kriegerische Unternehmungen waren ebenso von Zeremonien begleitet wie Geburt, Eheschließung und Tod. Was immer die Sabäer unternahmen, sie empfahlen sich den Göttern und versuchten diese günstig zu stimmen. Unter solchen Umständen mußte der Priesterstand zur führenden Schicht des Staates werden. Ihm eng verbunden waren die zum Tempelpersonal gehörenden ›Verwalter‹ sowie den Gottheiten geweihte Frauen und Männer. Lange Zeit nannten sich die sabäischen Herrscher ›Mukarrib‹, was wohl Priesterkönig bedeutet; sie nahmen Amtshandlungen, je nach deren Charakter, als ›Mukarrib‹ oder als ›Malik‹ (König) vor.

Man darf davon ausgehen, daß Mukarriben und Priesterschaft eng miteinander verbunden waren; wahrscheinlich dienten die Priester dem Herrscher als Beamte und Berater. Nach Ansicht der Religionsforscher beruhte der frühe sabäische Staat auf der Annahme eines Bündnisses zwischen Gottheit, Mukarrib und den Stämmen.

Die frühen Königreiche des antiken Südarabien waren wirtschaftlich und kulturell eng miteinander verbunden. Ihre Glaubenswelt dürfte dieselbe Verbundenheit aufgewiesen haben, von lokal bedingten Unterschieden abgesehen. Zum Beispiel war in Qataban der Mondgott Amm Gott des Reiches. ›Amm‹ bedeutet Onkel, Vatersbruder. Walter W. Müller vermerkt: »Timna' als Hauptstadt ist die Stadt der ›Stämme des Amm‹«. Der Fürst, zuerst Mukarrib, später König, war das wichtigste Verbindungsglied zwischen dem Amm und den ›Kindern des Amm‹, eben des Volkes.

Der Reichsgott rangierte dennoch auch in Qataban nicht an der Spitze der göttlichen Triade. Wie im Sabäischen Reich fiel die Vorrangstellung in Qataban dem Sterngott Attar zu, dem männlichen Äquivalent der römischen Venus. Dies ist darauf zurückzuführen, daß Qatabans Kernland, die Flußoase Bayhan, eine von künstlicher Bewässerung abhängige Agrikultur entwickelt hatte. Fiel nicht genug Regen, mußte auch das beste Bewässerungssystem versagen. Die Qatabaner wandten sich – wie die Sabäer für ihre Flußoase Ma'rib – einem Fruchtbarkeitsgott zu, der für Regen sorgte. Dies war Attar, der sich mithin größten Ansehens erfreute.

Bekannt ist, daß Pilgerfahrten zu heiligen Stätten wichtige religiöse Handlungen darstellten. Dabei dürfte für die Qatabaner, wie für andere Südaraber, die Stadt Mekka mit ihrer heiligen Kaaba schon damals große Bedeutung besessen haben. Der Geograph Claudius Ptolemäus, der im 2. Jh. v. Chr. lebte, kannte die Stadt unter dem Namen Macoraba. Man nimmt jedoch an, daß Mekka schon lange vorher eine Rolle spielte. Und da die Stadt etwa auf halbem Wege zwischen Südarabien und der Mittelmeerküste an der Weihrauchstraße lag, konnte man dort Nützliches und Heilsames, Kommerz und Religion miteinander verbinden. Aller Wahrscheinlichkeit nach sind auch die Qatabaner eine Zeitlang nach Mekka gepilgert, um dem dort verehrten Mondgott Hubal und den drei Göttinnen Allat, Al-Ussa und Al-Manat zu huldigen. Als aus dem Gebiet von Mekka und Medina eine neue Religion nach Südarabien gelangte, war die Pilgerfahrt nach Norden schon eine alte Tradition.

Christentum und Judentum

Die Himyariten waren das Staatsvolk des spätsabäischen Reiches, und während des größeren Teils ihres Weges durch die Geschichte hingen die Menschen in Himyar dem von Saba ererbten Glauben an. Mond, Sonne und Venus wurden als Gottheiten verehrt, wie es im ganzen übrigen Südarabien und auch im Reich der Aksumiten auf dem gegenüberliegenden afrikanischen Ufer des Roten Meeres üblich war. Zusätzlich gab es in den einzelnen Reichen und wohl auch in entfernten Provinzen noch lokale Göttinnen und Götter.

Als sich die beiden großen monotheistischen Religionen, Judentum und Christentum, bis zum Südrand der Arabischen Halbinsel ausbreiteten, zeigten die Himyariten große Aufnahmebereitschaft. Wie ihre Herrscher, so wurden auch die meisten Bürger und Bauern von Himyar zunächst Christen, dann Juden, später wieder Christen. Für manche Perioden weiß man nicht, ob die Himyariten Christen oder Juden waren; nur ihre allgemeine Verbundenheit mit dem Monotheismus ist auch für jene Zeitabschnitte belegt.

Während das Judentum in Südarabien wenigstens kleine Oasen bis in unsere Tage zu bewahren vermochte, ging das Christentum völlig unter. Der jemenitische Geograph Hassan Ibn Ahmad al-Hamdani (s. S. 99) scheint noch Christen in Südarabien gekannt zu

Jüdischer Silberschmied nahe Sa'dah

haben. In seiner »Beschreibung der Arabischen Halbinsel« heißt es, daß auf der im Golf von Aden gelegenen Insel Soqotra »ungefähr 10000 Krieger, und zwar Christen« lebten. Hier dürfte es sich um Menschen gehandelt haben, die von den christlichen Äthiopiern an Ort und Stelle bekehrt oder von ihnen dort angesiedelt worden waren. In die Oase Najran – heute im Königreich Saudi-Arabien – gelangte das Christentum aber wohl durch die eigentlichen Himyariten in der ersten Hälfte des 4. Jh. Dem vorausgegangen waren rund 140 Jahre christlicher Missionstätigkeit im Himyaritischen Reich. Kirchen waren zuerst in den Städten Aden, San'a', Zafar und schließlich in Najran gebaut worden. In der Oase hielt sich das Christentum noch bis zum Jahre 635; dann ließ der Kalif Umar die Gemeinde vertreiben.

Vielleicht hätte das Christentum tiefere Wurzeln in Südarabien schlagen können, wäre nicht die schwächende Rivalität zum Judentum gewesen. Mehrmals kam es im Himyaritischen Reich zu Christenverfolgungen, nachdem ein Herrscher zum Judentum übergetreten war. Während politische Interessen sicherlich die wechselnde religiöse Orientierung der Himyaritenfürsten mitbestimmten, war doch der Sieg über die göttliche Gestirnsdreiheit Südarabiens schnell errungen. Etwa von Mitte des 5. Jh. n. Chr. an wird Gott von den sabäisch-himyaritischen Königen ›Rahman‹, Erbarmer, genannt; dies ist auch einer der Namen Gottes in der heiligen Schrift des Islams, dem Koran.

Als der Prophet Muhammad im Jahre 622 (Beginn der islamischen Zeitrechnung) aus Mekka in die Oasenstadt Jatrib – das spätere Mekka – auswich, lebten in deren Einzugsgebiet fünf Stämme. Drei davon hingen dem mosaischen Glauben an. Der Abstammung nach waren die Stammesleute semitische Araber, wie die meisten Menschen Zentral- und Südarabiens. Man darf annehmen, daß die Juden des Jemens ebenfalls ethnisch überwiegend Araber sind, obwohl hamitische und negroide Einflüsse sich geltend machen. Zu den autochthonen Juden gesellten sich im Laufe der Jahrhunderte auch Zuwanderer. So dürften während der ersten osmanischen Besetzung des Jemens (1539 – 1630) etliche Juden den Weg dorthin gefunden haben. Viele Juden wurden zwischen 1776 und 1786 aus dem heute saudi-arabischen Djidda vertrieben, woraufhin die Mehrzahl von ihnen in den Jemen flüchtete. Auch diese Juden sind als Araber mosaischen Glaubens zu betrachten.

Das jemenitische Judentum wurzelt noch in der himyaritischen Zeit und hat in den Bergen des Jemens die Entstehung und Ausbreitung des Islams besser überstanden als jene jüdische Stammes-Konföderation, die einst im Kernland des Propheten zu Hause gewesen ist. Die jüdische Gemeinde im Jemen war bis zur Gründung des Staates Israel von einiger Bedeutung. Nach türkischen Quellen lebten zu Ende des 19 Jh. etwa 60000 Juden im Herrschaftsbereich des Imams. Diese hatten in ihrem Kultus kaum etwas von den alten Gebräuchen erhalten, sondern aufgrund von Kontakten mit den

Juden in Ägypten und im Irak den sephardischen (spaniolischen) Ritus übernommen.

Schon in den zwanziger und dreißiger Jahren des 20. Jh. begann eine vorwiegend heimliche Auswanderung jemenitischer Juden nach Palästina. In den Jahren 1950/51 wanderte dann nahezu die ganze jüdische Gemeinschaft des Jemens nach Israel aus; zurück blieb eine kleine Schar, die z. Zt. 5000 bis 6000 Köpfe zählen soll. Die verbliebenen jüdischen Familien wohnen vorwiegend im hohen Norden nahe Sa'dah und erscheinen auch auf dem Markt dieser Stadt. Andere leben im Bezirk Raydah, rund 70 km nördlich von San'a'.

Die vorislamische Kunst

Die erste direkte Begegnung mit der sabäischen Kunst sollte für den Reisenden von heute im Jemenitischen Nationalmuseum von San'a' stattfinden. Obwohl die von Wendell Phillips organisierte amerikanische Grabung 1952 in Ma'rib noch im Anfangsstadium abgebrochen werden mußte (s. S. 29f.), hat das Unternehmen den Fundus des San'a'-Museums erheblich bereichert. Zusätzlich haben neuere Grabungen sowie Stiftungen von Stammesführern und Politikern das Museum mit weiteren Exponaten bedacht. Augenschein in Ma'rib und anderen Ruinenstätten vermittelt hingegen einen Eindruck von der Baukunst. Er läßt auch die Grundzüge der damaligen Bewässerungs-Technologie im Zentrum des Sabäischen Reiches erkennen.

Jede Wertung der künstlerischen Hinterlassenschaft der Sabäer ist durch die verhältnismäßig geringe Zahl der Fundstücke behindert. Eine umfassende Grabung im Stadthügel von Ma'rib und in Sirwah könnte den vorhandenen Grundstock an sabäischen Kunstwerken vervielfachen. Neue Fundstücke würden den Weg zu neuen Erkenntnissen bereiten. Nach dem jetzigen Stand unseres Wissens gliedert sich die sabäische Kunst in zwei große Abschnitte. Im ersten Abschnitt entwickelte sie sich als religiöse Kunst auf einheimischem Boden entsprechend den lokalen Bedingungen; im zweiten Abschnitt wurde die Kunst der Sabäer von der assyrischen, ägyptischen, phönizischen, griechischen und römischen Kunst beeinflußt. Die sabäischen Bildhauer schufen aus Alabaster oder Marmor Statuen, in denen Kunsthistoriker Votivgaben zu Ehren der Götter sehen. Ebenso wurden Nachbildungen menschlicher Köpfe in den Tempeln aufgestellt. Stelen und Tafeln mit Halbreliefs sind vor allem für den Totenkult benutzt worden. Vielfach sind uns die Namen der Spender von Votivgaben oder der Verstorbenen mitüberliefert, eingemeißelt in die Basis der Figur oder den Schaft der Stele.

Eine weithin beachtete Theorie besagt, daß es in den sabäischen Landen nur kleine Alabaster und Marmorstücke gegeben habe, die als Rohlinge zu verwenden waren. Die Bildhauer seien deswegen genötigt gewesen, so wenig wie möglich von ihrem Material abzubossieren. Daraus soll sich eine Beschränkung der darstellerischen

Sabäische Grabstele aus dem 1. Jh. v. Chr., Alabaster. Grabstelen wie dieser weibliche Kopf hießen im Sabäischen ›Ma'mar‹, was man als ›Sitz‹, ›Bleibe‹, übersetzten kann. Die den Kopf beherrschenden, mandelförmigen Augen waren ursprünglich ausgefüllt mit kostbaren Steinen oder weißen und schwarzen Perlen für Augäpfel und Pupillen.

Möglichkeiten ergeben haben. Für die Entfaltung schöpferischer Phantasie sei den Bildhauern so gut wie kein Spielraum geblieben. Tatsächlich wirken die Statuen steif und stilisiert. Fast alle aufgefundenen sabäischen Bildwerke der ersten Phase sind in eine Standardgröße einzuordnen. Auch die Winkelung der Arme, die Ballung der Hände zu Fäusten, die Stellung der Füße scheinen festen Normen zu folgen.

Die Schematisierung kann allerdings auch auf andere Umstände als beschränkte Verfügbarkeit des Materials zurückgeführt werden. Ebenso wie bei der ›Gebrauchskunst‹ im alten Ägypten könnte im Sabäischen Reich die Standardisierung eine Folge von Massenproduktion sein. Jahrhundertelang mußten den Göttern Statuen geweiht werden, wobei möglicherweise Quantität vor Qualität ging. Auch ohne künstlerische Individualisierung genügten diese Tafeln und Stelen der religiösen Pflicht, ähnlich wie in unserer Zeit Grabsteine durch Religion und Brauchtum deutlich normiert sind.

Wann die zweite sabäische Kunstphase einsetzt, läßt sich nicht mit Gewißheit sagen. Wahrscheinlich machten sich die Einflüsse aus anderen Kulturkreisen schon bald bemerkbar, nachdem Handelsbeziehungen zwischen Saba und der nahöstlichen Mittelmeerküste sowie zwischen Saba und Ägypten hergestellt waren. Der größte Teil der bisher aufgefundenen gegossenen Bildwerke gehört in den zweiten Teil der sabäischen Kunstentwicklung. Ein Verbindungsglied zwischen den Phasen scheint die 1951 von Wendell Phillips in Ma'rib gefundene Bronzestatue eines hohen Würdenträgers darzustellen. Die Figur gehört heute zu den Prunkstücken des Museums in San'a'. Man datiert sie in das 6. Jh. v. Chr. Obwohl Phillips sie in ein Glied mit den stark stilisierten Figuren der ersten Phase einreihte, schreiben die Fachleute ihr Porträtcharakter zu. Die schreitende Haltung mit dem vorgeschobenen linken Fuß und die Haltung der Hände deuten auf ägyptische Einflüsse hin.

Die Ungewißheit über viele Aspekte der sabäischen Kunst spiegelt sich z. B. im Werk von Brian Doe wider, der in den sechziger Jahren Direktor der Altertümerverwaltung in Aden war. In seinem Standardwerk beschreibt Doe wichtige Ausstellungsstücke des San'a'-Museums, darunter auch eine kleine Bronzefigur:

»Bronze-Cherub. Offenbar war die Figur einst an einer steinernen Schrifttafel befestigt. Die Bruchstücke der Gliedmaßen geben heute nur noch wenig Aufschluß über die ursprüngliche Haltung der Figur. Sie stammt wohl aus dem 3. Jh. n. Chr. und verrät unverkennbar westlichen Einfluß.«

Während das Alter der Figur nur ungefähr bestimmt werden kann, wird der westliche, wohl griechisch-römische Einfluß für unverkennbar erklärt. Weniger bestimmt nimmt Brian Doe zu dem Photo eines bronzenen Männerkopfes Stellung:

»Ein Beispiel vorzüglicher Gußtechnik, wahrscheinlich ein Porträtkopf. Formalismus zeigt die Behandlung des Haares, doch Schnurrbart und Kinnbart sind in höchst naturalistischer Weise angedeutet. Möglicherweise ist die Sensibilität dieses Porträts auf den Einfluß eines westlichen Künstlers zurückzuführen.«

Eindeutig ist an den beiden Stücken zu erkennen, daß sie stark von der Stilisierung abweichen, die wir als typisch sabäisch betrachten. Es handelt sich also um Kunstwerke des zweiten Abschnitts, in dem Einflüsse aus anderen Kulturkreisen die Oberhand gewannen – nicht aber unbedingt ›westliche‹.

Der in Does Buch abgebildete Männerkopf hat, wenn man von der Haartracht absieht, starke Ähnlichkeit mit den Köpfen parthischer Standbilder. Aufgrund der engen Beziehungen Südarabiens zu Persien in den ersten Jahrhunderten unserer Zeitrechnung könnte die künstlerische Einflußnahme auf Saba wohl auch von dort erfolgt

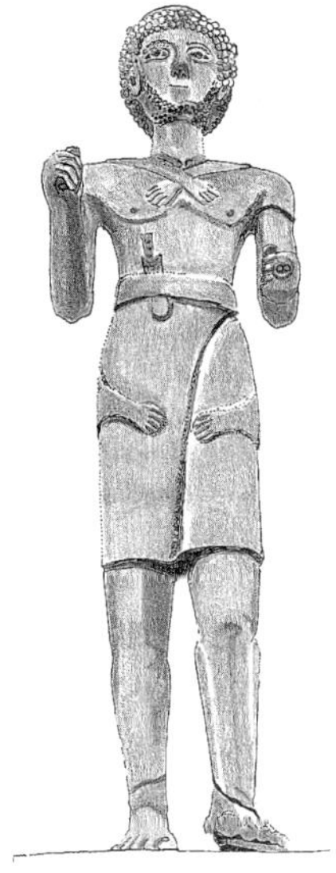

Die schreitende Bronzefigur eines sabäischen Herrschers gehört zu den größten Schätzen des Nationalmuseums in San'a'.

Bronzefigur eines jemenitischen Königs aus dem 3. Jh. (Höhe 2,38 m). Die Fragmente dieser und einer zweiten spätantiken, monumentalen Bronzestatue wurden 1931 bei Ausgrabungen gefunden, die Kronprinz Sayf al-Islam Ahmad im Bergland des Djabal Kanin südlich von San'a' veranlaßt hatte. 1977 wurden die Bruchstücke nach Mainz gebracht, und dort in fünfjähriger Arbeit die Königsfiguren rekonstruiert. Heute sind die beiden Statuen im Nationalmuseum in San'a' zu sehen.

sein. Westlicher Einfluß wäre in solchen Fällen nur indirekt im Spiel, nämlich auf dem Umweg über die hellenistisch-iranische Mischkultur. Ebenso dürfte der als griechisch-römisch erscheinende Einfluß auf die sabäische Kunst über Ägypten, das nabatäische Petra oder Palmyra vermittelt worden sein.

Direkten ›westlichen‹ Einfluß lassen hingegen die beiden überlebensgroßen Bronzestatuen erkennen, die in der Empfangshalle des Nationalmuseums zu San'a' stehen. Es handelt sich um die Bildnisse zweier himyaritischer Stammeskönige, des Königs Damar alay Yuhabirr und seines Sohnes Daranih.

Die Figuren sind sehr genau dokumentiert, weil sie in fünfjähriger Rekonstruktionsarbeit aus vielen Einzelstücken im Römisch-Germanischen Museum zu Mainz wiedererstanden. So sehen wir nicht nur, daß sie in Haltung, Gestus und Material fast Ebenbilder jener Herrscherfiguren sind, die im 3. Jh. v. Chr. im Römischen Reich nach griechischer Stilvorgabe entstanden; wir wissen auch aufgrund einer rekonstruierten Inschrift in Griechisch, daß ein griechisch sprechender Bronzegießer und Künstler aus dem Ostteil des Römischen Reiches sie gefertigt hat. Einer zweiten Inschrift in Sabäisch verdanken wir die Kenntnis von einem sabäischen Mitarbeiter des Griechen, der zahlreiche Gußfehler an der Oberfläche ausbessern mußte. Die Zusammenarbeit eines römischen und eines einheimischen Meisters sei – in solch eindeutiger Weise belegt – noch nie in der antiken Kunst nachgewiesen, heißt es in der Dokumentation des Mainzer Museums. Damar alay Yuhabirr und Sohn gelten deswegen als Musterbeispiele für die *griechisch-römisch-südarabische Mischkultur.*

Das alte Ägypten hat ebenfalls einen starken Einfluß auf die südarabischen Frühkulturen ausgeübt. Nach Ägypten weisen die beiden Bronzelöwen hin, die 1950 in Timna' ausgegraben wurden. Die Stücke sind fast völlig identisch (nur in der Grundstellung einander zugekehrt) und tragen an den Sockeln auch die gleiche Inschrift: Sie nennen zwei Handwerker, die das (vorher freigelegte) sogenannte Haus Yafash ausgeschmückt hatten, und den Namen des zu jener Zeit herrschenden Königs, Shahr Yagil Yuharib. Die im *Cire perdue*-Verfahren (also mit ›verlorener‹ Form) gegossenen Figuren sind jeweils 61 cm hoch; die Löwen stehen aufgerichtet und haben die rechte Tatze wie zum Schlag erhoben. Auf dem Rücken der naturalistisch dargestellten Tiere reitet jeweils ein Amor, der in seiner Hand einen zerbrochenen Pfeil und in der anderen eine zerbrochene Kette hält. Die Amerikaner definierten die Stücke als von qatabanischen Handwerkern gefertigte Kopien, deren Originale in Ägypten während der hellenistischen Periode entstanden sein könnten.

Über eventuelle Eigenarten der minäischen Kunst können nur Spekulationen angestellt werden. Das Reich der Minäer war ein Binnenstaat. Dies dürfte die Kunst des Landes beeinflußt haben; jedenfalls war sie doch weniger leicht für ferne östliche Anregungen offen als die Kunst der südarabischen Küstenstaaten. Andererseits dürften

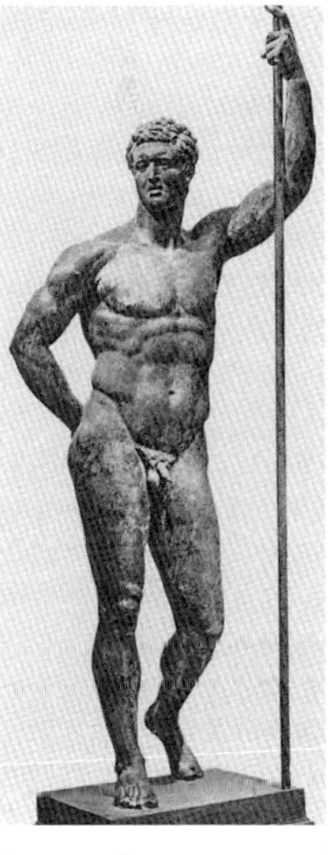

Statue eines Herrschers aus hellenistischer Zeit. Solche Plastiken, wie sie im 3. Jh. v. Chr. im römischen Reich nach griechischer Stilvorgabe entstanden, bilden das Modell für die jemenitischen Großbronzen, die in griechisch-sabäischer Zusammenarbeit geschaffen wurden.

die Minäer früher und stärker als andere Südaraber mit der eigenartigen griechisch-römischen Mischkultur der Nabatäer in Berührung gekommen sein, die ab 150 v. Chr. eine wachsende Rolle auf der Arabischen Halbinsel zu spielen begannen. Zudem ist beachtenswert, daß Ma'in zeitweise anscheinend das am stärksten urbanisierte Land Südarabiens war. Trotz des Mangels an gründlicher Forschung in Al-Jawf sind die Ruinen von sechs Städten bekannt, die dicht beieinander lagen. Anscheinend dominierte in Ma'in also die städtische Kultur. Neue Erkenntnisse dürften die seit einigen Jahren betriebenen Grabungen italienischer Archäologen in Baraqish bringen.

Auch die alt-südarabische Architektur ist wohl in zwei Abschnitte einzuteilen: in eine autochthone Phase und eine Periode der starken Beeinflussung durch andere Kulturkreise. Die künstlerische Eigenleistung der Sabäer ist zweifellos in der hoch entwickelten Technik beim Bau von Tempeln und Bewässerungsanlagen zu sehen. Die bisherigen Forschungsergebnisse dokumentieren, daß man in Südarabien schon seit dem 8. Jh. v. Chr. große Bauvorhaben nach genau durchdachten Gesamtplänen ausführte.

Die Kunst des Bauens von Rund- und Spitzbögen sowie von Gewölben, die Jemens heutige Baumeister so ausgezeichnet beherrschen, ist eine sehr viel spätere Erscheinung. Balken und Steinträger dienten den Sabäern als Fenster- und als Dachstützen. Für den Bau von Tempeln oder großen Häusern wurden Kalksteinquader bevorzugt; sie waren fast immer präzise genug bearbeitet, um ohne Bindemittel an- und aufeinandergefügt zu werden. Für Hallen und Höfe wurden Säulen benutzt, die aus einem einzigen Block herausgearbeitet waren. Manche dieser Säulen wurden nur auf Platten gestellt, andere hatten regelrechte Basen, die mit den Oberteilen durch Blei- oder Kupferbolzen verbunden waren.

Steinbockreihungen in abstrahierter Form sind das wohl am meisten benutzte Symbol der antiken südarabischen Reiche. In deren Spätzeit gab es aber auch naturalistische Wiedergaben des Steinbockes.

Als ›Kunst am Bau‹ haben die Sabäer immer wieder den Stierkopf benutzt, das Symbol des Mondgottes. Stierkopfplastiken aus Kalkstein dienten z. B. als Wasserspeier an Tempeldächern; Stierköpfe mit Abflußrinnen gehörten zu den Platten für Blutopfer in den Tempeln. Auch auf Grabstelen taucht der Stierkopf auf, meistens in Frontalansicht. Zwischen den Hörnern sieht man manchmal Symbole, etwa Weinreben oder einen Donnerkeil. Fast ebenso häufig wie Stierköpfe sind Darstellungen von Steinböcken als künstlerische Elemente in den Bau einbezogen. Es gibt ganze Friese von Steinbockköpfen, die einst wohl als Mauerbekrönung Verwendung gefunden haben. Aus Ma'rib stammen Alabasterplatten zur Verkleidung von Wänden, in die Steinböcke liegend als Seitenrelief eingemeißelt sind.

Zu einem späteren Zeitpunkt, als die sabäische Kunst schon deutlich von anderen Kulturkreisen beeinflußt war, wurden die Steinböcke sozusagen lebendig. So existiert ein Fragment aus rotem Marmor, auf dem ein springender Steinbock zu erkennen ist. Auf einem Fries, der in Timna' entdeckt wurde, richten sich – nach alten vorderorientalischen Vorbildern – Steinböcke mit den Vorderbeinen zu einem stilisierten Baum auf, der als Lebensbaum zu deuten ist. Im weiteren finden sich im sabäischen Architekturdekor Schlangen, Ziegen, Vögel, Löwen, Kamele, Pferde, Fische und Panther, daneben Ranken, Weinblätter und Mäanderbänder.

Der Islam

Sunni und Shi'a

Es gibt nur einen Islam und keine Islame; aber es gibt zahlreiche Erscheinungsformen des einen Islams. Die jeweilige Erscheinungsform richtet sich danach, welche islamische Rechtsschule in einem Land vorherrscht, ob die Bevölkerung des Landes dem stark überwiegenden sunnitischen Islam oder dem vor allem im Iran und in Pakistan, aber auch in einzelnen arabischen Ländern am Persischen Golf starken schiitischen Islam anhängen. Gerade die Shi'a kennt etliche Sekten. Und schließlich hängt das von außen erkennbare Bild des Islams auch mit von der Tradition ab, von der die Bevölkerung des Landes geprägt worden ist.

Die Jemeniten sind ganz stark davon geprägt, daß sie jahrtausendelang in autonomen Stammesverbänden gelebt haben, die eigenen Gesetzen gehorchten. Auf die Stämme wiederum hat deren Umfeld eine prägende Wirkung ausgeübt, sei es die Wüste auf die Nomaden, seien es die Berge und Täler auf die seßhaften Bauern. Den Stämmen der offenen Küstenregionen wurden über das Meer frühzeitig fremde Einflüsse zuteil, oft aus solchen Ländern, die schon fortgeschrittener waren, zum Beispiel aus Ägypten. In jedem Fall mußte aber das islamische Recht, als es im Jemen Fuß gefaßt hatte, sich mit dem regional jeweils vorherrschenden Stammesrecht arrangieren.

Es versteht sich, daß die jemenitischen Küstenebenen, namentlich die am Roten Meer, viel früher voll islamisiert waren als die Bergmassive und die Wüstenzonen. Zu den Menschen der Tihama gelangten die neuen Schriftgelehrten aus Mekka und Medina per Boot schon in wenigen Tagen. Sie verfestigten dort den Glauben durch ihre Auslegung der Gebote und Verbote des heiligen Korans ebenso wie durch die Überlieferung (*hadith*) der Aussprüche des Propheten und seiner engsten Gefährten. In den Bergen konnten sich hingegen auch die ersten islamischen Sekten festsetzen. Von den Mekkanern, später auch von Einflüssen aus Ägypten angeleitet, bezeugten die Menschen der offenen Küstenebene ihren Glauben im Zeichen der sunnitischen Version, d. h. im Zeichen der Orthodoxie.

In den jemenitischen Bergen konnte sich hingegen eine Sonderform des Islams durchsetzen. Im Jahre 897 n. Chr. (288 isl. Zeitr.) machte sich im hohen Norden des Jemens, in Sa'dah ein Eindringling namens Al-Hadi Yahyah Ibn Hussain als Imam (eigentlich Vorbeter) bekannt. Imam Al-Hadi und eine Schar von Anhängern waren aus Basra am Persischen Golf zugewandert. Sie hatten eine neue

Die Sadah, Angehörige des zaiditischen Religionsadels, der sich im 7. Jh. herausbildete, sind an ihren langen, weißen Gewändern und dem seitlich zu tragenden Dolch in kostbarer Scheide, dem Thuma, zu erkennen.

Interpretation der Loyalitätsverhältnisse im Haus des Islams nach dem Ableben des Propheten Muhammad mitgebracht. Diese Lehre stammte von Zaid Ibn Ali aus Medina, der ein Urenkel Alis war, des Schwiegersohnes des Propheten. Nach Zaid nannte man Al-Hadi und Gefolgschaft Zaiditen. Diese konnten im Hochland zuerst einen starken Stammesbund, später einen eigenen Staat schaffen. Grundlage des Hochlandstaates war das zaiditische Islamverständnis, das sich deutlich von dem sunnitischen Islam der Menschen im Tiefland unterschied.

Das zaiditische Islamverständnis war aus der Auflehnung gegen die in Damaskus residierende Umayyaden-Dynastie entstanden, die um das Jahr 661 (40/41 isl. Zeitr.) das Kalifat an sich gerissen hatte. Die protestgeborene Deutung des Islams durch Zaid fiel gerade bei den Bergstämmen, die außer ihren eigenen Stammesführern keine weltliche Autorität anerkannten, auf fruchtbaren Boden. Zum Beispiel verweigerten sich die Zaiditen großen Teilen der islamischen Prädestinationslehre, wonach alles, was geschieht, von Gott so vorausbestimmt ist. Die sunnitischen Jemeniten hingegen anerkannten eine absolute Vorausbestimmung allen Geschehens durch Gott, was ihnen oft als Fatalismus unterstellt wurde. Aus ihrem Widerstand gegen den ›Fatalismus‹ zogen die Zaiditen auch eine politische Lehre: Sie lehnten es ab, einen als ungerecht empfundenen Herrscher passiv hinzunehmen, wozu die Sunniten sich aufgrund der Überlieferung des Propheten verpflichtet fühlten.

Nach der Lehre des Zaid hat jeder Zaidit, der die Voraussetzungen für das Amt des Imams erfüllt, das Recht, gegen den ›ungerecht‹ herrschenden Imam zu revoltieren und das Imamat für sich zu beanspruchen. Aus dieser Bestimmung ergaben sich im Lauf der Geschichte zahlreiche blutige Konflikte, denn im Unterschied zu allen anderen islamischen Glaubensgemeinschaften läßt es die zaiditische Lehre zu, daß in verschiedenen Gebieten verschiedene Imame auftreten. Der jeweils in Erbfolge zur Macht gelangte Imam mußte sich also ständig um die Loyalität der Stämme bemühen, sei es durch freundliche Zuwendung und reichliche materielle Gaben, sei es durch glaubwürdige Demonstrationen der Stärke. War er darin nicht erfolgreich genug, konnte leicht ein feindliches Stammesbündnis mit einem Gegen-Imam an der Spitze entstehen.

Die zaiditische Lehre kennt 14 Voraussetzungen für das Amt des Imams. Diese sind überwiegend anspruchslos. Ein Kandidat muß männlichen Geschlechts, frei geboren, steuerpflichtig und gesund an Geist, Sinnen und Gliedern sein; gerecht, fromm und großzügig, soll er außerdem administrative Fähigkeiten besitzen. Die Punkte elf und zwölf bestimmen, daß ein Kandidat von Ali und Fatima (Schwiegersohn und Tochter des Propheten) abstammen muß. Er hat Tapferkeit zu zeigen und soll über umfassende Kenntnisse des Korans sowie der Auslegung der heiligen Schrift und der religiösen Bestimmungen verfügen.

Die Forderung, der Kandidat müsse vom Stamm des Propheten sein, steht also erst an elfter und zwölfter Stelle. In Wirklichkeit erweist sie sich aber als die Hauptforderung: Ist sie nicht erfüllt, dann helfen alle anderen Tugenden nicht weiter. Aus diesem Geburtsprivileg entwickelte sich im zaiditischen Staat bald eine Adelsschicht, die Sadah (Einzahl: Sayyid). Theoretisch sollte der jeweilige Imam von den Mitgliedern dieser Adelsschicht gewählt werden. In praxi wurde das Imamat allerdings innerhalb weniger Familien erblich.

Immerhin mußte der zaiditische Herrscher nicht nur auf die Stammesführer, sondern auch auf die Sadah Rücksicht nehmen. Er kam dem religiösen Adel entgegen, indem er ihn mit Regierungsposten versorgte. Die Sadah waren von Haus aus keine reichen Grundbesitzer; das Land gehörte vorwiegend den Stämmen, und die Adeligen konnten Wohlstand erst als Funktionäre des Imams erwerben. In den rund 1000 Jahren, die dem zaiditischen Imamat im Jemen vergönnt waren, wuchs die Schicht des religiösen Adels auf rund 50 000 Köpfe. Die Unzufriedenheit der Bevölkerung, die sich im 19. und 20. Jh. stark verdichtete, war vor allem durch Amtsmißbrauch der Sadah verursacht. Andererseits wurde bis zuletzt mancher Sayyid als Friedensstifter in Stammeskonflikten wie ein Heiliger verehrt.

»Das uralte Blutrachegesetz würde eine unendliche Reihe gegenseitiger Mordaktionen nach sich gezogen haben, wenn es nicht möglich gewesen wäre, die Blutschuld des Mörders durch einen Blutpreis, ad-diyah, abzulösen, der an die Familie des Getöteten gezahlt wurde.«
(Carl Rathjens)

Das religiöse Recht stand in vieler Hinsicht in Konkurrenz zum traditionellen Stammesrecht, und dieser Konflikt ist bis heute nicht voll gelöst. Zwar konnte das Stammesrecht an manchen Stellen eingeebnet werden, in anderen Fällen jedoch mußte das religiöse Recht sich anpassen. So blieb die Bevölkerung des jemenitischen Hochlandes z. B. dem strengen Ehrenkodex verbunden, der den Kriegshandlungen miteinander verfeindeter Stämme Grenzen setzt. Ebenso wurde das Verfahren, mit dem ein Blutrachezyklus durchbrochen werden kann, aus vorislamischer Zeit übernommen.

Im Interesse des Reiseverkehrs regelte das Stammesrecht auch den Schutz solcher Personen, die sozial zu schwach waren, um in das System der Blutrache einbezogen zu sein, oder die nicht zur islamischen Glaubensgemeinschaft gehörten. Früher mußte sich der Fremde, wollte er durch das Gebiet eines Stammes reisen, mit einem Stammesmitglied in Verbindung setzen. Der Kontaktmann wurde gegen Entgelt zum Schutzführer mit voller Verantwortlichkeit, d. h. bis hin zur Blutrachepflicht, für das Leben und Gut des Schutzbefohlenen. Verging sich der Schutzführer selbst gegen seinen Schützling, so konnte die Untat durch keine Ablösung gesühnt werden – der Verbrecher mußte aus dem Stamm ausgestoßen und für vogelfrei erklärt werden. Zumindest bei älteren Jemeniten macht sich die Schutzführerrolle, auch ohne Entlohnung, in abgemilderter Form bemerkbar, wenn sie in eine Reisegemeinschaft mit Fremden geraten. Und heutige jemenitische Reiseveranstalter zahlen oft genug, meistens ohne Wissen ihrer »Schutzbefohlenen«, eine Art Transitgebühr an die Scheichs unruhiger Gebiete, um die reibungslose Durchfahrt zu gewährleisten.

Frühislamische Kunst

Im Jahr 629 (7 isl. Zeitr.) zog Muhammad wieder in Mekka ein; seine Gegner dort hatten sich ihm unterworfen. Der Prophet ritt zur Kaaba, die schon in vorislamischer Zeit als Heiligtum und Pilgerstätte gedient hatte. Augenzeugen berichteten: »Muhammad ritt siebenmal um sie herum, wobei er jedesmal mit einem Stock...den schwarzen Stein berührte... Man öffnete ihm das Heiligtum, und er trat ein. Er fand darin eine Holztaube, zerbrach sie mit eigener Hand und warf sie weg.«

In den folgenden Tagen zerschlugen die Gefährten des Propheten alle erreichbaren Idole der Mekkaner, die bis dahin über 300 Götzenbilder verehrt hatten. Das bedeutete das Ende einer darstellenden Kunst, die südarabische, hellenistische, äthiopische und mesopotamische Stilelemente in sich vereint hatte. Was kam danach an religiöser Kunst? Zunächst einige Zeit lang gar nichts. Früheste islamische Baukunst in ursprünglichen Konturen läßt sich am ehesten südlich von Mekka, im Jemen erkennen. Die Moschee von Janat bei Ta'izz soll noch zu Lebzeiten des Propheten durch dessen Gefährten Muad Ibn Jabal gegründet worden sein. Etwa zur selben Zeit, jedenfalls kurz vor dem Tod Muhammads, wurde auch der Bau der Großen Moschee zu San'a' begonnen. Obwohl die Janadiya im 10. und 11. Jh. schwere Verwüstungen und entsprechende Erneuerungen erlebte, blieb das von Muhammad entworfene Grundkonzept einer schlichten Gebetsstätte erhalten. Die Moschee besitzt einen weiten, von Arkaden umgebenen Innenhof; weißgekalkte Säulen und Pfeiler ohne Kapitelle, von Bogen überbrückt, tragen die flachen Dächer der Umgänge und der Gebetshalle. Ein dekorativer Kontrast entsteht allein zwischen den dunklen Balken der Decke und den schneeweißen Bogen der Arkaden. Daraus ergibt sich »die perfekte Harmonie mit den nüchternen Linien der Moschee«, wie Paolo Costa, Archäologe und in den siebziger Jahren Berater der jemenitischen Regierung, bemerkt.

Frühe islamische Quellen betonen, daß dem Bauplan für die erste Moschee in San'a' genaue Instruktionen des Propheten zugrunde lagen. Stimmt das, so muß Muhammad von vornherein großzügig geplant haben. Obwohl auch noch stattlich und eindrucksvoll, ist die Hauptmoschee von San'a' heute nicht einmal doppelt so groß wie im Jahre 631, als ihr Grundriß angelegt worden sein dürfte. Ausgebaut wurde sie vor allem vom Kalifen Al-Walid I. (705–715), der sich schon der Grabmoschee Muhammads in Medina angenommen hatte. Im Laufe der Jahrhunderte traten weitere Ausbauten und Restaurierungen hinzu, doch läßt sich die heutige Gestalt im wesentlichen auf das 8. und 9. Jh. zurückführen.

Die Freitagsmoschee von Shibam/Kawkaban nahe San'a' ist ebenfalls den Schöpfungen frühislamischer Baukunst zuzurechnen. Sie entstand im 9. Jh. und kann sich rühmen, noch überwiegend die vor rund 1000 Jahren erlangte Gestalt zu besitzen. Damit stellt sie ein interessantes Beispiel einer frühen südarabischen Säulenhallenmoschee dar. Zu den schlichten, hohen Steinsäulen, die flache Decken auf hölzernen Balken tragen, sind allerdings an zwei Seiten später noch Arkaden hinzugekommen. Die Säulen der Gebetshallen ragen 8 m hoch auf, und ihre Kapitelle mit den Palmettenornamenten verraten hellenistische Einflüsse.

Die Große Moschee von San'a' hat in unserer Zeit einen bemerkenswerten Schatz früher islamischer Kunst freigegeben: Bei der Restaurierung des Westbaus wurden 1972 mehrere Säcke voller alter Schriften entdeckt. Deutsche Wissenschaftler konnten in den achtziger Jahren wesentlich dazu beitragen, den Fund zu erforschen und zu erhalten (s. S. 130). Ihre Arbeit ergab, daß man es mit etwa 40 000 Fragmenten zu tun hatte. Mehr als 700 Koranexemplare waren auf

Pergament geschrieben, weitere 350 bis 400 auf Papier. Ungefähr jeder achte Pergamentkoran war illuminiert, mit Zierleisten zwischen den Suren, mit Ornamenten am Rand neben einer Surenüberschrift, mit Umrahmungen des Schriftspiegels oder mit ganzseitigen Ornamenten vor oder nach einer wichtigen Zäsur. Unter den illuminierten Handschriften sind die nicht-jemenitischen mit über 40 Prozent vertreten.

Einige illuminierte jemenitische Stücke gehören dem 7. Jh. an. Besonders die gezeichneten Surentrenner verweisen auf den Jemen: Es werden geometrische Motive wie Kreise oder Rauten gereiht, Dreiecke durch Zickzackbänder gebildet, unterschiedliche Bogen kombiniert, vereinzelt auch architektonische Motive angewandt. In diesem beigegebenen Dekor lassen sich leicht Elemente der phantasievollen Ausgestaltung vorislamischer Sakralbauten Südarabiens wiederentdecken; in Kombination mit der Kalligraphie jedoch deuten die Koran-Verzierungen auf einen Neuanfang islamischer religiöser Kunst hin.

Eine Variante in die neue religiöse Kunst brachte das Regime der Ziyaditen. Etwa im Jahre 819 entsandte der abbassidische Kalif einen Beauftragten namens Muhammad Ibn Ziyad in den Jemen, um dort einen Stammesaufstand niederzuschlagen. Muahammad Ibn Ziyad konnte die Küstenebene unter seine Herrschaft bringen und gründete eine Stadt, die den Namen Zabid erhielt. Da an der Küste hartes Gestein fehlte, wurden schon damals Ziegel gebrannt. Zabid entstand in der eindrucksvollen Ziegelbauweise, deren umfangreiche Reste noch immer die Besucher erfreuen. Die aus kleinen Ziegelblöcken errichteten Mauern eigneten sich besonders für dekorative Elemente, wobei man sich damals noch lebhaft der Ornamentik der vorausgegangenen himyaritischen Herrschaftskultur erinnert haben dürfte.

Etwa 1063 konnte ein Ali Ibn Muhammad as-Sulaihi San'a' erobern und eine Dynastie begründen. Der Eroberer hatte sich von fatimidischen Missionaren aus Ägypten zur schiitischen Glaubensvariante bekehren lassen und setzte diese nun in seinem eigenen Herrschaftsbereich durch. Wahrscheinlich 1086 gelangte in der Sulaihiden-Dynastie eine Frau, Arwa Bint Ahmad (s. S. 100), zur Herrschaft. Die Sultana verlegte ihren Amtssitz in die Bergstadt Jiblah, die sie erheblich ausbauen ließ. Anregungen architektonischer und dekorativer Art kamen aus Ägypten, das damals schon rund 100 Jahre unter fatimidischer Herrschaft stand.

Ägyptisch und osmanisch geprägtes Mittelalter

Deutlich läßt die Freitagsmoschee zu Jiblah, erbaut um 1088 von Arwa Bint Ahmad, Parallelen zur Al-Aqmar-Moschee in Kairo erkennen. Es handelt sich um eine Innenhofmoschee, deren Gebetshalle ein erhöhtes Mittelschiff besitzt, das vom Innenhof auf die

Die Moschee Ashrafiya zu Ta'izz, gebaut im 13. und 14. Jh., steht beispielhaft für die Verbindung ägyptischer und jemenitischer Bautradition. Der Zinnendekor am Dachrand wurde zuerst an Moscheen der Fatimidenzeit in Kairo benutzt; ebenso gab es das aus mehreren verkanteten Bauelementen zusammengesetzte Minarett zuerst in Ägypten.

Qibla-Wand führt. Kalligraphie und Dekorationen weisen ebenfalls Ähnlichkeit mit denen fatimidischer Moscheen Kairos aus etwa der gleichen Zeit auf. Mameluckische Stilelemente nahmen einen wichtigen Platz in der islamischen Kunst des Jemens vom 13. bis zum 15. Jh. ein. Die Kunst jener Zeit wird nach den Rasuliden-Sultanen, die Teile des Landes rund 200 Jahre lang beherrschten, als rasulidisch bezeichnet. Die Dynastie leitete ihren Namen von Ali Ibn Rasul, einem abbassidischen Gouverneur Mekkas, her; ihre Begründer waren als Beauftragte der Abbassiden nach Jemen gelangt, wo sie sich 1228 selbständig machen konnten. Die Machthaber waren wahrscheinlich turkmenischer Abstammung; sie pflegten enge Beziehungen zu den türkischen und kurdischen Beauftragten der Abbassiden in Ägypten. Diese Beziehung blieb bis in die mameluckische Zeit Ägyptens hinein bestehen.

Die rasulidische Baukunst hinterließ zahlreiche Moscheen und Medresen im Jemen, aber auch viele Zeugnisse hochentwickelter Handwerkskunst. In die Architektur brachten die Rasuliden eine Neuerung für den Jemen. Nach abbassidischen und ayyubidischen Vorbildern schuf sie die ersten Kuppelmoscheen und damit die ersten homogenen Räume im Südwesten der Arabischen Halbinsel. Die bis dahin bevorzugte traditionelle Moschee bestand aus einem würfelförmigen Bau mit quadratischem oder längsrechteckigem Grundriß. Rasulidische Medresen und Kuppelmoscheen fanden erstmalig den stilistischen Anschluß an die zeitgenössische Sakralarchitektur im Nordosten und Norden Arabiens und in Ägypten. In der Stadt Ta'izz sind mehrere Moscheen zu sehen, die diese Stilmischung repräsentieren.

Bauwerke aus der ersten und zweiten »Türkenzeit« findet man vor allem in der Küstenebene, wo die Nähe zum Roten Meer den

Die Moschee des Abu Talib, erbaut im 15. Jh. während der ersten osmanischen Besetzung, in den Dünen der Tihama ca. 50 km nördlich von Al-Hudaydah

mediterranen Einschlag der osmanischen Architektur noch verstärkt. Mächtige, aus Ziegelsteinen aufgeschichtete und dann weiß getünchte Wehranlagen, aber auch Moscheen mit zahlreichen kleinen und einer großen Kuppel über dem zentralen Betsaal sind zu finden. In Ta'izz und San'a' sieht man Moscheen der osmanischen Periode, deren kreisrunder Grundriß und ebenso runder Überbau auf Entwürfe von Sinan, dem großen Architekten des 16. Jh., zurückgehen.

Mögen auch Fatimiden, Mamelucken und Osmanen die jemenitische Baukunst und die islamische Kunst im Jemen beeinflußt haben, sie stießen doch immer auf ein hohes Niveau der einheimischen Kunst. Und die Jemeniten verstanden es, schon bald eine jemenitische Variante dem neuen Stil hinzuzufügen. Manche Moschee der Zeit des islamischen Mittelalters oder der osmanischen Zeit bekam ein typisches Jemen-Minarett angebaut; typisch jemenitisch insofern, als diese Türme aus gebrannten Ziegeln nicht nur mit frommen Versen geschmückt wurden, sondern zudem mit dem ganzen Dekor der liebevoll verzierten Wohnhäuser.

Eine vollständige Aufstellung der im traditionellen Baustil des Jemens eingesetzten Ornamente und Motive wird sich kaum je realisieren lassen. Paolo Costa schrieb dazu, die jemenitische Architektur, frei und spontan in ihren Einzelheiten, könne unmöglich in einer systematischen Studie erfaßt werden. Man müsse dann nämlich eine endlose Liste voneinander abweichender Formen anlegen und werde zum Schluß erkennen, daß die einzige Regel der jemenitischen Dekorationskunst in der Zurückweisung aller Regeln bestehe.

Das Ende des theokratischen Staates

Am 18. September 1962 verstarb der 66. Imam des Jemens, An-Naser Ahmad, der sein Land seit 1948 mit harter Hand regiert hatte. Ihm folgte als religiöses und weltliches Oberhaupt dessen Sohn, Muhammad Badr al-Mansur. Muhammad al-Badr galt in arabisch nationalistischen und panarabischen Kreisen, die vom damaligen ägyptischen Präsidenten Gamal Abdel Nasser angeführt wurden, als fortschrittsgläubiger Mann. Doch der neue Imam hatte gar keine Gelegenheit zu zeigen, daß er den über tausendjährigen, theokratisch verfaßten Staat würde reformieren können. Neun Tage nach der Thronbesteigung Al-Badrs, am 27. September 1962, putschten Offiziere, die revolutionäres Gedankengut während ihrer Ausbildung im Irak aufgenommen hatten. Es begann ein siebenjähriger Bürgerkrieg, der 1969 mit dem Untergang des Imamats endete.

Mit dem Sieg der Revolution änderte sich die Struktur des Staates, jedoch änderte sich nicht die Religionsausübung. Die Menschen der neuen Arabischen Republik Jemen (Nordjemen) blieben schiitisch-zaiditische und sunnitische Muslime und waren ihrem ererbten Glauben weiterhin eng verbunden. Nicht zufällig trat an die Spitze der politisch eher konservativen Republik, nachdem der Putschgeneral abgewirtschaftet hatte, ein Religions- und Rechtsgelehrter, der Qadi Abdul Rahman al-Iriyani. Nur der zaiditische Religionsadel, sozusagen die bürokratische Stütze des Imamats, mußte weitgehend auf seine Privilegien und Posten im Staatsapparat verzichten. Nun warteten die frühen Anhänger der Republik auf bezahlte Stellen in der Verwaltung. Und wenn die Gehälter auch nicht allzu üppig ausfielen, so schwoll die Zahl der Bürokraten doch wieder mächtig an, denn es gab in den siebziger Jahren nichts anderes zu verteilen als Posten und Pöstchen.

In der damals unabhängigen Volksrepublik Südjemen wurde allerdings in den siebziger Jahren die Religionsausübung selbst mehr oder weniger (je nach Region) stark behindert. Zwar gingen die linksnationalistischen, vom damaligen Ostblock beeinflußten Machthaber nicht offen gegen den Islam an; es hatte jedoch niemand eine Chance, beim größten und fast einzigen Arbeitgeber, dem Staat, etwas zu werden, wenn er mehr als nominelle Religionszugehörigkeit erkennen ließ.

Religions- und Stammesrecht hatten im Nordjemen zu einer strengen Kasten- und Klassengliederung geführt. Nach dem Untergang des zaiditischen Staates begann diese Gliederung sich langsam zu lockern. Dies geschah unterschiedlich nach Regionen. Deutlich abgeglichen zeigt sie sich heute in der Tihama und in den großen Städten San'a', Ta'izz und Ibb. Im Gebiet von Sa'dah, der Wiege des Imamats, bestehen hingegen viele Schranken der Kasten und Klassen weiter: An der Spitze des Stammes steht immer noch der Scheich. Die Sadah, obwohl ohne politische Ämter, sind ein bevorrechtigter Stand außerhalb des Stammesverbandes. Aus dem Verband bleiben auch alle vorübergehend anwesenden Wanderhandwerker und Saisonarbeiter ausgeschlossen. Gesellschaftlich minderberechtigt sind die wenigen verbliebenen Anhänger des mosaischen Glaubens. Stärker diskriminiert werden die Angehörigen verachteter Berufe. Dazu gehören Schmiede, Schlachter, Gemüseverkäufer (besonders die von Zwiebeln und Knoblauch), Brunnenarbeiter, Schröpfer, Barbiere, Kaffeewirte, Musiker und Henker.

In der Küstenebene ist der alte Gegensatz zwischen den Anhängern der sunnitischen Islam-Auslegung und den Bergjemeniten mit ihrer zaiditischen Tradition stärker nivelliert als im Hochland. Al-Hudaydah und Aden, die großen Hafenstädte, haben dort für mehr Weltoffenheit gesorgt. Gemischte Eheschließungen zwischen Anhängern der beiden unterschiedlichen Islam-Gemeinschaften kommen vor, im Tiefland häufiger als im Bergjemen. Die Stadtbewohner sehen auf Stammesmitglieder des Berglandes herab und umgekehrt. Aber auch unter Stadtbewohnern, die noch nicht seit Generationen im Ort ansässig sind, halten sich Stammesbindungen.

Neuerdings zeigen sich im ganzen Jemen Bemühungen, das religiöse Empfinden der Bevölkerung zu festigen, ja zu erweitern. Getragen werden solche Bemühungen von verschiedenen Kräften. Da

Früher als Menschen mit zweifelhafter Moral und niedriger Kastenzugehörigkeit fast geächtet, haben auch Straßenmusikanten, wie hier, ein höheres Ansehen erlangt.

sind einmal die Träger der islamischen Tradition, aktiv besonders in Aden und im Hadramaut, die nach dem Zusammenbruch des sozialistischen Experimentes das in der ehemaligen Volksrepublik entstandene Religionsdefizit beseitigen wollen. Bemerkbar machen sich in derselben Region auch Wahhabiten, deren Puritanismus aus dem heutigen Saudi-Arabien stammt. Ginge es nach der wahhabitischen Lehre, würden im Jemen zahlreiche Manifestationen des Volksglaubens gewaltsam beseitigt.

Doch Staat und Bevölkerung wehren sich gegen das Einsickern des wahhabitischen Puritanismus, der z. B. im Hadramaut die zahlreichen und liebevoll gepflegten Grabmäler zerstören würde. Auf keinen nennenswerten Widerstand stieß hingegen nach dem kurzen Bürgerkrieg von 1994 die Forderung der Traditionalisten, nun die Shari'a, das vom Koran und dessen Auslegungen abgeleitete islamische Recht, zur alleinigen Quelle des im Jemen geltenden Rechtes zu erklären. Das jemenitische Parlament entsprach noch im selben Jahr dieser Forderung mit großer Mehrheit.

Ein von islamischen Fundamentalisten geprägtes Land ist der Jemen trotzdem nicht geworden. Mit der Rückführung des geltenden Rechtes auf die Shari'a sollte vor allem eine bindende Kraft zwischen dem früher sozialistischen Südjemen und dem noch immer traditionsgebundenen Nordjemen geschaffen werden. Alles weitere hängt davon ab, wie die Shari'a ausgelegt wird, wie ihre Bestimmungen in der Praxis Anwendung finden. Darin hat sich bisher (1997) kaum etwas geändert gegenüber der Rechtsprechung und Ausübung der siebziger und achtziger Jahre.

Daß die Shari'a das Familienrecht absolut regiert und damit eine anachronistische Zurücksetzung der Frau verursacht, darin unterscheidet sich der Jemen kaum von den meisten anderen arabischen

Ländern. Aber man möchte sich deutlich unterscheiden vom rigid-islamischen Saudi-Arabien, dem ›großen Bruder‹. Deswegen sind im Jemen Organisationen zugelassen, die sich der Emanzipation der Frau verschrieben haben. Mögen solche Organisationen oder Gruppen auch nur in ganz kleinen Schritten ihren Zielen entgegengehen können, so durften die jemenitischen Frauen doch als einzige Bevölkerungsgruppe des südlichen und südwestlichen Teiles der Arabischen Halbinsel 1993 und 1997 bei Parlamentswahlen das passive und aktive Wahlrecht ausüben.

Überall im Jemen, wo mehrere Menschen in Gemeinschaft leben, ruft der Muezzin fünfmal während 24 Stunden zum Gebet. Viele Männer, längst nicht alle, folgen in der Woche dem Ruf in die Moschee meist nur am Mittag, während die Frauen das Gebet zuhause verrichten. Am Freitag, dem Wochenruhetag, wird von allen Männern erwartet, zum Mittagsgebet in der Moschee zu erscheinen. Wer gute Gründe hat, möge trotzdem fernbleiben, denn es gibt nicht – wie in Saudi-Arabien – Religionswächter, die säumige Gläubige mit Rohrstöcken in das Bethaus treiben. Es gibt aber im Jemen einen gesellschaftlich-religiösen Druck, dem sich in der Gemeinschaft dauerhaft niemand widersetzen kann.

Musik und Poesie

Nahezu alle Familienfeste der Jemeniten sind von Musik und Tanz begleitet; Flöten, Trommeln, Tamburine, Rasseln und Schellen spielen dabei eine Rolle. Bei Hochzeitsfesten ertönt die Musik oft mit kurzen Unterbrechungen während der ganzen Nacht, und das nicht nur auf dem Land, sondern auch in den Städten. Aber so war es nicht immer. Unter den beiden Imamen des 20. Jh., Imam Yahyah und Imam Ahmad, war das öffentliche Musizieren aus religiösen Gründen verboten. Viele jemenitische Musiker wichen damals vor drohender Verfolgung in den britisch besetzten Südjemen oder nach Ostafrika aus. Erst 1955 wurde das strenge Verbot gelockert, später aufgehoben. Heute gibt es im ganzen Jemen neben den Dorfmusikanten, die sich bei festlichen Anlässen meist spontan zusammenfinden, regelrechte Profigruppen mit Auftritten im Fernsehen und im Rundfunk und mit arrangierten Stücken auf Tonträgern.

Aber auch im ›alten Jemen‹, dem die Revolution ab 1962 ein Ende bereitete, war eine diskretere Art von Musik nicht verboten: der Gesang zu *Al-Ud*, zur Laute. Abgesehen davon, daß diese Musik meistens in geschlossenen Räumen ausgeübt wurde, hätte ein solches Verbot die wohl älteste Kunst der Jemeniten, die Poesie, schwer mitbetroffen und wäre wahrscheinlich gar nicht durchzusetzen gewesen. Gedichte zu schreiben oder auch zu improvisieren und sie zur Laute vorzutragen – das ist im Jemen eine uralte Kunst, die ihre Wurzeln in der vorislamischen Zeit hat. Den Übergang zur Neuzeit konnte sie problemlos bewältigen. Gedichte mit Musikbegleitung gehören auch heute noch zu den festlichen Qatsitzungen der Wohlhabenden.

Es wird vermutet, daß die Anfänge der jemenitischen Dichtkunst mit den rhythmischen Bewegungen des Kamelschrittes zusammenhängen; um der Ermüdung durch dessen wiegenden Rhythmus vorzubeugen, hätten die nomadischen Kamelreiter des vorislamischen Südwestarabiens improvisierte Liedchen gesungen, glaubt die Literaturwissenschaft. Brockelmann schreibt, noch in geschichtlicher Zeit hätten die Dichter kunstvoller Lieder sich – zumeist in poetischer Fiktion – in die Lage eines Wüstenreisenden versetzt. Zu den Reiseliedern wären bald auch Liebesklagen gekommen, nämlich die Klage des Dichters um die Geliebte, deren Stamm weggezogen ist.

Naturereignisse haben anscheinend ebenfalls die alten Jemeniten zum Dichten angeregt. So heißt es in einem von Rückert aus dem Arabischen übertragenen Gedicht:

»Lang war die Nacht, ich wachte der blitzenden Wolkenwand,
die sich herniedersinkend hinzog von Land zu Land.
Es türmten sich die Gipfel des windgetragenen Throns
an Höh' und auch an Breite wie Gipfel Libanons.
Den hadramautischen Winden bot sich zum Kampfe dar
ein abgerissener Vorhang, der ganz zerflittert war.
Es blieb das reine Wasser aus reinem Wolkenschoß
zurück auf allen Spuren, denn rein ist Wasser bloß.«

In die Gruppe großer Dichter der Zeit kurz vor dem Erscheinen des Islams rechnen die Jemeniten Amr Ibn Ma'adi Karib as-Zubaidi. Er verkörperte die berühmteste und von Legenden verklärte Gestalt des altarabischen Ritters, der mit Pferd und Schwert die Lande durchstreift. Hauptsächlich war Amr auf der Suche nach Ehre durch ruhmreichen Kampf, doch wollte er auch durch Dichtkunst Bewunderung erwecken. Ihm gelang der Übergang aus der vorislamischen Zeit in das Zeitalter des Islams, ohne daß ein Bruch in seiner Kunst entstanden wäre. Vor wie nach dem ›Erscheinen des Lichtes‹ (des Islams) besang er die Kämpfe, Niederlagen oder Siege der Stämme.

Durch über 1300 Jahre Geschichte des islamischen Jemens hindurch haben Verse alle Schichten des Volkes begleitet, seien es höfische Gedichte in klassischem Hocharabisch, seien es umgangssprachliche Zweckgedichte (Qasiden), Spott- und Hohnverse wie auch Kriegsgesänge, die sogenannten Samel. Zahllose Werke in der Volkssprache werden bis heute zur Laute gesungen.

»Wären doch die Bärte aus Gras, dann könnten wir damit die Pferde der Muslime füttern!«
(Spottvers des jemenitischen Dichters Muffarigh Ibn Yazid al-Himyari, 10. Jh.)

Nicht erst seit dem Siegeszug von Radio und Fernsehen dringen fremde Einflüsse auf die jemenitische Musik ein. Schon vor über 100 Jahren segelten Kaufleute aus dem Hadramaut nach Java, Sumatra und zu anderen Zielen in der indonesischen Inselwelt. Da sie sich dort zeitweilig niederließen, sogar Zweitfamilien gründeten, gelangte mit ihnen bei der späteren Rückkehr auch viel fernöstliches Kulturgut nach Südarabien. Indonesischer Einfluß in der Musik ist leicht im Hadramaut und an der Küste bei Mukallah spürbar. Heute gibt es allerdings durch das Fernsehen eine fast übermächtige Präsenz der ägyptischen Musik, besonders der Unterhaltungsmusik. Es hat sich eine Popmusik entwickelt, bei der man kaum noch unterscheiden kann, ob sie ägyptischen oder jemenitischen Ursprungs ist. Nur wenn Qasiden zur Laute gesungen werden, erkennt man sofort am nasalen Tonfall den klassischen Gesang des Jemens.

Malerei

Trotz der Ablehnung figürlicher Bilder durch die islamische Orthodoxie gab es noch im Mittelalter des Islams arabische Maler. Als Beispiel sei Al-Hariri (1054–1122) angeführt, dessen farbenprächtige

Eines der populärsten dokumentarischen Bücher über das Leben in den arabischen Ländern im Mittelalter ist das »Makame« von Al-Hariri (1054-1122). Es beschreibt verschiedene Milieus und schildert sie in detailreichen Buchmalereien. Dieses im »Makame« abgebildete Schiff erinnert daran, daß arabische Seeleute neue Seewege zwischen Asien, Afrika und Europa eröffneten und die Navigationstechnik nach den Sternen entwickelt haben.

Das Bilderverbot des Islams führte zu einer Blüte der Schriftkunst in der islamischen Welt. Hier das Wort »Mohammed« von Al-Qandusi aus dem berühmten »Dalil al-Hayrat« (Handbuch der himmlischen Segnungen), 1850

Bilder uns städtisches, ländliches, religiöses und intellektuelles Leben im 6. Jh. islamischer, d. h. im 12. Jh. westlicher Zeitrechnung vorstellen. Der Künstler wirkte allerdings in Bagdad während der Spätzeit des abbassidischen Kalifats. Aus dem Jemen jener Zeit und auch der späteren Jahrhunderte ist nie die Kunde von einem Maler gedrungen. Mehr noch als in anderen arabischen Ländern, die stärker von hellenistischer und byzantinischer Kunst berührt worden waren, konzentrierte sich im Jemen das ganze schöpferische Vermögen auf die sogenannte Kleinkunst der Dekoration. Folglich wurde die jemenitische Kunst, besonders im religiösen und öffentlichen Sektor, sehr reich an pflanzlichen, geometrischen und epigraphischem Schmuck.

Dennoch gibt es im heutigen Jemen eine Reihe bildender Künstler, insbesondere Maler. Im liberaleren Klima der damaligen britischen Kolonie Aden hatte ihre Vorhut schon in den vierziger Jahren die ersten Pinselstriche gewagt. Zudem gab es jemenitische Emigranten in Europa, die sich von der modernen Kunst des Westens inspirieren ließen. Herausragend aus dieser Gruppe war Salim al-Habashi, ein Araber mit einem Vater aus dem Hadramaut und einer indonesischen Mutter. Salim verdiente Mitte der fünfziger Jahre sein Brot als Kalligraph bei einem kleinen arabisch-deutschen Verlag in Köln und malte hier auch seine ersten Bilder in Öl: fast abstrakte Werke, die im Seitenriß Segelboote ohne Menschen auf dem Roten Meer oder vielleicht auch auf dem Nil zeigten. Der Künstler schien eine Reise symbolisieren zu wollen, die vom Strom getragen und vom Wind getrieben war, ohne daß zu erkennen gewesen wäre, wohin sie gehen und wo sie enden würde. In der Ausführung entsprach Salims Darstellungskunst nahezu perfekt der Ablehnung figürlicher Bilder durch den orthodoxen Mehrheits-Islam.

Der heute bekannteste jemenitische Maler, Fuad al-Futaih, hat die Scheu vor der Wiedergabe figürlicher Bilder völlig überwunden. Ge-

Vision eines Künstlers: Fuad Al-Futaih malt jemenitische Frauen, unverschleierte Wesen, wie man sie auf den Straßen des Landes nur selten zu Gesicht bekommt.

boren 1948 im südlichen Teil des damaligen Nordjemens, nach Schule und Studium im arabischen Ausland (Aden und Kairo), studierte er in den siebziger Jahren die moderne Kunst vor allem in Düsseldorf, West-Berlin und Köln. 1980 übersiedelte Fuad al-Futaih in die Hauptstadt seines Heimatlandes, San'a'. Zusammen mit seiner Frau Ilona erfüllte er sich dort den Wunsch, eine Kunstgalerie zu gründen, die nicht nur eigene Werke zeigen, sondern ein Zentrum für alle Kunstschaffenden des Jemens werden würde. Als »Gallery No. 1« öffnete das Zentrum 1986 die Tür. Fuad al-Futaih und seine Frau hatten durch diese ihre Leistung der jemenitischen Regierung und der deutschen kulturellen Entwicklungshilfe den entscheidenden Hinweis für die neue Zweckbestimmung der voll restaurierten alten Samsarat al-Mansurah gegeben; es wurde dort ein Ausstellungsforum für alle daran interessierten Maler des Jemens geschaffen.

Von Fuad al-Futaih sind in den beiden Galerien in San'a' Dutzende von Werken der Schaffensperiode ab 1985 zu sehen: Zeichnungen, Collagen, Stiche und Ölgemälde. Kannte man ihn in Deutschland zuerst durch seine oft nachgedruckten Schwarz-Weiß-Stiche mit leicht folkloristischen Motiven, so läßt das spätere Werk eine ganz andere Dimension des Künstlers entdecken. Ohne zu historisieren, scheint er nun bis zu den Anfängen der jemenitischen Geschichte zurückzuschauen und integriert die uralten Symbole der sabäischen und himyaritischen Ahnen in die figürlichen Darstellungen der Jetztzeit. Fuads Figuren sind übrigens ganz überwiegend Frauen; Jemenitinnen, wie an ihrer Kleidung zu erkennen ist, jedoch unverschleierte Wesen, die man so in den Straßen gar nicht sieht. Stammen sie vielleicht ebenfalls aus einer anderen Zeit? Die ihnen beigegebenen Symbole deuten darauf hin. Der Künstler selbst aber sagt, er wolle sich mit seinen Werken auch auf die Seite der Frauen stellen, die ihren Platz in der heutigen Gesellschaft suchen.

Andere jemenitische Künstler, deren Werke in der Samsarat al-Mansurah zu sehen sind, halten sich stärker an die gesellschaftlichen Konventionen. Manche konzentrieren sich darauf, Ansichtsbilder von San'a' oder anderen Städten zu malen. Landschaftsbilder und folkloristische Szenen spielen eine große Rolle. Anscheinend hilft die Folklore noch am ehesten, die Scheu vor der figürlichen Darstellung zu überwinden. Darauf weist die Vielzahl von Bildern mit Musikern, Tänzern, Fischern und anderen malerischen Personen unter den Jemeniten hin.

Der Maler Fuad al-Futaih auf dem Dach der Samsarat al-Mansurah in San' a'

Jemenitischer Silberschmuck

Der deutlich erkennbare Niedergang des traditionellen Silberschmiedehandwerks im Jemen wird fast immer mit dem Auszug der Juden in den Jahren 1949/50 erklärt. Jüdische Silberschmiede, ihre Entwürfe und ihre Handwerkskunst hatten jahrelang in Südwestarabien den Markt beherrscht, auf dem die Bevölkerung ihren Bedarf an Schmuck und rituellem Gerät deckte. Da ein großer Teil der Produkte des Silberschmiedehandwerks religiöse Bezüge hatte, arbeiteten in diesem Bereich Andersgläubige den Moslems zu. Dies war nicht nur im früheren Nordjemen der Fall. Auch im Norden und Osten des damaligen Aden-Protektorats, bis hin zu der Stadt Habban, beherbergten viele Orte Juden, die Silberschmuck herstellten. Ihre Übersiedlung nach Israel wirkte verheerend auf den Markt, der von Aden über Ta'izz und San'a' bis zur Oase Najran in Saudi-Arabien reichte.

Imam Ahmad hatte allerdings befohlen, jüdische Silberschmiede müßten Muslime in ihrer Kunst unterweisen, ehe sie ausreisen dürften. Doch die in Jahrhunderten von Generation zu Generation überlieferten Kenntnisse und Fertigkeiten ließen sich gewiß nicht in Schnellkursen Anfängern vermitteln. In den siebziger Jahren schrieb der österreichische Jemen-Forscher Walter Dostal, daß unter 27 Ladeninhabern auf dem Markt von San'a' nur sechs seien, die eine kurze Lehrzeit bei einem jüdischen Silberschmied absolviert hätten. Auch jene sechs muslimischen Handwerker arbeiten heute nicht mehr im Marktbereich; alle Ladenbesitzer beschränken sich auf den Handel mit Silberschmuck, und wenn sie eine Zange zur Hand nehmen, dann allenfalls, um eine Öse auf- oder zuzubiegen.

Früher Nahkampfwaffe, ist die Djambiya, der vor dem Bauch zu tragende Krummdolch, heute überwiegend Statussymbol. Seinen Trägern, vor allem Bauern und Bürgern, kommt es besonders auf die Ausstattung der Scheide, des Gürtels und des Dolchgriffes an; die Klinge ist meistens unwesentlich.

Andererseits kann man nicht vom Ende der Silberschmiedekunst in Südwestarabien aufgrund des Auszugs der Juden sprechen. In Ta'izz und Aden gab es schon lange vorher einige muslimische Familien, in denen das Handwerk erblich war. Und im Südjemen, wo östlich und nördlich der Hafenstadt Mukallah keine Juden lebten, wurde Silberschmuck traditionell von Arabern gefertigt, die im Austausch mit den Silberschmieden Saudi-Arabiens und Omans standen.

Für den Niedergang des traditionellen Handwerks spielen der Wandel des Geschmacks und die Veränderung des Bedarfs eine ebenso große Rolle wie seinerzeit der Auszug der Juden. Die ganze arabische Welt – und mit ihr der Jemen – ist seit etwa dreißig Jahren in einem tiefgehenden gesellschaftlichen Umbruch begriffen. Die Zahl der Nomaden, denen bestimmte Arten des Silberschmuckes besonders viel bedeuteten, ist stark zurückgegangen. Damit einher ging die Nachfrage zurück. Eine andere Gruppe von Konsumenten, die Sadah – Angehörige des religiösen Geburtsadels – wurde ebenfalls erheblich geschwächt. Im Nordjemen wurde der Geburtsadel politisch entmachtet, im Südjemen auch enteignet. Folglich spielen diese Menschen als Abnehmer rituellen Silberschmuckes ebenfalls nur noch eine geringe Rolle.

Die gesellschaftlichen Veränderungen, Wanderungsbewegungen mit Geschmacksverschiebungen und nicht zuletzt eine inflationäre Geldschwemme haben neue Maßstäbe gesetzt: Man benötigt Gold statt Silber, um den Brautpreis und die finanzielle Sicherung für eine Jungvermählte zu erbringen. Kein Wunder also, daß schon zahlreiche Verkaufsstände für traditionellen Silberschmuck von glitzernden Spiegelsalons für Goldschmuck verdrängt worden sind.

Dennoch lohnt es sich, auf den Märkten von San'a', Ta'izz, Sa'dah und in den Touristenläden von Aden, Mukallah, Say'un und Tarim sowie auch bei freien Händlern der kleinen Städte im Wadi Hadramaut nach Silberschmuck Ausschau zu halten. Es ist noch manches gute Stück aus der Vergangenheit zu finden, und auch heute werden Stücke gefertigt, die für den an industrielle Massenware gewöhnten Besucher etwas Besonderes darstellen. Der Silbergehalt solcher Stücke sei oft recht fragwürdig, wird gewarnt. Aber kauft man denn Silberschmuck im Jemen wegen des Metallwertes? Die Arbeit muß interessant und sauber, das Stück stimmig sein, muß einfach gefallen. Nur wenn eine sehr teure Arbeit mit erkennbar hebräischer Herstellermarke angeboten wird, ist Vorsicht angesagt. Nicht nur lassen sich solche Namensprägungen jüdischer Silberschmiede auch fälschen; ist es wirklich ein wertvolles altes Stück, könnte bei der Ausreise der Zoll einschreiten und das Erworbene als nationales Kulturgut beschlagnahmen.

Drei Arten von Kunden hatten die Silberschmiede des Jemens in früherer Zeit: die Nomaden und Halbnomaden am Rand der großen Wüsten, den religiösen Adel und die Besitzbürger in Stadt und Land. Diese Dreiteilung läßt sich auch in der Produktion nachverfolgen. Man arbeitete für das Schmuckbedürfnis der Stammesleute, lieferte den Adeligen Standessymbole und bot in der Form von Schmuck ein Zahlungsmittel, mit dem die traditionsgebundenen Ehen finanziert wurden.

Die Nomaden und Halbnomaden Südwestarabiens waren interessiert an einer ganzen Palette von Stücken der Silberschmiedekunst: Die Führer und Unterführer der Stämme schmückten sich mit Dolchen, deren Griffe und Scheiden aus Silber getrieben waren; ihre

Dem Religionsadel vorbehalten: eine nur seitlich rechts zu tragende Thuma. Der Brokatgürtel ist mit einem Behälter für Schriftamulette (links) besetzt und mit Ösen (rechts) zum Einhängen von Schminkgefäßen. In die Scheide sind religiöse Formeln eingearbeitet.

Die Wissenschaftlerin Ursula Heimberg (Bonn) schreibt in einem Aufsatz zum jemenitischen Silberschmuck, daß dieser wohl vorwiegend in der ersten Hälfte oder Mitte des 18. Jh. entstanden sei. Die Herstellung solchen Schmuckes habe nämlich „den lebhaften Import europäischer Silbermünzen, die den Rohstoff dazu abgaben", vorausgesetzt. Im frühen 18. Jh. wurden die Importe jemenitischen Kaffees nach Europa mit Silbermünzen finanziert.

Frauen wollten Fuß- und Armreifen, Gürtel, Hals- und Stirnbänder sowie Ohren- und Nasenringe. Fingerringe erfreuten sich bei beiden Geschlechtern großer Beliebtheit, und unerläßlich schien Mann wie Frau der Besitz von silbernen Amulettbehältern und Amuletten.

Die Sadah, die Angehörigen des Religionsadels, kleideten und schmückten sich so, daß ihr gehobener sozialer Status schon aus der Entfernung erkennbar war (s. S. 70). Neben Turban und weißem Gewand bedurfte es dazu eines besonderen Gürtels und eines besonderen Dolches. Die Stichwaffe, meistens in einer kunstvolle gearbeiteten Silberscheide verwahrt, wurde an der rechten Seite getragen; im Gegensatz zur Mehrheit der Wehrhaften, die den Krummdolch in der Mitte vor dem Bauch befestigte. Der von einem Sayyid getragene Gürtel konnte schon vom Material her sehr aufwendig sein – durchwirkt mit Silber- und Goldfäden. Dazu war er mit einer ganzen Reihe von Gegenständen besetzt, die überwiegend rituellen Charakter hatten, darunter ein oder zwei Fläschchen für Augenschminke, kunstvoll gearbeitete Behälter für Amulettschriften, manchmal auch Silberbehälter zur Aufbewahrung der Flintenkugeln.

Der Schmuck der Bauern und Bürger wurde zwar auch getragen, machte aber in erster Linie jenes Kapital aus, mit dem Eheschließungen finanziert wurden. Der Wert des Silberschatzes, der anläßlich der Trauung übergeben wurde, richtete sich nach der sozialen Stellung der Braut (wobei das Kastensystem des Jemens erhebliche soziale Unterschiede zwischen Ehepartnern nicht zuließ). Meistens gehörte es zu den getroffenen Vereinbarungen, daß der Silberschatz weiter aufzustocken sei. Jedenfalls war er unveräußerlicher Besitz der Frau, absichernde Bürgschaft für den Fall, daß der Mann von seinem Recht auf Scheidung Gebrauch machen sollte. So erklärt es sich auch, daß Arm- und Fußreifen oft ein Gewicht von

Hülsen für hölzerne Messergriffe, die hinter der Djambiya getragen werden. Die Hülsen, „Kopf des Messers" genannt (Ras as-Sakin), können leicht abgezogen werden, und so trägt der wohlhabende Bauer oder Bürger gelegentlich unterschiedliche Silberarbeiten zur Schau.

200 bis 250 Gramm hatten: Ihr Materialwert zählte ebensoviel wie die künstlerische Ausführung.

Beduinenschmuck ist selten älter als fünfzig Jahre, weil es im Nomadenverband zu den guten Sitten gehört, nach dem Tod der Frau deren silbernen Besitz einzuschmelzen und für die nächste Frau neu anzulegen. In der städtischen Gesellschaft hingegen hat sich Silberschmuck im Familienbesitz oft über etliche Generationen hinweg angesammelt, weil der ganze Bestand dort inzwischen nicht mehr einer Frau als Bürgschaft dient, sondern teilweise zum beweglichen Kapital der Großfamilie gehört.

Da Nomadenschmuck keine lange Lebensdauer hat, muß eine Bestandsaufnahme des traditionellen Silberschmucks bei den für die Sadah, den Religionsadel, gearbeiteten Sonderstücken beginnen:

Die vielen silbernen **Besatzstücke für den Gürtel** eines Sayyids (Einzahl von Sadah) werden heute kaum noch hergestellt. Zwar schmücken sich Angehörige des Religionsadels auch heute noch traditionsgemäß, doch müssen sie dabei auf den eigenen Bestand zurückgreifen oder aus Privatbesitz Stücke erwerben. Prominentestes Stück des Gürtels ist die **Thuma**, der vom Nachkommen des Propheten seitwärts rechts zu tragende **Dolch**. Das Schwergewicht der Ausarbeitung lag nicht etwa auf der Waffe. Für die Klinge mußte meist minderwertiger Stahl genügen. Größeren Wert maß man der **Ausgestaltung des Griffs** zu: Gute Arbeiten wurden in einem Stück aus Horn geschnitzt; zwei Silbermünzen, manchmal sogar Goldmünzen, dienten als Zierdeckel über den beiden Nieten, die Dolchstiel und -griff miteinander verbanden, und ein aus Silberdraht gefertigtes Ornamentband zierte den Übergang vom Griff zur Scheide.

Die Gestaltung der Scheide war dann vorwiegend Sache des Silberschmiedes. Er fertigte Einzelteile, die auf einem Leder- oder Holz-

Das Schwert aus dem Jemen mit seinen beiden Scheiden / Das so sehr ich schätze / daß / Wenn es möglich wäre / Ich es zur Scheide meiner / Pupillen machte
(Al-Mutannabi, arabischer Dichter, 915-65)

futteral befestigt wurden. Auch bei kostbaren Stücken war die Scheide fast nie ganz aus gediegenem Silber, sondern bestand aus fein ornamentierten und ziselierten einzelnen Platten. Manchmal wurde punzierter oder tauschierter Dekor aufgebracht. Die geschmückten Platten wurden geschickt miteinander verbunden. Da die Thuma in einer Lederschlaufe unter dem Gürtel steckte, ersparte man es sich oft, den bedeckten Teil der Scheide auszuschmücken. Besonders sorgfältig wurde hingegen der leicht gekrümmte, gut sichtbare untere Teil der Scheide bearbeitet. Den Abschluß bildete meist ein Knauf, der manchmal sogar einen Korallen- oder Achatschmuck aufwies.

Den Gürtel des Sayyids zierten stets auch **Behältnisse für Amulette**. Dies waren entweder aus Silberblech getriebene, dazu noch mit Filigran oder mit Punzen geschmückte Kapseln, die einen frommen Text, meist einen Vers aus dem Koran, enthielten oder silberne Dosen, die geöffnet werden konnten. Der wohlhabende Mann vom Stamme des Propheten hatte beide Arten von Amulettbehältern auf seinem Gürtel befestigt; in der Dose, die sich öffnen ließ, hielt er fromme, auf Papier geschriebene Belehrungen für solche Mitmenschen bereit, denen er etwas Gutes tun wollte.

Amulettbehälter speziell für Frauen, als Teil des Hals- oder Brustschmucks zu tragen

Behältnisse für Amulette standen an der Spitze der jemenitischen Silberschmiedekunst. Sie wurden in mehreren Arten ausgeführt, unter anderem in Filigran, wobei das Schriftamulett durch die feinen Ornamente hindurchschimmerte. Auf dieses Filigran war dann meist noch Granulation gesetzt. Bei großen Amulettdosen bediente man sich einer Schichtentechnik. Das heißt, es wurden auf eine glatte Silberfläche feine Silberdrähte, die manchmal schon aus zwei zusammengedrehten Fäden bestanden, in geometrischen oder floralen Ornamenten aufgelötet. Auf diese Arbeit granulierte man dann Blüten, ein Weintraubenmuster oder aneinandergereihte Kügelchen, lötete kreis- oder rautenförmige Silberplättchen auf und setzte Akzente mit unterschiedlich dicken Kugeln, die häufig auf einer kreisförmig gezogenen Spirale befestigt waren. Der Katalog der Formen wurde oft noch zusätzlich durch vorgestanzte oder auch getriebene Teilchen ergänzt. Die bearbeitete Fläche konnte dadurch mehr als 5 mm stark werden. Alle so gefertigten Stücke trugen auf der Rückseite einen Stempel mit dem Namen des Silberschmiedes.

Behälter für Augenschminke gehören ebenfalls zu den begehrten Produkten des Kunsthandwerks im Jemen. Sie wurden in erster Linie für den Bedarf von Männern hergestellt. Zwar benutzten auch Frauen die *kohol* genannte Augenschminke, doch nur Männer und Kinder durften sich mit schwarz oder dunkelgrün untermalten Augenlidern und gefärbten Augenbrauen in der Öffentlichkeit zeigen. So wurden für den vornehmen Mann, den Sayyid, kleine flaschenähnliche Gefäße hergestellt, reich mit Filigran und Granulation geschmückt. An einem Kettchen hing ein metallener Stift, mit dem das Pulver (gewonnen aus dem Ruß verbrannten Weihrauchs und verbrannter Mandelschalen) aus dem Fläschchen geholt werden konnte.

Der Dolch für Bürger, Bauern und Beduinen, die **Djambiya** (Plural: Djanaabiya), wurde in verschiedenen Arten, Materialien und Preislagen produziert. Daneben zeigte die Ausführung des vor dem Bauch zu tragenden Dolches, der in einer stärker als die Klinge gekrümmten Scheide steckte, auch regionale Unterschiede. Im Hochland des Bergjemens war es stets die Lederscheide, die durch Silberbeschlag veredelt wurde. In Ta'izz, von dort nach Süden bis Aden und weiter östlich bis nach Hadramaut trieb man die besseren Stücke ganz aus Silber. Während die silberbeschlagene Lederscheide oft noch durch grüne Bänder zusammengebunden war, ahmte man auf ganz in Silber gearbeiteten Scheiden diese Umwicklung durch Silberringe nach. Daneben gab und gibt es noch Djanaabiya, in deren Silberbeschlag Halbedelsteine und Korallen eingelassen sind. In anderen Stücken müssen Glaseinsätze genügen.

Hinter der Scheide des Dolches trug der vornehme Mann noch ein Messer in eigener Lederscheide und mit einem eigenen **Silbergriff**. Der Silbergriff, eine abziehbare Hülse, arabisch ›Kopf des Messers‹ (*Ras as-Sakin*) genannt, war ebenfalls Gegenstand großer kunsthandwerklicher Bemühungen. Es gibt mehr als ein Dutzend Formen, auf die alle Granulations- und Applikationstechniken angewandt wurden. Manche »Köpfe der Messer« sind nur mit frommen Sprüchen geschmückt, andere mit gereihten Spiralmotiven, Rautenplättchen, granulierten Blüten und vielen weiteren Motiven. Solche Stücke sind früher anscheinend in großer Zahl hergestellt worden; jedenfalls gibt es heute noch, da sie schon mindestens zwanzig Jahre ›aus der Mode gekommen‹ sind, viele schöne Exemplare auf den Silbermärkten in San'a' und Ta'izz.

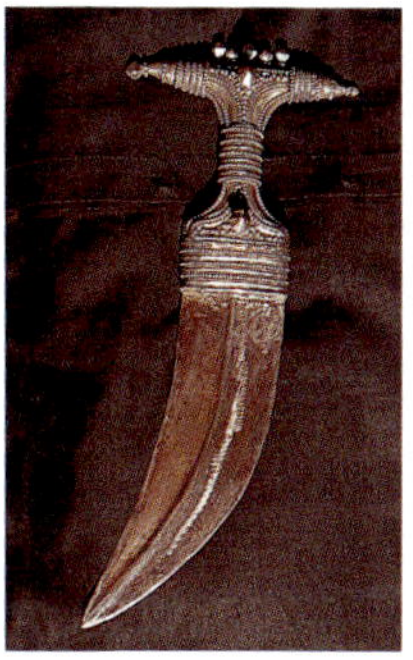

Djambiya mit Silbergriff aus der Region südlich von Ta'izz

Gemeinsam war Nomaden, Bauern und Bürgern – Männern wie Frauen – der Wunsch, sich mit **Amulettbehältern** zu schmücken. Und die guten Stücke schmückten nicht nur – sie wehrten auf glaubenskonforme Weise böse Geister und böse Einflüsse ab. Dieses Bedürfnis besteht auch heute noch, und schöne Amulettbehälter werden von jemenitischen Silberschmieden weiter hergestellt.

Der **volkstümliche Amulettbehälter** ist jedoch anders geformt als der vom Sayyid auf dem Gürtel getragene: Er ist zylindrisch, 8 bis 10 cm (in Einzelfällen bei einer Breite von 5 cm bis 15 cm) lang, läßt sich seitlich öffnen (um gerollte Schriftamulette aufzunehmen) und wird einzeln an einer Kette um den Hals oder als Teil eines Ensembles aus Silber- und Amberkugeln getragen. Die Muster sind vielfältig. Es gibt sehr fein gearbeitete, halbdurchbrochene Filigranausführungen, aber auch mit einfachen Rhomben aus Silberkugeln besetzte Stücke. Des weiteren werden Stücke gehandelt, die einzig von den aufgelösten Bändern eines S-förmig gezogenen Silberdrahtes verziert sind.

Rechteckige Amulettbehälter aus massivem Silber, etwa 10 cm lang und 8 cm hoch, gehören in die Reihe der kostbaren Stücke, die in früherer Zeit nicht nur als Schmuck, sondern wegen ihres hohen Materialwertes auch als Kapitalanlage gehandelt wurden. Sie sind nicht unbedingt eine jemenitische Spezialität, sondern tauchen im ganzen islamischen Raum auf. Nur die Art des Dekors hat nationalen Charakter. Typisch für den Jemen sind die Verbindung von Filigran und Granulation sowie Blumen- und Weinrankenmuster. Manche der eingesetzten geometrischen Muster entsprechen denen, die man an Häusern sieht. Hier könnten Muster aus vorislamischer Zeit durchscheinen. (Obwohl bisher nur ganz wenige Stücke gefunden wurden, nimmt man an, daß Silberschmuck auch in der Antike eine Rolle gespielt hat.)

Maria-Theresia-Taler als Teil eines Stirngehänges

Münzen als Schmuck oder Teil von Schmuckstücken waren ebenfalls bei allen Bevölkerungsgruppen sehr beliebt. Diese Mode konnte sich aber wahrscheinlich erst vom 18. Jh. an durchsetzen. Silbermünzen wurden zwar schon im 3. Jh. v. Chr. in Südarabien geprägt (wobei griechische Münzen als Vorbild dienten), doch hatten arabische Münzen bis zum Ende des islamischen Mittelalters eine so hohe Kaufkraft, daß sie als Schmuckstücke viel zu kostspielig gewesen wären. Erst nach dem Einbruch des Osmanischen Reiches in Südwestarabien und mit dem Beginn des Kaffeehandels erhöhte sich der Geldumlauf wesentlich durch den Zufluß türkischer und europäischer Silbermünzen. Ab 1780 tauchte dann der berühmte **Maria-Theresia-Taler** im Jemen auf.

Es ist immer noch ein Geheimnis, warum der rund 28 Gramm schwere Silbertaler aus Wien (Feingehalt: 833) mit der Profilbüste einer fremden Herrscherin, deren Porträt auch noch viel Busenansatz und Frisur erkennen läßt, sich im Jemen durchsetzen konnte. Andere gleichwertige Taler, z. B. aus Venedig, der Toscana oder Preußen, fanden nämlich keinen Anklang – ebensowenig der frühere österreichische Taler mit dem Bild Franz I., des Gemahls der Kaiserin Maria Theresia. Der Maria-Theresia-Taler von 1780 erlangte dagegen in ganz Südarabien beinahe den Rang eines offiziellen Zahlungsmittels. Er wurde von der Bevölkerung fast 200 Jahre lang wie ein solches behandelt. Schon 1781 hatte man in Wien die Attraktivität der Münze erkannt und den Befehl gegeben, sie mit dem Stiftungsdatum 1780 weiterzuprägen. Allein in der österreichischen Hauptstadt wurden bis heute über 250 Millionen Maria-Theresia-Taler geschlagen. Ab 1935 wurde die Münze (als Kolonialgeld) auch in Rom, Paris und London nachgeprägt, und man soll es in den drei Hauptstädten auf einen Ausstoß von weiteren 50 Millionen Stück gebracht haben.

Der größte Teil jener rund 300 Millionen Münzen dürfte nach Südwestarabien und Äthiopien geflossen und zu Schmuck umgearbeitet worden sein. Das Osmanische Reich und später der Imam des Jemens versuchten dem Maria-Theresia-Taler eigene Prägungen entgegenzustellen. Sie brachten Silbermünzen in Umlauf, die genauso groß und sogar bis zu zwei Gramm schwerer waren. Doch selbst im unabhängigen Königreich Jemen wurden die Imam-Taler geringer geachtet als die der Maria Theresia.

Großformatige Münzen wurden und werden heute noch auf zweierlei Arten zum Anhänger umfunktioniert: Sie erhalten entweder kleine Schellen am unteren Rand oder einen filigranen Rahmen. Zusätzliche Applikationen, Glasperlen als rote Farbakzente, Kettenvorhänge oder Fransen kennzeichnen besondere Typen. Münzen als Anhänger werden manchmal als Teil einer Halskette mit Silberkugeln, Glasperlen und Korallen kombiniert. Aus großen Talern, umgeben von Silber- und Glasperlen, stellte man Kopfschmuck her, der an einem Stirnband über den Ohren hängend wie Ohrringe zu tragen war.

Exklusiver Beduinenschmuck wurde im Jemen kaum hergestellt, wohl aber gibt es Schmuckarten, die von Beduinen bevorzugt, von der seßhaften Bevölkerung geringer geschätzt wurden. Ein Beispiel dafür ist der **Qaff** (arabisch: *Qufaß* = Handschuh), der aus fünf Fingerringen besteht, die mit kleinen Ketten an einer zentralen Schmuckplatte befestigt sind. Das Ensemble wird wie ein Fingerhandschuh übergezogen, wobei die Schmuckplatte auf dem Handrücken liegt. Im allgemeinen dürften die Silberschmiede in der Nähe von Nomadengebieten, also in Sa'dah, Djihana, Ma'rib, der Oase Nadjran sowie in Say'un, Tarim und Shibam stärker dem Beduinengeschmack entsprochen haben als ihre Kollegen in San'a', Ta'izz, Aden und Mukallah. Das Ergebnis dieser besonderen Auftragslage war eine gewisse Vergröberung gängiger Stücke, insbesondere der Arm- und Fußreifen. Bei Ringen, Armbändern und Halsreifen wurden häufig Karneole (arabisch: *Akik ahmar*) oder einfache Glasstücke als Einsätze benutzt; viele Schmuckwaren wurden mit kleinen Glocken versehen.

Den vornehmsten Halsschmuck wohlhabender Stadtfrauen darf man die sogenannten **Vogelketten** nennen. Diese im Kern silbernen, aber oft schon vergoldeten Stücke hatten in drei Reihen kleine Vogelnachbildungen an Ketten geknüpft, untereinander verbunden und mit fünffingerigen Anhängern versehen. Verbindungsschleife und herzförmiges Mittelteil dürften türkischem Vorbild entsprechen. Es heißt aber, Meysha al-Abyadh, einer der besten jüdischen Silberschmiede der dreißiger und vierziger Jahre, hätte die meisten der Vogelketten hergestellt. Wegen eingearbeiteter islamischer Symbole, vor allem Halbmonde, wäre diese Art von Halsketten bei jüdischen Frauen verpönt gewesen. Gelegentlich wird heute noch in San'a' ein Exemplar zum Kauf angeboten.

Eine interessante und auch heute noch anzutreffende Spezialität des Bergjemens ist die getriebene **silberne Hohlkugel**. Manche dieser Stücke sind so schön gearbeitet, daß sie einzeln als Anhänger dienen können. Ansonsten reiht man sie zu prächtigen Ketten. Doch auch in der Kombination mit Amulettbehältern, Kettengliedern, filigranbesetzten Zwischenstücken, Korallen und Amberperlen sind Hohlkugeln wichtiger Teil schöner Schmuckensembles. Für die Kugeln gilt dasselbe wie für manches andere Stück jemenitischer Silberschmiedekunst: Die schönsten Kugeln stammen aus dem Bestand der dreißiger und vierziger Jahre; die heutige Produktion fällt dagegen ab.

Silberne Hohlkugeln aus den vierziger Jahren

Sitten und Gebräuche

Familienfeste

Die Familienfeste der Jemeniten und öffentlichen Feierlichkeiten sind ebenso von Religion und Stammesregeln mitbestimmt wie alle anderen Lebensäußerungen auch. Das höchste und freudigste Familienfest, die Eheschließung eines Sohnes oder einer Tochter, wird womöglich in eine Feiertagszeit gelegt, z. B. in die Festzeit nach Abschluß des Fastenmonats Ramadan (*id al-fitr*) oder in die nach der Pilgerzeit (*id al-adha*). Beide Feste dauern drei bis vier Tage, und die Menschen haben sich ohnehin, soweit wie möglich, neu eingekleidet. Zu beiden Festen besuchen sich Verwandte und Nachbarn gegenseitig und tauschen Geschenke aus. Wer das Geld dazu hat, läßt ein Zelt auf der Gasse oder auf einem Platz errichten, in dem seine Freunde mit Kaffee, Tee oder gar der milden Droge Qat erfreut werden. Findet gleichzeitig eine Hochzeit statt, wirkt es kostendämpfend, wenn die Bewirtung der vielen Gäste zwei Anlässen dient.

Die Kosten einer Hochzeit sind für die Veranstalter, die Familien von Bräutigam und Braut, beträchtlich. Schon so manche Eheschließung mußte hinausgeschoben werden, weil es an dem nötigen Geld fehlte. Der Bräutigam hat dem Vater der Braut ein Brautgeld zu zahlen, dessen Höhe sich nach dem Status der Erwählten richtet. Aber es wäre falsch, hier von einem ›Brautkauf‹ zu sprechen. Vielmehr deponiert der Bewerber bei seinem künftigen Schwiegervater einen Betrag, der dessen Tochter zufällt, sollte der Ehemann ohne sehr triftigen Grund (z. B. Kinderlosigkeit) vom Recht der Scheidung Gebrauch machen. Zudem hat der Brautvater seiner Tochter eine Mitgift zu gewähren, die im Geldwert mindestens der hinterlegten ›Kaution‹ entspricht.

Die meisten Ehen werden im Jemen auch heute noch von den Eltern des Bräutigams und der Braut gestiftet. Die Eltern wählen die Ehepartner, wobei die Mutter des Bräutigams oft eine maßgebende Rolle spielt. Man tendiert stark dazu, künftige Ehepartner aus dem Kreis der entfernteren Verwandtschaft auszusuchen, weil man dann über Bräutigam und Braut von vorneherein viel mehr weiß. Auch lassen sich Vermögensfragen im Rahmen der weiteren Familie leichter regeln als zwischen zwei einander fremden Familien. Für den Bund zwischen zwei jungen Menschen aus verschiedenen Familien benötigt man Brautwerber und Informanten, die diskret Aufklärungsarbeit leisten.

In traditionsbewußten Familien haben Söhne oder Töchter selber wenig oder gar keinen Einfluß auf die Partnerwahl. Ob überhaupt, hängt stark vom Bildungsstand und -grad der Betreffenden ab. Ist die künftige Braut Studentin, könnten ja durch den Schleier hindurch ihre Blicke schon einmal wohlwollend auf einen Kommilitonen gefallen sein. Danach ist es entscheidend, ob die junge Frau in ihrer

Bei einer vornehmen Hochzeit fällt die Qatrunde im Mafraj, dem Wohnzimmer des Hausherrn, besonders üppig aus.

Familie einen einflußreichen Verwandten hat, z. B. einen Bruder, der Beziehungen zur Familie des jungen Mannes besitzt oder diese knüpfen könnte. Grundvoraussetzung wäre aber auch hier, daß die beiden Familien ›zueinander passen‹, d. h. im sozialen und wirtschaftlichen Status einander ebenbürtig sind.

Rechtlich kommt es zu einer Eheschließung dadurch, daß im Beisein eines islamischen Rechtsgelehrten der Ehevertrag unterzeichnet wird. Häufig werden die Brautleute dabei von ihren Vätern oder Vormunden vertreten. Formal ist die Einwilligung der Frau zur Ehe nicht erforderlich, und es geschieht oft, daß der Mann seine ihm mit Vertrag schon verbundene Ehefrau in der Hochzeitsnacht zum ersten Mal sieht.

Wer traditionsgemäß die Ehe schließt, feiert auch das dazugehörige Fest nach strengem alten Brauch. Im Festzelt werden Hammelfleisch und Berge von dampfendem Reis sowie gebratene Hühner, Schüsseln gekochten Rindfleischs, Fladenbrote, Obst und Datteln, auch Kuchen und Kekse auf Bastmatten gehäuft. Zu trinken gibt es viele Limonaden, Mineralwasser und Tee, seltener Kaffee, jedoch häufig *Qishr*, den aus Kaffeeschalen gebrühten und stark gewürzten Aufguß.

Der Bräutigam feiert sein höchstes Fest in Gesellschaft männlicher Familienangehöriger und vieler Freunde im eigenen Elternhaus, die Braut im Kreise weiblicher Verwandter und Freundinnen in ihrem Zuhause. Die getrennten Feierlichkeiten erstrecken sich über bis zu vier Tagen. Danach geleiten die Freunde des Ehemannes diesen zum Haus der Brauteltern, damit er die – noch tief verschleierte – vertraglich ihm schon zugehörige Gattin in das eigene Haus führe.

Danach tanzen die Freunde zur Musik auf der Straße. Salven von Gewehrfeuer verkünden später das Ende der Hochzeitsnacht.

In der patriarchalischen Gesellschaft des Jemens ist für jede junge Familie die Geburt eines Knaben, besonders wenn es sich um das erste Kind handelt, ein Ereignis von größter Bedeutung. Folglich wird es dann auch mit einem großen Freudenfest begangen. Der glückliche Vater läßt ein opulentes Festmahl herrichten und lädt männliche Verwandte und Freunde dazu ein, selbst wenn er sich das Geld dazu borgen müßte. Zwar machen die Gäste der Mutter des Neugeborenen Geschenke, doch die Kosten des Festes und der unvermeidlichen Qatsitzung übersteigen weit deren Geldwert.

Noch aufwendiger ist das Ritual, mit dem man den Übertritt des Knaben in die Gesellschaft der Männer symbolisiert: Die Beschneidung wird in allen Teilen des Landes vollzogen, im Gebiet der Bergbauern ebenso wie in den Wüstenzonen. Am feierlichsten ist sie in jenen Bevölkerungsgruppen anzutreffen, die aus Afrika stammen, also vorzugsweise in der Tihama. Der Ritus führt den Knaben als jungen Krieger der Männergruppe zu; nun bekommt er – Symbol der neuen Würde – seine erste Djambiya. Die Aufnahme findet je nach Region zwischen Kindheit und Pubertät im Alter von sieben bis vierzehn Jahren statt. Bei einigen Stämmen des Bergjemens werden allerdings die männlichen Säuglinge schon im zarten Alter von sieben Tagen beschnitten, und die Bewirtung der Gäste gehört noch zum Freudenfest über die Geburt eines Knaben.

Bei den Stämmen in der Tihama und im Vorgebirge beginnt das Beschneidungsfest schon am Vorabend. Es versammeln sich fast alle Bewohner eines Dorfes oder des engeren Stadtviertels. Die Frauen bilden singend und tanzend einen Kreis um den Jungen. Gesang und Musik dauern die ganze Nacht hindurch. Am frühen Morgen wird ein Schaf geopfert, und danach führt der Vater den Sohn zur Männergruppe.

Als sichtbares Zeichen seiner Fähigkeit, den Stamm als Krieger verteidigen zu können, hält der Knabe die Djambiya über seinen Kopf. Zusammen mit seinem Paten übt er den Kriegstanz, den die anwesenden Männer mit schwingenden Dolchen und Gewehren auf den Schultern ebenfalls vollziehen. Tanz und Musik versetzen den Knaben in einen leichten Rausch und bereiten ihn psychisch auf die Operation vor. Die Beschneidung wird meistens von einem Barbier ausgeführt.

Rausch oder kein Rausch – der Qatgenuß

Mit dem Islam hat das Kauen von Qat nichts zu tun. Oder vielleicht doch? Ist Qat eine Droge und infolgedessen vielleicht ein Ersatz für die verbotene Droge Alkohol? Eine Antwort auf solche Fragen wird in der jemenitischen Öffentlichkeit nicht gegeben. Der Genuß von Qat ist derart weit verbreitet, daß es fast die gesamte Nation zu

Frevlern stempeln würde, wenn ein religiöses Verdammungsurteil gegen die ›grüne Droge‹ käme. Diskussionen hat es unter Korangelehrten in der Vergangenheit zu dem Thema schon gegeben. Die Urteile fielen aber meistens wertneutral aus, d. h. die Argumente für und wider den Qat hielten einander die Waage. Rang ein Gelehrter sich einmal zu einer deutlichen Ablehnung des Qatgenusses durch, so kam stets noch sehr schnell ein Gegengutachten aus der Feder oder dem Mund eines ebenso gelehrten Vorbeters oder Richters.

Was die Theologie nicht zu meistern vermochte, hat der Wissenschaft keine Ruhe gelassen; nämlich Antworten zu geben auf Fragen wie: Ist Qat nun eine Droge, bewirkt sein Genuß einen Rausch, welches sind die Auswirkungen dauernden Qatkauens? Bezeichnenderweise waren es vor allem westliche Wissenschaftler, die dem Phänomen Qat auf die Spur zu kommen suchten, angefangen mit dem schwedischen Botaniker Peter Forskal. Der Schwede gelangte zusammen mit Carsten Niebuhr 1762 in den Jemen, wo er im folgenden Jahr auf der beschwerlichen Reise nach San'a' verstarb. Forskal hatte jedoch noch Zeit genug gehabt, die eigenartige Pflanze zur Kenntnis zu nehmen, die er *Catha edulis* nannte. Niebuhr publizierte 1775 die Erkenntnisse seines verstorbenen Reisegefährten und gebrauchte dabei die Bezeichnung *Catha edulis Forskal.*

Täglicher Qateinkauf auf dem Markt

Es bedurfte vieler Jahrzehnte der Forschung, um Cathinon als Inhaltsstoff der Qatpflanze zu isolieren und zu analysieren. Danach hat man die Alkaloide Cathin und Cathinon als verantwortlich für die zentral erregende Wirkung des Blättersaftes beim Qatkauen ermittelt. Heute sieht die Wissenschaft in der Freisetzung von Dopamin im Zentralnervensystem die wesentliche Wirkung des Cathinons. Also doch eine Droge? Namhafte Forscher ordnen *Catha edulis Forskal* aufgrund seiner pharmakologischen Eigenschaften, nämlich wegen der euphorisierenden und erregenden Wirkung, zusammen mit Kampfer, Tee, Kaffee oder Betel in die Gruppe der *Escitantia* ein.

Beim Qatkauen kommt es nach etwa zwanzig Minuten zu einem als angenehm empfundenen Stimulierungseffekt. Die an einer Qat sitzung teilnehmenden Personen befinden sich in einem Zustand allgemeinen Wohlbefindens; das Denken und Erinnern fällt leichter. Zudem stellt sich ein Rededrang bei den Qatkauern ein. Dieser wird durch eine geschärfte Beobachtungsgabe und zunehmendes Konzentrationsvermögen bestimmt, so daß die stattfindenden Gespräche sich meistens auf einem hohen Niveau bewegen. Politische, historische, gesellschaftliche und auch literarische Themen stehen zur Diskussion. Oft werden in der Qatrunde Gedichte vorgetragen.

Qatsitzungen dienen nicht nur dem Vergnügen, sondern finden häufig aus geschäftlichen Anlässen statt. Sehr gewichtige Verträge sind während der Euphoriephase des Qatgenusses abgeschlossen worden. Es fragt sich, ob die vertragsschließenden Parteien in der später unweigerlich folgenden Depressionsphase mit den getroffenen Vereinbarungen noch genauso einverstanden waren wie am An-

»Steht nicht bei etwas Qat anfangs ein Rausch und am Ende Betrübnis, gleich dem, was der Wein verursacht?« (Al-Qadi Ali Ibn Yahya Al-Iriani 1939 in einer Qaside gegen den Qatgenuß)

fang. Jedenfalls tritt etwa drei Stunden nach Beginn einer Qatsitzung der Abschwung ein, allgemeine Mattigkeit verbreitet sich, und die Teilnehmer zeigen deutlich Konzentrationsschwächen.

Würde Qat nur bei Festlichkeiten gekaut und in den geschlossenen Runden wohlhabender Kreise, so könnte man die Droge als gesellschaftlich akzeptiertes Genußmittel abtun. Aber Qat wird jeden Tag gekaut und nicht nur von den Reichen, sondern auch von den einfachen Leuten, die es sich eigentlich gar nicht leisten können. Die Händler auf dem Markt sitzen spätestens ab 15 Uhr mit bis zur Tennisballgröße geschwollener Backe in ihren Buden, ebenso die Hotelportiers hinter den Empfangstresen und – schlimmer noch – die Taxifahrer und Busfahrer hinter den Steuerrädern. Die Preise für die täglich frisch angelieferten Blätter sind hoch. Zahllosen Familien entzieht der Qateinkauf finanzielle Mittel, die besser für Nahrung, Hygiene und Bildung ausgegeben wären.

Es lassen sich jedoch auch positive Argumente für den Anbau von Qat finden. Mit keinem Agrarprodukt können die Bauern soviel Geld verdienen wie mit den frischen Blättern dieser Pflanze, die in denselben Höhenlagen wie der Kaffeestrauch wächst, nämlich in etwa 1200 bis 2000 m Höhe. Darüber hinaus kann Qat jedoch auch noch in bis zu 2500 m Höhenlage kultiviert werden und stellt deutlich geringere ökologische Ansprüche als Kaffee. Kleinbauern schaffen deswegen oft an den höchsten Stellen steiler Hänge in Schwerstarbeit noch schmale Terrassen, auf denen – etwa vier Jahre nach der Anpflanzung – nur einige wenige Qatsträucher gedeihen und durch ihren Geldwert den Arbeitsaufwand rechtfertigen.

In den achtziger Jahren, als über eine Million jemenitischer Männer in Saudi-Arabien und den Golfstaaten arbeiteten, setzten ihre Frauen und die zuhause gebliebenen alten Männer ihre ganze Kraft für den Erhalt der Qatkulturen ein und retteten so das bereits notleidend gewordene System der Terrassenwirtschaft.

Davon abgesehen, hat der Jemen wohl nur Nachteile von der Qatsucht der meisten seiner Bewohner. Die Regierenden sind sich dieser Tatsache bewußt. Anderenfalls hätte der damalige Ministerpräsident Mohsen al-Aini 1972 in San'a' nicht ein Dekret erlassen, das den Qatkonsum verbot und die Vernichtung der Gewächse auf regierungseigenem Boden sowie auf dem Boden religiöser Stiftungen ankündigte. Das Dekret blieb ohne jede Auswirkung und ist inzwischen anscheinend vergessen.

Im damals selbständigen Südjemen setzten die Sozialisten mit einiger Gewaltanwendung durch, daß Qat öffentlich nur am islamischen Wochenende, also donnerstags und freitags, verkauft und genossen werden durfte. Die in Aden ergangene Qatverordnung verlor 1990 ihre Gültigkeit, doch wird im Süden deutlich weniger Qat als im Norden konsumiert, wahrscheinlich auch deswegen, weil die früheren ›Südstaatler‹ weniger Geld für die Droge übrig haben.

Galerie bedeutender Persönlichkeiten

Al-Hamdani
(um 900 n.Chr.)

Heute würden wir ihn einen Universalgelehrten nennen, aber in die Geschichte Arabiens und auch in die Geschichte seiner Erforschung ging der Jemenite Muhammad al-Hassan Ibn Ahmad al-Hamdani zunächst als Geograph ein. Immerhin ist sein Hauptwerk, die »Beschreibung der Arabischen Halbinsel«, der Geographie zuzurechnen; im 19.Jh. wurde es von der europäischen Forschung entdeckt. »Das wichtigste, was die Araber in der Geographie geleistet haben«, befand 1864 der Gelehrte Aloys Sprengers.

Nach und nach fand man heraus, daß Al-Hamdani auf vielen Gebieten versiert war. Schon zu Lebzeiten trug er den Beinamen »der Grammatiker«; er muß sich also um die Struktur der arabischen Schriftsprache verdient gemacht haben. In anderen alten Schriften fanden sich Hinweise auf Werke über Raubtiere und über das Bogenschießen; diese Manuskripte blieben jedoch verschollen. Von einem Handbuch Al-Hamdanis über mathematische Astrologie gibt es nur noch ein Fragment. Er genoß einen großen Ruf als Historiker, Dichter und Philologe.

Dem Jemen hat Al-Hamdani eine umfassende Darstellung seiner alten Geschichte und der antiken Stätten gewidmet. Vier von zehn Bänden dieses »Al-Iklil« (Das Diadem) genannten Werks sind der Nachwelt erhalten geblieben. Die Südarabien-Forschung verdankt ihm sehr viel. »Für die Kenntnis der südarabischen Stammesverhältnisse ist ... Al-Hamdani unsere wichtigste Autorität«, stellt Walter W. Müller fest.

Wohl weil Al-Hamdani zeitweise in Sa'dah lebte, wo damals Eisenerz verhüttet wurde, befaßte er sich auch mit dem Bergbau. Erhalten blieb ein Werk über Gewinnung und Verarbeitung von Gold und Silber. Ende 1980 entdeckte ein jemenitisch-französisches Forscherteam rund 50 km nordöstlich von San'a' ein Silberbergwerk wieder, das Al-Hamdani vor über 950 Jahren beschrieben hatte. Im selben Werk berichtet Al-Hamdani über die Tätigkeit der Münzämter in San'a' und in Sa'dah.

Gelang es der Forschung, die erhalten gebliebenen Stücke des Gesamtwerks von Al-Hamdani aufzuarbeiten, so brachte sie über den Lebensweg des Universalgelehrten bisher beklagenswert wenig heraus. Man weiß nicht einmal genau, wann er in San'a' geboren wurde, und ebenso herrscht über das Todesjahr Unklarheit; wahrscheinlich ist Al-Hamdani in den Jahren zwischen 950 und 960 verschieden.

Wenigstens in einem Punkt herrscht Gewißheit: Der große jemenitische Gelehrte hat im Gefängnis gesessen. Walter W. Müller meint, daß Al-Hamdani in Sa'dah mehr als einmal in den Kerker

Arabische Münzen aus der Zeit von Al-Hamdani, vorwiegend geschlagen im Namen des Kalifen zu Bagdad. Al-Hamdani trat für die Prägung eigener jemenitischer Münzen ein, die jedoch noch rund 200 Jahre auf sich warten ließen.

»Al-Hamdani tritt aus der Geschichte als eine Art Freigeist hervor, als ein unabhängiger Intellektueller, der Ungeduld empfand über die tradierten Fahrspuren, in denen die Gelehrsamkeit seiner Zeit festgefahren zu sein schien.«
(H. St. John Philby)

wanderte, da er in die politischen und religiösen Streitereien zwischen den damals im Jemen aufkommenden Zaiditen und ihren Widersachern verstrickt worden war. Schon in den dreißiger Jahren vermutete der Islamforscher Carl Brockelmann ähnliches: Im 10. Jh. hätten immer noch, wie zu den Zeiten der Sabäer und Himyaren, die alten adeligen Machthaber in ihren Burgen gesessen und nach Gutdünken schalten und walten können, solange sie nur dem Statthalter des Kalifen in San'a' einigermaßen regelmäßig den Tribut zahlten. Al-Hamdani sei wohl mehrmals mit diesen »über seine Standesgenossen sich erhebenden politischen Kräfte« in Konflikt geraten. Wenn diese Vermutung stimmt, war der geniale Gelehrte auch noch ein verhinderter Reformer.

Arwa Bint Ahmad
(um 1050 bis 1138)

Jemenitische Frauenrechtlerinnen unserer Tage sehen in ihr eine Vorkämpferin, und während ihrer eigenen Zeit soll sie vom Volk »die zweite Bilqis« genannt worden sein. Die Rede ist von Arwa Bint Ahmad as-Sulayhi, von Arwa, der Tochter Ahmads, eingeheiratet in das Geschlecht der Sulayhi. Ein Ali Ibn Muhammad as-Sulayhi hatte etwa 1047 in der Bergregion südwestlich von San'a' (Jabal Haraz) einen religiös begründeten Aufstand angezettelt und schließlich San'a' erobert. Gestützt auf die fatimidisch-schiitische Auslegung des Islams, gestützt aber auch auf die materielle Kraft der damals in Ägypten herrschenden Fatimiden, wurde Ali Ibn Muhammad Herrscher über große Teile des Bergjemens und die Küstenebene am Roten Meer. Sein Sohn und Nachfolger, Al-Mukarram Ahmad, ging im Jahr 1069 eine Ehe mit Arwa Bint Ahmad ein. Wohl fünf Jahre später übertrug der Sultan die Staatsgeschäfte seiner Frau. Etwa 1074 trat Arwa Bint Ahmad als Königin (Malika) in Erscheinung.

Königin Arwa habe den Thron zwar geerbt; »gleichwohl fühlte sie sich ihrem Volk gegenüber verantwortlich, und viele sehen sie als die bedeutendste Herrscherin an, die es im Islam gegeben hat«, urteilt eine heute lebende jemenitische Politikerin. Wir können allerdings nicht mehr überprüfen, wie das Verhältnis der Malika zum Volk wirklich gewesen ist, dürfen aber sicher sein, daß Arwa Bint Ahmad sehr energisch geherrscht hat. Immer wieder mußte sie ihre Herrschaft gegen Angriffe von außen und Umsturzversuche im Innern verteidigen. Blutige Kämpfe gab es vor allem mit den Najahiden in der Tihama, einer von dem schwarzen abessinischen Sklaven Najah gegründeten Regionalherrschaft. Vielleicht wollte Malika Arwa der umkämpften Region räumlich näher sein, als sie 1087 Jiblah statt San'a' zur Residenzstadt machte.

Wenn die wissenschaftlich noch ungesicherte Überlieferung zum Leben und Regieren der Arwa Bint Ahmad recht hat, dann blieben ihr in Jiblah noch 51 Jahre. Im Alter von 88 Jahren soll sie dort 1138

Die Lithographie aus dem 19. Jh. zeigt eine furchtlose arabische Prinzessin beim Angriff auf eine Stadt; so ritterlich stellt man sich im Jemen die Königin Arwa Bint Ahmad vor, die ihre Herrschaft gegen stete Angriffe von innen und außen mit dem Schwert zu verteidigen wußte.

gestorben sein und wurde in der Hauptmoschee zu Jiblah beigesetzt. Mit ihrem Tod endete die Dynastie. Jedenfalls sollen diese Jahrzehnte eine glanzvolle Epoche der sulayhidischen Herrschaft über den südlichen und westlichen Jemen und die Tihama gewesen sein. Es war sicherlich in jener Zeit, als die Menschen von ihr als der »zweiten Bilqis« oder »Bilqis der Jüngeren« zu sprechen begannen.

Bilqis die Ältere war und ist für viele Jemeniten die legendäre Königin von Saba, die laut Bibel und Koran König Salomo in Jerusalem besucht haben soll.

Ob die Königin Arwa Bint Ahmad sich selber in der Nachfolge der Königin von Saba gesehen hat, wissen wir nicht, den Menschen jener Periode drängte sich ein solcher Vergleich jedenfalls auf. Im Koran hat die Königin von Saba keinen Namen. Zu Arwa Bint Ahmads Lebenszeit war es hingegen schon etwa 200 Jahre lang üblich, daß arabische Religionsgelehrte und auch Dichter die legendäre Königin von Saba Bilqis nannten. So kam im Gedächtnis des Volkes Bilqis die Erste zustande, der man den Bau von Tempeln in Ma'rib zuschrieb. Der zweiten Bilqis, Arwa Bint Ahmad, widmete das Volk ein Naturdenkmal: den schroffen Vulkankegel bei Hammam Damt, den es bis heute »Thron der Bilqis« (Arsh Bilqis) nennt.

Josef Ben Saadja
(um 1850)

Der jüdische Jemenite Josef Ben Saadja gilt als einer der bedeutendsten Vertreter seines Volkes im 19.Jh. Wir wissen von ihm durch Jakob Saphir, der von 1857 bis 1863 im Auftrag des Jerusalemer Rabbinats Ägypten, den Jemen und Indien besucht und in seinem Reisebericht Josef Ben Saadja besonders herausgehoben hatte.

Josef Ben Saadja wird darin zuerst als Mori vorgestellt, was im Jemen Rabbiner bedeutet. Als Mori hat er Richter innerhalb seiner Gemeinde, oberste Instanz in religionsgesetzlichen Konflikten, Prediger, Schächter, Vorbeter und Synagogendiener in einer Person zu sein. Da der Mori mit all seinen Ämtern nur ein Viertel bis ein Drittel seines Lebensunterhalts verdient, muß er noch einen anderen Beruf ausüben. Josef Ben Saadja hat zusätzlich den Beruf eines Eisenschmieds gewählt (oder hat er ihn ererbt? Das ist eher wahrscheinlich, denn Vater und Bruder helfen ihm bei der schweren Arbeit.). Seine Werkstatt hat er in einem Gewölbe am Abhang des Stadtberges. Dort stellt er Waffen, Pflüge, Spaten, Hämmer, Harken und überhaupt allerhand landwirtschaftliche Geräte her.

Der Mori Joseph Ben Saadja erscheint vor uns als ein jüdischer Religionsgelehrter und Intellektueller, der gleichzeitig Schwerstarbeit verrichtet und als echter Patriarch die eigene Familie und die Gemeinde streng, aber gerecht lenkt. In seinem Schmiede-Gewölbe trifft er religionsgesetzliche Entscheidungen, richtet und erteilt Rat jedem, der Rat bei ihm sucht. Gegen Abend nimmt er seine Arbeits-

Zwei Generationen nach dem weisen Rabbiner Josef Ben Saadja ist die Tradition ungebrochen: Juden beim Thora-Studium in der Synagoge von San'a', fotografiert von Hermann Burchardt, 1907.

geräte und trägt sie auf dem Rücken hinauf zu seinem Haus. Damit ist die Nachtruhe aber noch nicht gekommen: Man geht noch in die Synagoge, wo nach dem Abendgebet gelernt wird.

Der Mori Ben Saadja besitzt eine bewundernswerte Kraft des Gedächtnisses. Er beherrscht die Bibel und ihre Kommentare ebenso wie den Talmud auswendig. Der Gelehrte und Eisenschmied hat Schriften über die Kabbala verfaßt und gibt sich mit praktischer Kabbala und Astrologie ab. Er verfertigt Amulette und verschreibt Medikamente; auch Muslime erbitten sie von ihm, da er neben hebräisch noch arabisch schreibt. Josef Ben Saadja ist hoch angesehen, auch bei der Obrigkeit.

Wird hier eine fiktive Idylle beschrieben, malt ein reisender Rabbi sein traumhaftes Wunschbild? Wir haben keine Veranlassung, daran zu zweifeln, daß Jakob Saphir im Jemen des 19.Jh. irgendwo diese heile Welt einer jüdischen Gemeinde gefunden hat. Man erfährt nicht, wo genau der Mori Ben Saadja gewirkt hat. Es muß an einem Platz gewesen sein, der von den damals tobenden heftigen Kämpfen um die zweite osmanische Besetzung des Landes unberührt geblieben ist. Sa'dah, das zu jener Zeit die feste Hochburg des Imamats war, kommt in Frage. Dort fühlten die Muslime sich in ihrer Oberhoheit nicht bedroht und konnten mit den jüdischen Schutzbefohlenen in Harmonie leben.

Alle Müh und Plag und dazu die Frömmigkeit bringen auch Segen. Jakob Saphir berichtet, daß Josef Ben Saadja ein zweistöckiges Haus mit wohlausgestatteten Zimmern voller Bücher und kostbarer Geräte besitzt. Die Speicher sind gefüllt mit Weizen, Gerste, Dura (Hirse), Bohnen, Linsen, Rosinen, Wein, Honig, Kochbutter, Kaffee, Nüssen und Mandeln. Er hat drei Frauen. Die Frauen mahlen, backen, kochen, sammeln Holz auf den Feldern und holen Wasser von der Quelle unten im Tal, waschen, tünchen und nehmen auch sonst die nötigen Ausbesserungen am Haus oder am Hausgerät vor. Und all dies mit größter Sauberkeit, Reinheit und Heiligkeit. Jakob Saphir endet den Bericht mit folgenden geschriebenen Triumphrufen: »Das ist wahrhaftig, was unsere Weisen gesagt haben! Gut ist die Tora zusammen mit Arbeit! Heil ihnen in dieser Welt und in jener!«

Hermann Burchardt

(1857-1909)

Er war nur einer in der wachsenden Zahl von Forschungs- und Entdeckungsreisenden im Südwestarabien der vorigen Jahrhundertwende, und er war gewiß nicht der gelehrteste in dieser Reihe. Dennoch war Hermann Burchardt, der Orientalist aus selbstbestimmter Leidenschaft, eine Besonderheit. Herkunft und Erziehung hatten für ihn den Beruf eines kaufmännischen Angestellten in Berlin vorgesehen. Doch kaum war er durch eine Erbschaft zu etwas Geld gekommen, begann er zu reisen.

Hermann Burchardt mit seinem Führer im Jemen, Foto von 1908

Gegen Ende der achtziger Jahre des vorigen Jahrhunderts reifte in Hermann Burchardt der Entschluß, den Vorderen Orient, die islamischen Länder, in den Mittelpunkt privater Studien zu stellen. Als über dreißigjähriger Mann begann er das Seminar für Orientalische Sprachen in Berlin zu besuchen. Zwei Jahre lang studierte er das Arabische, um 1893 nach Damaskus überzusiedeln. Von dort aus unternahm er Reisen zu den umliegenden arabischen Ländern und nach Persien sowie nach Ostafrika, schließlich auch zum Jemen.

Als Hermann Burchardt im Frühjahr 1909 wieder im Jemen eintraf, hatte er das Land zuvor schon zweimal besucht. Die beiden vorausgegangenen Reisen waren für ihn eine unauslöschliche Erinnerung geblieben, die er gerne auch mit anderen Menschen geteilt hätte. Doch Hermann Burchardt konnte sich in Wort und Schrift nicht gut mitteilen. Er wirkte wortkarg, verschlossen, in sich gekehrt; vor einen größeren Kreis von Menschen mochte er nicht treten. Auch seine Aufzeichnungen waren nur knapp, vielfach flüchtig skizziert. Andererseits hatte er ein Medium entdeckt, das ihm helfen würde, die Introvertiertheit zu überwinden: die Fotografie. Deswegen stattete er sich für seine zweite und dritte (seine letzte) Jemenreise mit einer Kamera und dem nötigen Zubehör aus. Mit der Fotokamera wollte er der Außenwelt die Faszination des Jemens näherbringen.

Eine Fotoausrüstung im Jahre 1909! Hermann Burchardt benötigte ein Maultier, allein um die Kästen, Platten, das Stativ und das restliche Zubehör durch die Bergwelt des Jemen zu bringen. Aber er suchte unermüdlich »das Größte und das Kleinste auf der Platte festzuhalten, und er hat oft unter schwierigen Verhältnissen, gelegentlich unter Lebensgefahr, photographiert«, wie es in einem Nachruf auf diesen verhinderten Fotoreporter hieß.

Hermann Burchardt bereitete sich 1909 monatelang in San'a' auf weitere Reisen im Land vor. Er nahm Unterricht in jemenitischen Dialekten, besuchte oft einen langjährigen, in San'a' ansässigen Bekannten, den italienischen Kaufmann Giuseppe Caprott; vor allem aber klärte er die Reisepläne mit den Machthabern ab. Das waren damals der Statthalter des Osmanischen Sultans und der über Teile des Landes herrschende Imam Yahyah. Bei beiden stand Hermann Burchardt in hohem Ansehen, und so stellten sie ihm Schutz- und Empfehlungsbriefe aus. Am 9. November 1909 brach dann eine kleine Karawane ab San'a' zur Fotoexpedition auf: Hermann Burchardt, dessen jemenitischer Sekretär Ahmad Ibn Muhammad al-Garadi, etliche Reit- und Lasttiere sowie ein Soldat. Das erste Ziel war Al-Mukha, wo sich der italienische Vizekonsul Luigio Benzoni zu Burchardt gesellte.

Ab dem 9. Dezember 1909 reisten Burchardt und Benzoni gemeinsam in Richtung Ta'izz, wo sie schon drei Tage später eintrafen. Am 15. Dezember wurde von Ta'izz nach Jiblah aufgebrochen, am 18. von Jiblah nach Ibb. Dort mußte Burchardt seinen an Fieber erkrankten Sekretär versorgen, wollte aber dennoch nicht auf den geplanten Besuch des etwa 30 km entfernt gelegenen Ortes Al-Udayn verzichten. Nach Al-Udayn brachen die beiden Europäer am 19. Dezember 1909 mit vier Bewaffneten auf, die der lokale türkische Befehlshaber ihnen verordnet hatte. Die mitgeschickten Bewaffneten halfen aber ebensowenig wie die Schutzbriefe des osmanischen Paschas und des jemenitischen Imams. Hermann Burchardt hatte eben von der Paßhöhe aus auf Al-Udayn sein letztes Foto überhaupt gemacht und stieg mit seinen Begleitern zum Wadi hinab, da wurden sie aus dem Hinterhalt überfallen. Banditen schossen eine Flintensalve ab; die beiden Europäer waren sofort tot, zwei Soldaten schwer verwundet. Die Banditen entkamen, allerdings ohne nennenswerte Beute.

Ahmad Muhammad al-Garadi, der jemenitische Sekretär Burchardts, berichtete dann noch über die Heimholung der beiden Leichen durch Beauftragte der italienischen Regierung, die damals schon einen Stützpunkt im benachbarten Eritrea hatte. Al-Garadis

»Der Pascha versucht mich zu bestimmen, nach Yerim zu reisen. Ich protestiere und setze durch, daß er mir Begleitung nach Demt (Hammam Damt) gibt. Es hatte sich nämlich das Gerücht verbreitet, ich hätte Kisten mit Gold bei mir, und er fürchtet die Habgier der Leute.«
(Aus dem Tagebuch Hermann Burchardts)

Tagebuch vermerkt (in der Übersetzung von Eugen Mittwoch): »Dann kamen die Herren an und mit ihnen ein Bataillon zur Bedeckung. Sie verweilten in Ibb vier Tage lang. Am fünften Tag brachen sie nach Al-Udayn auf... Sie nahmen die Herren aus ihren Gräbern heraus, hüllten sie in Leichentücher und trugen sie auf Kamelen in Kisten.«

Muhammad Mahmud as-Zubayri

(ca. 1910-1965)

Muhammad Mahmud as-Zubayri im traditionellen Habit eines Kadi. Das Richteramt übte der revolutionäre Dichter 1942 für kurze Zeit in Ta'izz aus, bevor er ins damals britische Aden exilierte.

Er war ein Dichter, der kein literarisches Werk hinterlassen hat. Gewiß, einige seiner Gedichte sind noch in jemenitischen Schulbüchern nachgedruckt, und sie werden auch in offiziellen Werken zitiert. Das ist aber auch schon alles, was vom dichterischen Werk des Muhammad Mahmud as-Zubayri geblieben ist, sieht man einmal von politischen Analysen und Pamphleten aus der Zeit Imam Yahyahs ab. Dennoch benutzen Festredner an nationalen Feiertagen immer wieder das Klischee, As-Zubayri habe »die Revolution herbeigeschrieben«. Als jene Revolution mit einem Putsch am 26. September 1962 begann, ging sie allerdings vom Militär aus. Die große Masse der Jemeniten konnte damals weder lesen noch schreiben, war also für den Dichter gar nicht erreichbar. Oder doch? Schauen wir einmal genauer hin.

Muhammad Mahmud as-Zubayri, Sohn eines wohlhabenden Grundbesitzers, hatte das seltene Privileg genossen, als 28jähriger nach Ägypten zum Studium reisen zu dürfen. Drei Jahre lang widmete er sich in Kairo dem Rechtsstudium, auch dem des islamischen Rechts, um 1941 in den Jemen zurückzukehren. As-Zubayri hatte in der ägyptischen Hauptstadt Kontakte zu Denkern gehabt, die mit den Zuständen im eigenen Land und in der ganzen arabischen Region höchst unzufrieden waren und nach Wegen zu einer gesellschaftlichen Erneuerung suchten. Im Licht neuer Erkenntnisse erschien ihm die Rückständigkeit des damaligen Jemens nun unerträglich, und er begann, wie eine Handvoll anderer Intellektueller, nach der Reformierung des archaischen Regierungssystems zu rufen.

Eine Zeitlang ließen die Herrschenden, d. h. Imam Yahyah und seine zahlreichen Söhne, den Erneuerer As-Zubayri gewähren; dann wurde er auf Veranlassung des Imams eingekerkert. Die Haftzeit dauerte fast ein Jahr. Muhammad as-Zubayri machte sie sich und seinem Anliegen zunutze, indem er auf die uralte und im Jemen hochrespektierte arabische Kunstform des Zweckgedichtes (s. S. 81), der Qaside, zurückgriff. Mit ihrer Hilfe entwickelte er eine raffinierte Methode der politischen Werbung für Reformen. Er begann Gedichte zu schreiben, in denen die Utopie einer glanzvollen Erneuerung des Jemens unter Führung des Imams vorgegaukelt wurde. Und Imam Yahyah, so verknöchert und tyrannisch er auch sein mochte, ließ den eingekerkerten Dichter zunächst gewähren. Der Herrscher empfand sich selber als Dichter; viele seiner politischen Schachzüge im ständigen Spiel um die Erhaltung der Macht hatte er den Stammesführern in gereimter Form nähergebracht.

Nach der Entlassung As-Zubayris aus dem Gefängnis ließ Kronprinz Ahmad den Dichter wissen, daß er ihm wohlgesonnen sei. Ahmad residierte als Gouverneur in Ta'izz, wo er 1942 und 1943 etliche der Erneuerer um sich versammelte. Auch As-Zubayri übersiedelte von San'a' nach Ta'izz, wurde zum Kadi, zum Richter ernannt und schrieb ein ›Reform‹-Gedicht nach dem anderen. Zwar erreichte er damit nicht das Volk selbst, jedoch eine große Zahl der Gebildeten, deren politisches Bewußtsein er in zunehmendem Maße beeinflußte. Der Kronprinz begann darin eine Gefahr für den Bestand des Systems zu sehen und drohte eines Tages den Erneuerern, er werde sein Schwert mit ihrem Blut röten.

Jene Drohung ließ in den Oppositionellen die Überzeugung reifen, daß auf friedlichem Weg keine Reform der Verhältnisse im Jemen zu erzielen sein würde. Ab 1943 führten Muhammad As-Zubayri und seine Freunde den politischen Kampf gegen das Imamat vom britisch besetzten Aden aus. Dort gründeten sie 1944 die ›Partei der Freien Jemeniten‹, deren erste Generalversammlung As-Zubayri mit einem Gedicht eröffnete. Diesmal sprach der Dichter deutliche Worte. Von Wiedererweckung der Nation, Ausbrechen des Volkes aus dem Kerker und der Beseitigung des Tyrannen war die Rede. Der Mord an dem Tyrannen Imam Yahyah erfolgte 1948; verbunden mit einem schlecht organisierten Putsch, führte er zu einem schweren Rückschlag. Bis 1962 blieb das reformunwillige System unter Imam Ahmad bestehen.

Muhammad Mahmud as-Zubayri verbrachte ab 1943 die folgenden 14 Jahre im Exil in Aden. Von dort aus setzte er den Kampf um Reformen – nun allerdings um radikale Reformen – auf seine Art fort, nämlich vorzugsweise mit der Feder. Er publizierte Zeitungen und Flugblätter und schrieb immer wieder Gedichte. Diese wurden oft von Boten auswendig gelernt und mündlich im Jemen verbreitet. Mit »wunderschön gestalteten Briefen« an Imam Ahmad, wie ein Zeitzeuge bekundete, gelang es As-Zubayri sogar, das Los im Jemen eingekerkerter Gesinnungsfreunde zumindest zu lindern, »denn der Imam war sehr empfänglich für die Poesie und die Magik des Wortes und hat es niemals versäumt, auf sie zu reagieren, so tyrannisch er auch sonst war« (Ahmad Muhammad Ash-Shami).

Nach der Revolution von 1962 holten die neuen Herren den Dichter heim. Muhammad Mahmud as-Zubayri stieg zum Minister für Kultur auf. Er wurde 1965, mitten im Bürgerkrieg, auf offener Straße in San'a' von einem Überfallkommando der Königstreuen ermordet.

Reisen im Jemen

San'a'

San'a' ☆☆
Besonders sehenswert:
Nationalmuseum
Wohnhausfassaden am Saila
Altstadt-Markt
Samsarat al-Mansurah
Samsarat an-Nahas
Große Moschee
Silber-Suq

San'a' kurz vor der Jahrtausendwende ist eine Großstadt ersten Ranges, eine Einmillionenstadt. Die Zahl von einer Million Einwohnern war schon Ende 1996 erreicht. Das bedeutet eine Verzehnfachung innerhalb von 25 Jahren. Eine nennenswerte Stadtplanung begann erst auf halbem Weg von den 100 000 zur Million, und die für eine Großstadt unerläßlichen Dienste wie Müllabfuhr, Kanalisation, Frischwasser- und Elektrizitätsversorgung blieben bis heute stets einige Schritte hinter der ständigen Ausweitung zurück. Zudem sind die Jemeniten tatkräftige Individualisten. Ein jemenitischer Bauherr geht davon aus, daß es ganz allein seine Sache sei, wo und wie er sein Haus baut; gegen Vorschriften, Normen und Auflagen seitens der Behörden setzt er sich so lange wie möglich – und manchmal auch mit Erfolg – zur Wehr.

Ein Monster ist Groß-San'a' trotzdem nicht geworden. Man hat viel Platz gehabt und hat die neuen Verkehrsadern breit angelegt. Wenn es an Kreuzungen und Einmündungen dennoch zu chaotischen Situationen kommt, dann liegt das teils an der ungebändigten Art der Verkehrsteilnehmer, teils an Planungsfehlern.

»Man sagt, das Paradies liegt, wenn es sich im Himmel befindet, über San'a'; wenn es sich in der Erde befindet, so ist es unterhalb von San'a'.«
(Jemenitisches Sprichwort)

Eine durchgehend fehlerfreie Planung und einheitliche Gestaltung ist auch beim Auf- und Ausbau von Neu-San'a' nicht gelungen. Vor allem nach Norden und Süden hin hat sich Groß-San'a' mächtig ausgeweitet. Die vernachlässigte Gartenstadt Rawdah wird bald vom Stadtrand erreicht sein, und das alte, fast verlassene Bergdorf Bayt Baus hat noch drei oder vier Kilometer Spielraum bis zum südlichen Stadtrand. An der Ausfallstraße nach Ta'izz ist das städtische Wachstum besonders üppig. Dort sind neben anderen Zweckgebäuden auch zahlreiche Hotels neu entstanden, ausgeführt in einer Art neosüdarabischem Baustil. Die Gegend ist wegen des sehr starken Verkehrsaufkommens für Gäste mit leichtem Schlaf ungeeignet, und dort sind auch die Hemmungen, mit Beton und mit Zement-Hohlsteinen zu bauen, geringer als anderswo.

Fast genau in der Mitte eingebettet in das gebremste Chaos liegt das Juwel, Alt-San'a'. Es ist nicht völlig, jedoch weitgehend unberührt von den Auswüchsen der Moderne. Schon 1978 nahm die UNESCO Alt-San'a' unter ihren Schutz, indem sie die Stadt in die Liste erhaltenswerter Monumente des Kulturerbes der Menschheit einschrieb. Das stimulierte ab 1982 ausländische Geldgeber, Projekte für den Erhalt der Altstadt zu entwickeln. Die Deutschen entsandten Fachleute für das Planungsbüro und nahmen sich zudem der stark vernachlässigten Samsarat al-Mansurah an, einer Art Stadtkarawanserei aus dem 17. Jh. Zum Konzept des Projektes gehörte es von vornherein, das mit dem ursprünglichen Baumaterial wiederhergestellte Gebäude in Harmonie zu seiner bestehenden Umgebung neuem Nutzen zuzuführen. Ein anderer Teilhaber an der UNESCO-Kampagne, Norwegen, entschied sich für die Wiederherstellung der Samsarat an-Nahas (ehemals Khan der Kupferschmiede). Dieses Gebäude wurde als »Nationales Förderzentrum für das Handwerk« den Jemeniten übergeben.

◁ In der Altstadt, hier an der Talha-Moschee, begegnet man Hausfrauen am ehesten. Wie Frauen überall, haben sie Arztbesuche zu machen, wollen zu Verwandten gehen oder haben doch etwas eingekauft; doch in San'a' nie ohne Schleier.

Andere Anstrengungen, die Altstadt zu erhalten, sind den Jemeniten selbst zu danken. Bis zum Ende der siebziger Jahre gab es dort weder eine kommunale Frischwasserversorgung noch eine Kanalisation. Beides wurde dann in fast zehnjähriger Arbeit geschaffen. Viele heutige Besucher wissen nicht, daß die Hauptwege durch die Altstadt erst in den achtziger Jahren Pflasterung erhalten haben und bis dahin ebensolche Staubpisten oder – nach Regen – Schlammbetten waren, wie es heute immer noch die Nebengassen sind.

Anfang der achtziger Jahre hatte es so ausgesehen, als wäre das Juwel Alt-San'a' nicht zu retten. Damals erlebte die Hauptstadt einen Bauboom. Wer zu Geld gekommen war, baute ein neues Haus am fernen Stadtrand. Die Söhne reicher Bürger wollten eine eigene Familie nicht mehr unbedingt im Stammhaus der Großfamilie gründen. Immer mehr Wohlhabende kehrten der Altstadt den Rücken. Zurück blieben in den äußerlich prächtigen, im Innern jedoch unkomfortablen Traditionshäusern oft nur die Alten und Armen. Die Verelendung schien vorprogrammiert. Doch dann stiegen die Preise für Bauland und Bauarbeiten enorm an. Die Rückkehr nach Alt-San'a' wurde attraktiv; man begann wieder in die Tradition zu investieren.

Allerdings fordert der Fortschritt auch hier seinen Preis. Auf Dutzenden von Altstadthäusern thronen mächtige Fernseh-Satellitenschüsseln und beweisen, daß die Bewohner der manchmal Jahrhunderte alten Gebäude mit der Außenwelt global verbunden sind; auch gibt es jetzt deutlich mehr Autos als früher in der Altstadt, denn man hat einige befahrbare Zugänge neu geschaffen. Doch alles Klagen darüber sollte sich in Grenzen halten: Man kann von den rund 50 000 Menschen, die jetzt Alt-San'a' bevölkern, nicht erwarten, wie in einem historischen Museum zu leben.

Geschichte

Historiker der Antike und der frühislamischen Zeit berichten, daß im Gebiet der heutigen jemenitischen Hauptstadt in der sabäischen und himyaritischen Herrschaftsperiode eine mächtige Burg, genannt Goumdan, gestanden habe. Die meisten Jemen-Forscher gehen davon aus, daß es Goumdan tatsächlich gegeben hat. Ein unwiderlegbarer Beweis konnte allerdings bisher nicht erbracht werden. Spatenforschung würde wahrscheinlich Gewißheit verschaffen. Die deutschen Wissenschaftler Rathjens und von Wissmann hätten in unmittelbarer Nähe der Hauptmoschee gegraben, wäre ihnen die Möglichkeit gegeben worden. Andere vermuten die Reste der Burg am äußersten Ostrand der Stadt. Religiös bedingte Geringschätzung der Frühkulturen und Mißtrauen gegenüber den Absichten ausländischer Forscher haben bisher die Erkundung der vorislamischen Stadtgeschichte von San'a' verhindert.

Der Bau einer großen Kirche in San'a' durch Abraha im 6. Jh. ist schriftlich belegt. Doch Reste des Bauwerks sind bisher nicht gesucht und auch nicht zufällig gefunden worden. Liberal denkende Bewohner der Altstadt zeigen manchmal Besuchern eine Stelle, an der die ›Kalis‹ (vom griechischen Wort *ekklesia* = Kirche) gestanden haben soll. In die Hauptmoschee und andere Moscheen eingebaute Säulen und Säulenkapitelle christlichen Stils stammen dem Vernehmen nach zum großen Teil von außerhalb San'a'.

So haben die Periode christlicher Herrschaft und die Periode jüdischer Dominanz wenig oder gar keine Zeugnisse in der jemenitischen Hauptstadt hinterlassen. Diese beiden Religionsphasen waren zu kurz, um bleibende Kunst- und Bauwerke in größerer Zahl hervorzubringen. Ebenso ist bisher nichts aus der persischen Zeit von San'a' gefunden worden, die mit dem Eindringen des Islams in den Jemen zunächst endete. Etwa 635 n. Chr., als Kämpfe unter den arabischen Machthabern ausbrachen, schwangen sich die Perser noch einmal zur Herrschaft auf. San'a' wechselte dabei mehrmals den Besitzer, und mit ganzen Stadtteilen soll in dieser Zeit auch die Burg Goumdan endgültig zerstört worden sein.

Überhaupt ist es mehrmals zu einer fast völligen Zerstörung der heutigen Hauptstadt gekommen. Nachdem sich der Schwerpunkt der islamischen Herrschaft aus dem Innern der Arabischen Halbinsel nach Damaskus und Bagdad verlagerte, unternahmen die Jemeniten immer wieder Versuche, die Oberhoheit des fernen Kalifen abzuschütteln. Bei der Niederwerfung eines solchen Aufstandes im Jahr 803 wurde San'a' verwüstet. Zerstörungen gab es auch, als 901 der im Norden zur Macht gelangte zaiditische Imam zum ersten Mal die Hauptstadt eroberte.

Im Jahr 1546 trafen die Türken in der jemenitischen Hauptstadt ein. Sie blieben zunächst 72 Jahre lang, um dann den Jemen für rund zwei Jahrhunderte sich selbst zu überlassen. 1849 kehrten Truppen des Osmanischen Reiches in den Jemen zurück; sie konnten San'a' erobern, jedoch nur für kurze Zeit. 1871 gelangte die Hauptstadt wieder in türkische Hand. Der Kampf mit den Streitkräften des Imams war damit noch nicht entschieden. San'a' blieb umstritten, und 1905 mußten die Türken die Stadt sogar für einige Monate ganz räumen. Die bei den Kämpfen entstandenen Zerstörungen waren beträchtlich. Erst 1912, nach dem Abschluß eines Friedensvertrages zwischen dem türkischen Statthalter und dem Imam, begann für San'a' wieder eine Periode ungestörter Weiterentwicklung. Sie dauerte bis 1948. Damals wurde die Stadt von Stammeskriegern gründlich geplündert, und zwar mit Einwilligung des damaligen Herrschers, Imam Ahmad, der den Stammesleuten so seinen Dank für die Rückeroberung San'a's aus der Hand von Aufrührern abstattete.

Die Stadt San'a', wie sie sich dem Besucher Ende des 20 Jh. darbietet, stammt überwiegend aus dem 18. und 19. Jh. Älter sind etliche Moscheen, Lagerhäuser im Marktbereich und einige Wohnhäuser. Doch könnte die Altstadt nach dem Gesamteindruck auch aus dem

»Nahe unserem Haus war ein sehr schönes Wohnhaus kurz vor der Revolte gebaut worden. Horden von Beduinen demolierten dieses Haus mit Äxten innerhalb weniger Stunden. Es war schließlich vollständig verschwunden. Wir sahen die Beduinen mit den hölzernen Fensterrahmen und -klappen sowie mit den Türen, ja mit ganzen Dachbalken abziehen.«
(Luise Février, Frau eines französischen Arztes in San'a' über die Plünderung der Stadt 1948)

Blick über die Altstadt in Richtung Nordost vom Dach der Samsarat al-Mansurah ▷

14. und 15. Jh. stammen. Zwar sind Betonkonstruktionen auf der Südseite der Altstadt am Bab al-Jemen, an der Westgrenze zur Altstadt und im ehemaligen Türkenviertel entstanden, noch aber bieten große Teile von Alt-San'a' das Bild eines islamischen Gemeinwesens der frühen Entwicklungsphase, in der die urbane Kultur weitgehend in Harmonie mit ihrer Umgebung stand.

Sehenswürdigkeiten

Kunstbetrachtung heißt in San'a' – sieht man einmal von der Antikensammlung des Museums ab – an erster Stelle Würdigung der Baukunst. Im Baustil der Stadt manifestiert sich eine urbane Hochkultur, die vor Jahrhunderten ihren Anfang nahm. Der Islam begrenzt mit seinem Bilderverbot die künstlerische Ausdrucksmöglichkeit. Diese nahm in anderen arabischen Kulturkreisen in der Kalligraphie Gestalt an; im persischen Kulturkreis wurde sogar – mehr oder weniger versteckt – die vorislamische Malerei integriert. Im Jemen allgemein, in San'a' insbesondere, brachte das künstlerische Ausdrucksbedürfnis eine reiche Dekoration der Fassaden sakraler und profaner Bauten hervor.

Die Wohnhäuser

Farbiges Glas füllt die Stuckfenster prächtiger Wohnhäuser in San'a'.

Die Fassaden der Wohnhäuser zeigen verschiedene Schmuckelemente, die durch ihren weißen Anstrich herausgestellt werden. Da gibt es zum Beispiel geometrische Ornamentbänder aus reliefartig vorgebauten Ziegelsteinen (s. S. 118/19), wobei die gegebene Größe der Steine die dekorative Vielfältigkeit einengt. Horizontal angeordnet, zeigen diese Ornamentstreifen die Stockwerke an.

Die ältesten Wohnhäuser in San'a' lassen sich an runden Fensteröffnungen erkennen, in die sehr dünn geschliffene Alabasterplatten eingelassen sind. Alabaster, der im jemenitischen Hochland nahe der Hauptstadt gebrochen wurde, nahm früher ganz den Platz von Fensterglas ein; heute sieht man solche Platten nur noch selten. In wenigen alten Häusern spielen Fenster eine größere Rolle: Meist vier- oder rechteckig, zwei- oder dreigeteilt, nehmen sie mehr Fläche ein und unterscheiden sich kaum von etwas veralteten europäischen Fensterformen. Doch gibt es fast immer über den gewöhnlichen Fenstern noch Oberlichter, in denen sich der jemenitische Sinn für Dekoration äußert. Diese Oberlichter sind halbrund oder Teil eines mehr oder weniger langgezogenen Ovals. Am Gitterwerk floraler oder geometrischer Ornamente aus Gips werden Glasscheibenteile – oft in verschiedenen Farben – befestigt. Für die Ausführung der Ornamente gilt: Je älter, desto feiner und reicher ist das Gitterwerk, das zur Seite des Innenraums hin oft ein anderes Muster als nach außen zeigt.

Die Fenster sind in der Regel weiß umrahmt; meistens ist die Farbe am Scheitelpunkt in einer Spitze ausgezogen, oder das Halbrund besitzt noch einen zweiten Blendenanstrich mit abstrakten floralen Ornamenten zu beiden Seiten. Zwischen den Fenstern, von einer horizontalen Bordüre zur anderen reichend, sieht man gelegentlich aufsteigende geometrische Ziegelstein-Ornamente, die oben in einem Halbrund enden. Sie haben Ähnlichkeit mit dem Lebensbaum auf Teppichen und Flachgeweben (Kelims).

Die Häuser von San'a', zwischen 20 und 50 m hoch, sind aus grauen Natursteinen und braunen Ziegeln gebaut. Grau und Braun sind auch die Farben der Berge nahe der Stadt. Durch Stuckornamente werden die Häuser, wird die ganze Stadt von den Hauptfarben des Landschaftspanoramas abgehoben. An manchen Bauten schlingen sich Ornamente als schön gearbeitete horizontale Friese zwischen den Geschossen um die Häuserfassaden. Vom zweiten Stockwerk an nimmt nach oben hin die Zahl der verschiedenen Motive ab. Beachtenswert ist auch, daß der aus Babylonien überkommene fünfzackige und gelegentlich auch der von den Hebräern stammende sechszackige Stern als Schmuckelemente einbezogen sind. Das Aussparen von Steinen in einem Fassadendekor schafft Luftlöcher und Lichtquellen. Der puren Verzierung dienen diese Aussparungen bei den Mauerbegrenzungen (Zinnen) auf dem Dach.

Die reich verzierten Bürgerhäuser in San'a', fünf bis neun Stockwerke hoch, werden im allgemeinen nur von einer einzigen Familie bewohnt, die allerdings sehr viele Personen umfassen kann. Dicht aneinander gebaut, sehen die Häuser vorn meist auf enge Gassen, manchmal auf einen kleinen Platz hinaus. Auf der Rückseite liegen oft Gemüse- und Obstgärten, die im Besitz der Stadt oder der nächsten Moschee sind.

Das Erdgeschoß der Wohnbauten bestand früher in aller Regel aus einer Halle mit anschließenden Lagerräumen und oft auch aus Ställen. Die Eingangshalle hat zu der im Jemen üblichen Verteidigungsarchitektur gehört. Noch in den sechziger Jahren, während des Bürgerkrieges, wurde San'a' als Hauptstadt der jungen Republik von den Königstreuen belagert und hätte gewiß eine Plünderung erlebt, wenn es an die Belagerer gefallen wäre. Folglich setzten bis vor kurzem manche wohlhabende Bürger die Tradition fort, das Erdgeschoß ihrer Häuser als möglichen Kampfplatz freizuhalten. Erst neuerdings scheinen sie dem Frieden zu trauen und an das Geschäft zu denken: Viele Eingangshallen sind in den neunziger Jahren zu Läden umgebaut worden und dienen jetzt nicht zuletzt als Büros für Reiseagenturen oder als Empfangsraum für ein Touristenhotel.

Das größte Wohnzimmer im ersten Obergeschoß des San'a'-Hauses dient für Familienzusammenkünfte und auch zum Empfang von Besuchern. Solch ein Zimmer, das man nur ohne Schuhe betritt, ist mit Teppichen oder Matten ausgelegt. Auf dem Fußboden entlang

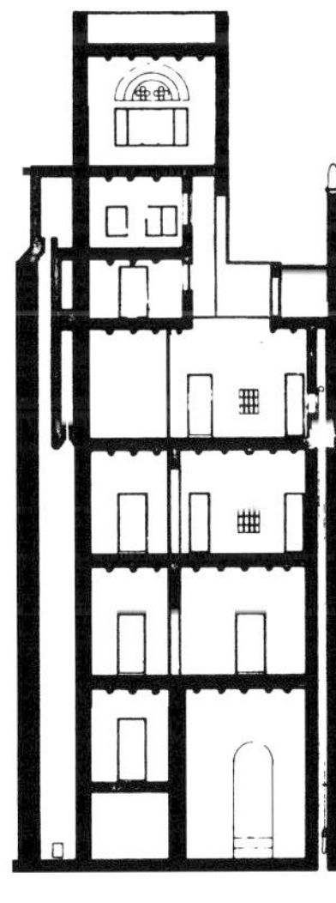

Längsschnitt durch ein Wohnhaus in San'a'

Fassadengestaltung in strenger Tradition: Geometrische Ziegelstein-Ornamente und Rundfenster mit Alabasterscheiben (links) lassen auf ein Alter von mehreren hundert Jahren schließen. Nur das viereckige Fenster für den Mafraj (oben) wurde hinzugebaut.

den Wänden liegen Sitzkissen, gestopft mit Baumwolle, die jedoch neuerdings in zunehmenden Maße durch Schaumgummiunterlagen verdrängt werden. Um Rücken und Kopf bequem gegen die Wand lehnen zu können, gibt es noch weitere Kissen. Das ist dann aber schon fast die ganze Einrichtung. Kleidungsstücke hängt man in offenen Wandnischen an Nägel. Bei reichen Familien sind diese Wandnischen mit Holztüren verschlossen, und manchmal gibt es noch Truhen für die Aufbewahrung von Tüchern, Festtagskleidern und Umhängen für kalte Tage.

Im dritten Obergeschoß liegen kleinere Zimmer für Frauen und Kinder sowie die Küche. Herkömmlich wird dieser Bereich als »Harem« (vom arabischen *haram* = verboten) bezeichnet, und nicht zur engeren Familie gehörende männliche Besucher haben hier keinen Zutritt. Daß mehrere Ehefrauen in einem Harem zusammenleben, stellt den Ausnahmefall dar. Die Mehrehe wird nur sehr selten praktiziert, und zwar in der Regel von wohlhabenden Männern, die es sich leisten können, ihre junge Frau in einem anderen Haus oder in einem anderen Teil des Hauses unterzubringen. Bewohnt wird der Harem im allgemeinen von der Mutter, der Ehefrau, den unverheirateten Schwestern und eventuell den Schwägerinnen des Hausherrn sowie von den Kindern.

Für all diese Personen gibt es nur eine einzige Küche, deren Decke meist rußgeschwärzt ist, obwohl sich über dem gemauerten Herd ein Rußabzug befindet. Oft ist jetzt ein mit Flaschengas betriebener

Herd oder ein Elektroherd neben die herkömmliche Anlage gestellt worden, wie man auch fast immer Pfannen und Töpfe westlicher Machart neben den alten Steintöpfen und Keramikbehältern sieht. Ein schwerer Kupfermörser, in dem Kaffee und Gewürze zerstoßen werden, ein kleiner handbetriebener Mühlstein, um grobes Mehl herzustellen, Öllampen aus Stein oder Alabaster, tönerne oder kupferne Holzkohlebecken für kalte Tage sind auch heute noch in solchen Küchen zu finden, obwohl sie immer mehr von Industrieprodukten aus Europa und Japan verdrängt werden.

Die Küche ist deshalb im dritten Geschoß angesiedelt, weil die tiefer liegenden Wohnzimmer, aber auch der höher plazierte Hauptraum des Hausherrn so gleicherweise gut erreichbar sind. Diese Residenz des Hausherrn, *Mafraj* genannt, gehört zum obersten Geschoß oder ist nachträglich auf dem flachen Dach entstanden. In den Mafraj zieht sich der Hausherr allein oder mit Freunden zurück, um Wasserpfeife zu rauchen und Qat zu kauen. Zum unerläßlichen Inventar eines Mafraj gehören ein Gefäß mit Frischwasser und ein Kübel für die ausgelaugte Blattmasse. In vornehmen Häusern kommen dazu mehrere alte Wasserpfeifen, verzierte Kästen für Tabak und ein Behälter für glühende Holzkohle, die man zum Rauchen des Tabaks in Wasserpfeifen benötigt. Spezielle Arm- und Rückenpolster dienen dem Sitzkomfort.

Wenn der Jemenite das Innere seines Hauses ausschmücken will, beginnt er beim Mafraj. Von der Decke, die beim Traditionshaus von

Auch diese Fassade ist traditionsgebunden gestaltet: Fenster mit hölzernen Schlagläden und ohne Glas, darüber feststehende Oberlichter mit Stuckrahmen und Buntgläsern. Der durchbrochene Ziegelsteinkasten (links) dient zum Abstellen von Tongefäßen zur Kühlung durch Wind und Verdunstung.

roh behauenen Palmenstämmen oder eingeführten Baumstämmen getragen wird, hängt allerdings oft nur eine nackte Glühbirne. Die früher benutzten Kerzenhalter aus Glas, Keramik oder Kupfer und die alten Öllampen findet man noch auf den Fensterbänken, Tür und Fensterstürzen sowie auf den Wandkonsolen, die der Stukkateur in großer Zahl eingebaut hat. Überdies ist die Ausschmückung des Mafraj überwiegend das Werk des Stukkateurs. Von ihm stammen auch die Schriftbänder aus Stuck mit frommen Versen, wobei die darstellende Kunst sich im Schwung und in den Verschlingungen der Buchstaben äußert.

Sonst ist außer modernen technischen Errungenschaften wie Telefon, Fernseher, Radio und Tonbandgerät kaum etwas zu entdecken, das europäischen Vorstellungen von Wohnkomfort und Ausstattung entspricht. Waschräume und Toiletten dienen im traditionellen Bürgerhaus – wie in früheren Zeiten in Europa auch – nur dem Nötigsten. Die Wände dieser Räume sind mit einem aus Kalk und Alabastergips bestehenden Putz überzogen, der wasserabweisend ist. Man wäscht sich, indem man sich auf zwei in den Boden eingelassene Steine hockt und Wasser aus einem Behälter schöpft. Als Abtritt dient ein Loch im Fußboden, durch das die Exkremente in einen Schacht und weiter in eine Grube fallen. Diese Grube kann von außerhalb des Hauses entleert werden.

Früher fanden die getrockneten Exkremente – San'a' hat eine niedrige Luftfeuchtigkeit, und die Ausscheidungen trocknen sehr schnell – als Heizmaterial im öffentlichen Badehaus Verwendung. Inzwischen gibt es in der Altstadt eine moderne Kanalisation. Und es sei hinzugefügt: In den Traditionshäusern in der Altstadt, die inzwischen zu Touristenhotels umgebaut worden sind, sind meistens auch Warmwasserboiler, Duschen und Klosettschüsseln installiert worden.

Die Moscheen

In San'a' mit seinen über 150 Moscheen entspricht die **Große Moschee** (Gami' al-Kabir) am meisten dem von Muhammad initiierten Stil. Es heißt, man habe noch zu Lebzeiten des Propheten mit dem Bau des Gebetshauses begonnen. Ob sie die älteste Moschee im Jemen überhaupt ist, muß offen bleiben. Ein Teil der Jemeniten spricht diesen Rang der Moschee von Janat nahe Ta'izz zu (s. S. 232). Beide Moscheen gehören jedenfalls zu den frühesten Bauwerken der islamischen Welt. Wenn mit dem Bau der Großen Moschee von San'a' tatsächlich noch zu Lebzeiten Muhammads begonnen wurde, so muß dies um 630 abendländischer Zeitrechnung gewesen sein. Belegt ist, daß etwa im Jahre 705 Erweiterungsarbeiten stattgefunden haben. 170 Jahre später wurde die Moschee durch eine Überschwemmung schwer beschädigt, ebenso 911, als die ketzerisch-kommunistische Sekte der Karmaten San'a' eroberte und plünderte.

Blick über die Große Moschee nach Südwest. Das linke Minarett stammt aus der Zeit der Gründung vor ca. 1370 Jahren, der überkuppelte Steinbau (vorn) wurde im frühen 17.Jh. unter osmanischer Herrschaft gebaut.

Eines der beiden Minaretts, das östliche, gab es schon zu diesem Zeitpunkt; das westliche Minarett wurde später gebaut. Im 12. Jh. hat man dann beide gründlich restauriert.

Der nicht-moslemische Besucher kann allenfalls einen Blick von außen durch das Tor ins Innere der Großen Moschee werfen. Dieser genügt jedoch, um festzustellen, daß zahlreiche präislamische Bauelemente Verwendung gefunden haben: Säulen, Dachschlußsteine und Dachträger aus Tempeln der antiken Königreiche und aus Tempeln der jüdischen und christlichen Zwischenperioden. Auch die legendäre Burg Goumdan der späthimyaritischen Zeit soll als Steinbruch für die Große Moschee gedient haben. Ihr Innenhof mißt etwa 80 mal 60 m und ist ringsum umgeben von Säulenhallen. Die Säulen, durch hohe Rundbogen verbunden, stehen dreireihig in jeweils 4 m Abstand voneinander, sie bestehen aus verschiedenen Gesteinen und sind unterschiedlichen Alters. Im Innenhof der Großen Moschee – nicht genau im Zentrum, sondern näher an einem der beiden Minaretts – erhebt sich ein würfelförmiger, überkuppelter Steinbau, dessen Gesteinsfarbe schichtweise wechselt. Bis auf die Kuppel scheint er der Kaaba in Mekka nachempfunden. Dieser Bau wurde auf Veranlassung des osmanischen Statthalters zu Beginn des 17. Jh. errichtet. Seine Funktion ist unklar.

Bei einem Teil der 150 Moscheen in San'a' handelt es sich um unbedeutende Gebetshäuser, verbunden mit dem jeweiligen Stadtviertel; viele sind erst nach dem Ende des Bürgerkrieges, d. h. zwischen 1970 und 1997 erbaut worden. Etwa vierzig der Moscheen haben religions- und kulturgeschichtliche Bedeutung, wobei die Mehrheit allein für den Wissenschaftler interessant ist. Die meisten Moscheen, die dem Fremden einen Eindruck von Kunst, Architektur und Religion des lebenden Jemen vermitteln (vielleicht ein Dutzend), liegen im Ostteil der Stadt. Drei von ihnen sind türkischen Ursprungs.

Das älteste der Bethäuser, die **Moschee des Mahdi Abbas**, erbaut um die Wende vom 16. zum 17. Jh., also während der ersten Periode der osmanischen Oberhoheit im Jemen, bietet eine bezeichnende Mischung zweier Stile: Der Kuppelbau ist typisch osmanisch und hätte genausogut auf dem Balkan oder in Damaskus zur Zeit der türkischen Khalifen entstehen können. Das Minarett hingegen ist echt jemenitisch; sein Schaft ist vom ersten konischen Ansatz in etwa 15 m Höhe bis zum sanft gerundeten Gipfel mit Stuckornamenten in verschiedenen Mustern vertikal und horizontal verziert.

Ebenfalls türkischen Ursprungs ist die **Bakiriyah-Moschee**. Sie wurde schon während der ersten Phase der Zugehörigkeit zum Osmanischen Reich (1539–1630) erbaut und während der zweiten Türkenherrschaft (1849–1918) restauriert. Auch an dieser Moschee, die an die östliche Stadtmauer stößt, ist eine interessante Mischung von osmanischen und jemenitischen Stilelementen festzustellen. Für den mächtigen Kuppelbau des Hauptgebetshauses und die zehn Kuppeln über Nebenbauten zeichneten sicherlich osmanische Architekten verantwortlich. Das aus gebrannten Ziegeln errichtete Minarett geht dagegen zweifellos auf jemenitische Entwürfe zurück. Gleiches läßt sich für die **Talha-Moschee** inmitten der Altstadt sagen.

Verwirrung kommt leicht um die Bennung der Bakiriya-Moschee auf. Sie wurde im 16. Jh. unter osmanischer Herrschaft gebaut und zwar im Namen des türkischen Spenders Aga Bakiri; folglich blieb sie für lange Zeit die »Bakiriyah«. Zunehmende Arabisierung hat jedoch inzwischen »Bakiliya« daraus gemacht.

Ein Musterbeispiel für rein jemenitischen Baustil ist die kleine **Moschee Al-Madrassa** (die Schule). Für das Hauptgebäude, das Gebetshaus, hat man, entsprechend dem frühislamischen Stil, nur geringen Aufwand getrieben. Aller zum Lobe Gottes und seiner Pro-

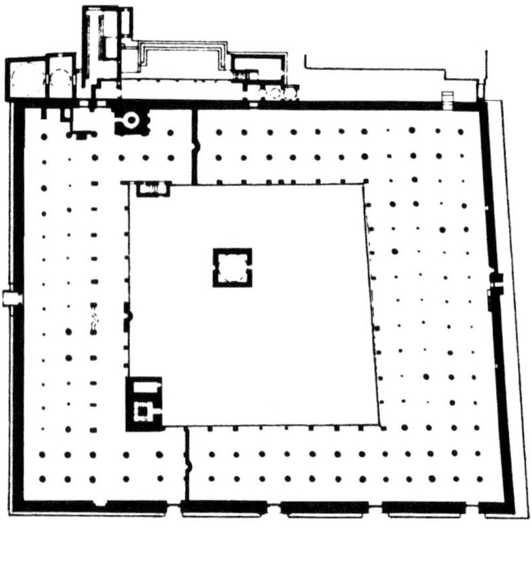

Grundriß der Großen Moschee

Moschee des Mahdi Abbas am Saila, erbaut vor ca. 300 Jahren im Mischstil: osmanischer Kuppelbau, jemenitisches Minarett

pheten entfalteter Kunstsinn ist auf das Minarett konzentriert worden, das fast quadratisch aus dem Hauptgebäude herauswächst. Dieser quadratische untere Teil ist reich geschmückt mit frommer Kalligraphie und mit Mustern, die in der vorislamischen Kunst wurzeln könnten; der zuerst vieleckige, dann runde obere Schaft des Minaretts weist viele, jedes Jahr neu zu kalkende Dekorationen auf, wie man sie immer wieder auch an Profanbauten sieht. Dasselbe gilt für die **Al-Abhar-Moschee** und die **Saladin-Moschee** (eigentlich Salah ad-Din) in der Altstadt. Auf dem halbrunden Abschluß des Minaretts der Al-Madrassa und der Saladin ist jeweils eine aus Bronze gegossene Taube angebracht.

Erwähnenswert ist auch die von Imam Yahyah (1904-1948) im türkischen Stil erbaute **Moschee Mutawakil**. Dieses Gebetshaus, dessen Minarett die sieben Kuppeln des Hauptgebäudes nicht überragt, ist nahe dem Tahrir-Platz zu finden. Auch zu dieser Moschee, wie zu allen anderen in San'a', haben Nicht-Muslime keinen Zutritt. Man kann sie aber aus den oberen Fenstern herab oder vom Dach des neu eingerichteten Volkskunde-Museums im Dar as-Shukr gut betrachten.

Der Markt

Der Prophet – noch vor der Geburt vaterloser Halbwaise – war der Sohn eines Kaufmanns, Mekka zu jener Zeit (um 570 n.Chr.) ein Stadtstaat von Händlern, die einen großen Teil der vermarkteten Güter aus dem Jemen bezogen. Bevor er im Alter von vierzig Jahren die ersten Botschaften Gottes empfing, war Muhammad mehrmals in Handelsgeschäfte verwickelt. Man kann sich angesichts dieser wirtschaftlichen Struktur seiner Biographie vorstellen, welch hohen Stellenwert der Markt in den frühen islamischen Gesellschaften Arabiens eingenommen hat. Nicht so im Jemen. Dort herrschte ein Kastensystem, das dem religiösen Adel und den in Stammesbindung stehenden Kriegern und Bauern den Vorrang vor Händlern und Handwerkern einräumte. Aber wenn auch der soziale Stellenwert des Marktes in der jemenitischen Gesellschaft geringer war als in anderen arabischen Gebieten, so verdankt das Land dieser Institution doch sehr viel.

San'a' ist groß geworden, weil sein Markt eine geographisch günstige Position besaß (und noch besitzt) und von den Stämmen des jemenitischen Hochlandes gut erreicht werden konnte. Die miteinander rivalisierenden Bauern und Krieger unterschiedlicher Stammeszugehörigkeit steigerten sich wechselseitig in materielle Ansprüche hinein – insbesondere hinsichtlich ihrer Bewaffnung – , die nur von hauptberuflich tätigen Handwerkern und den dazugehörigen Händlern gedeckt werden konnten. Zugleich mußte die Ware der Bauern und Krieger – landwirtschaftliche Produkte und geraubte Güter – ständig vermarktet werden, um das nötige Geld oder die Tauschware für die Handwerker aufzubringen. Dies hatte an einem Platz zu geschehen, über den eine starke Autorität waltete, die Burgfrieden unter den verfeindeten, oft sogar in Blutfehde miteinander lebenden Bauern und Kriegern der verschiedenen Stämme halten konnte.

Wichtigstes Bindeglied zwischen der ländlichen Stammesgesellschaft und dem urbanen Zentrum der Händler und Handwerker war schon früh die **Samsarat**. Man könnte dieses Wort übersetzen mit ›Karawanserei‹, doch war die Samsarat mehr als das. Wie die Karawansereien in den Wüsten und Steppen Vorder- und Mittelasiens diente sie zunächst einmal als Unterkunft für reisende Kaufleute, ihre Knechte, Tragtiere und Waren. Eine Samsarat in San'a' gehörte in aller Regel zum Besitz der nächsten Moschee. Die Religionsgelehrten hatten dort Gelegenheit, den Glaubensstandard der von draußen gekommenen Jemeniten zu überprüfen. Dadurch erlangte der Platz eine gewisse Weihe, die den Stammesleuten und ihren städtischen Partnern ein hohes Maß an Friedenspflicht auferlegte. So wurde es möglich, daß miteinander Verfeindete zur selben Zeit auf den Markt der Hauptstadt zogen. Alle Beteiligten konnten die zum Verkauf mitgebrachten Waren oder die auf den Markt gekauften Güter und Tiere in der Samsarat unterbringen. Die Institution bot ihnen Unterkunft und Verpflegung. Dem Staat diente sie als

Die alte Samsarat al-Mizan (Karawanserei der Waagen) wird jetzt als Lagerhaus für Kaffee benutzt. Waagen und Gewichte aus dem 19. Jh. sind noch in Gebrauch.

Behörde, durch die Steuern, Zölle und lokale Gebühren eingezogen werden konnten.

Auch in unseren Tagen hat die Samsarat in San'a' ihre Funktion noch nicht ganz verloren. Nach wie vor gibt es einige wenige dieser mächtigen Gebäude, in denen Händler und Käufer von außerhalb mitsamt ihren Waren und Transportmitteln Unterkunft finden. Die Samsarat ist das Lagerhaus des Marktes. An den Eigentumsverhältnissen hat sich nichts geändert – die nächste Moschee ist in aller Regel Besitzerin des Unternehmens. Und wer die Umsatzsteuer für die Zentralregierung sowie städtische Gebühren eintreiben muß, konzentriert seine Aktivitäten auf die Samsarat. Nur als neutraler Treffpunkt tödlich miteinander verfeindeter Gruppen hat die Institution seit Mitte der siebziger Jahre an Bedeutung verloren, da es der Regierung gelang, das Tragen von Schußwaffen in San'a' und anderen Großstädten per Gesetz (mehr oder weniger) zu verbieten.

Der Markt von San'a' ist, im Gegensatz zu dem von Damaskus, Jerusalem und einem Teil des Kairoer Marktes, nicht überdacht. Seine Ladengeschäfte, meistens fensterlose, aus Lehm gebaute Hütten, säumen enge Gassen. Die ›Verkaufshütten‹ sind zur Straßenseite hin offen und werden zur mittäglichen Gebetszeit und nach Geschäftsschluß mit Holzläden versperrt. Nur in wenigen dieser Ladenlokale arbeiten Handwerker. Lediglich die Schmiede und Tischler sind noch in größerer Zahl vertreten. Das traditionelle Handwerk der Silberschmiede hat sich fast vollständig vom Markt zurückgezogen. Man sieht allenfalls noch Händler, die einzelne Schmuckelemente zu neuen Ensembles zusammenfügen. Diese Händler spezialisieren sich immer mehr auf Touristen. Entsprechend hoch sind ihre Preise angesetzt. Allerdings ist der Preisanstieg in den letzten Jahren ge-

Kichererbsenröster auf dem Markt von San'a'

bremst worden, weil viele Jemeniten jetzt Gold vorziehen und Silberschmuck abstoßen.

Das traditionelle Handwerk repräsentieren noch die Hersteller des jemenitischen Krummdolches, genannt Djambiya (Plural: Djanaabiya). Da der Dolch ein Statussymbol des Mannes ist und der größere Teil aller männlichen Jemeniten im Alter zwischen zwölf und achtzig eine Djambiya zu besitzen wünscht, ist die Nachfrage ständig sehr groß und liegen die Preise hoch.

Jemenitische Handwerksarbeit lebt auch fort in der Keramik, die auf dem Markt von San'a' angeboten wird. Sie entsteht nicht in der Hauptstadt, sondern wird in verschiedenen Landesteilen produziert und über die Samsarat angeliefert. Es gibt eine Palette rustikaler Gebrauchsgegenstände, die sich bei den Jemeniten auch heute noch ständiger Nachfrage erfreuen und für ausländische Besucher interessant sein können. Kleine Gefäße für das Abbrennen von Weihrauch und anderen Duftstoffen auf Holzkohle sieht man in etlichen Ausführungen: entweder hoch gebrannt und glasiert – manche mit Hühner- oder Hahnplastiken geschmückt – oder schwach gebrannt und dann bunt bemalt. Schließlich gibt es auch Weihrauchbrenner, die aus einem Stück Speckstein herausgeschnitten sind.

Ein Teil der Wasserpfeife, das Verbindungsstück zwischen dem Schlauch und dem eigentlichen Pfeifenkopf, ist gängige Ware auf dem Keramikmarkt. Schnabeltassen für Tee und das Nationalgetränk *Qishr* (ein stark gewürzter Aufguß aus der Haut von Kaffeebohnen), Aschenbecher und kleine Schalen findet man als überwiegend hellgrün oder hellbraun glasierte Keramik. Wo die Keramikware feilgeboten wird, sind auch die Verkäufer von steinernen Töpfen und Pfannen nicht weit. Diese schweren Kochgeräte werden in jemenitischen Haushalten heute nur noch selten gebraucht; eher sieht man sie in Garküchen auf dem Land. Immerhin gibt es noch etliche Produzenten dieser jeweils aus einem Stein herausgearbeiteten Gefäße, die vorwiegend aus der Region von Sa'dah im Norden des Landes kommen.

Wie alle Märkte des Orients, so bietet auch der Markt von San'a' eine Reihe origineller Korbwaren. Schilf, Palmenfasern, Rohr und starke Gräser werden vor allem in der Küstenebene geflochten, jedoch fast überall feilgeboten. Körbe und Matten spielen auf dem Gewürzmarkt von San'a' eine große Rolle als Behälter und Packmaterial. Allenfalls auf den besten Märkten des Vorderen Orients, in Damaskus oder Kairo, findet man ein ähnlich umfassendes Gewürzangebot, wobei San'a's Markt in jedem Fall um einige Spezialitäten reicher ist.

Täglich frisch angelieferter Qat wird ebenfalls auf dem Gewürzmarkt an den Mann, selten an die Frau gebracht. Aus der Palette der Gewürze erscheinen die folgenden auch für den Fremden erwähnenswert: Fenchel (*Shumar*), Thymian (*Zatar*), Zimt (*Qirfah*), Tamarinde (*Tamar Hindi*), Ingwer (*Zinjabil*), Gelbwurz (*Hurud*), Pfeffer (*Filfil*), Kreuzkümmel (*Kamun*), Kardamon (*Häyl*), Nelken

Einkaufen auf dem Markt ist überwiegend Männersache, weil die Tradition Frauen an das Haus bindet und sie in voller San'a'-Verschleierung beim Einkauf und Tragen von Waren behindert sind.

(*Zirr*) und Bocksklee (*Hilbah*). Dazu kommen das Färbemittel Henna sowie Weihrauch (*Buhur*) und zahlreiche Duftstoffe, Blumenöle und Parfüms aus Indien. Ebenfalls im Bereich des Gewürzmarktes sind Getreide, Hülsenfrüchte, Trockenfrüchte, Rosinen, Nüsse und Mandeln zu finden.

Für die meisten Einheimischen ist der zentrale Markt mit seinen Verzweigungen die wichtigste Einkaufsquelle. Er bietet alle nötigen Nahrungsmittel, dazu Kleidung, Geräte, Waffen, Hausrat, Rohstoffe und Schmuck. Die ständig wachsende Zahl moderner Ladengeschäfte der Neustadt wendet sich mehr an ansässige Ausländer und an wohlhabende Jemeniten, die im Ausland andere Lebensformen und Konsumbedürfnisse angenommen haben.

Rundgänge in der Stadt

Die meisten frühen Reisenden, so Carl Rathjens und Hermann von Wissmann, vergleichen den Grundriß von San'a' mit »einer west-östlich gestreckten Acht, deren Enden fünf Kilometer voneinander entfernt sind«. Auf den ersten Luftbildern, aufgenommen vor rund siebzig Jahren, ist San'a' deutlich als diese etwas deformierte Acht zu erkennen, wobei das noch voll ummauerte östliche Oval die gesamte Altstadt einschließt, während das ebenfalls ummauerte westliche Oval aus dem früheren Türkenviertel, dem Judenviertel und anderen Vorstädten besteht; zusammengehalten werden die beiden Teile der Acht durch das Areal des Palastes.

Inzwischen, besonders ab Mitte der sechziger Jahre, hat sich das Bild jedoch stark verändert. Die Stadtmauer um das westliche Oval ist völlig verschwunden, und auch die stark restaurierte Mauer der Altstadt ist nur noch teilweise vorhanden. Von den vier Stadttoren der Altstadt, die Besucher in den dreißiger Jahren verzeichnet haben, hat nur eines, das Bab al-Jemen, überlebt. Dann hat sich ein überwiegend aus Beton erbauter Neustadt-Teil in der Wespentaille zwischen den beiden Hälften der Acht eingenistet. Rund um beide Ovale wachsen neue Stadtteile.

Ungefähr im Mittelpunkt der heutigen Gesamtstadt liegt der ehemalige Palastbezirk Al-Mutawakil, in dem sich auch das Volkskunde- und das Nationalmuseum (Antikenmuseum) befinden. Der frühere Exerzierplatz am Westrand des Palastbezirkes heißt heute Midan at-Tahrir, ›Platz der Befreiung‹. Hier fahren Stadtautobusse und Sammeltaxis ab, kann man auch ein Taxi allein mieten. Etliche Hotels sind nicht weit entfernt. Wir machen deswegen den Midan at-Tahrir zum Ausgangspunkt für unsere Rundgänge in San'a'. Die erste Ortsbesichtigung sollte in die Altstadt führen.

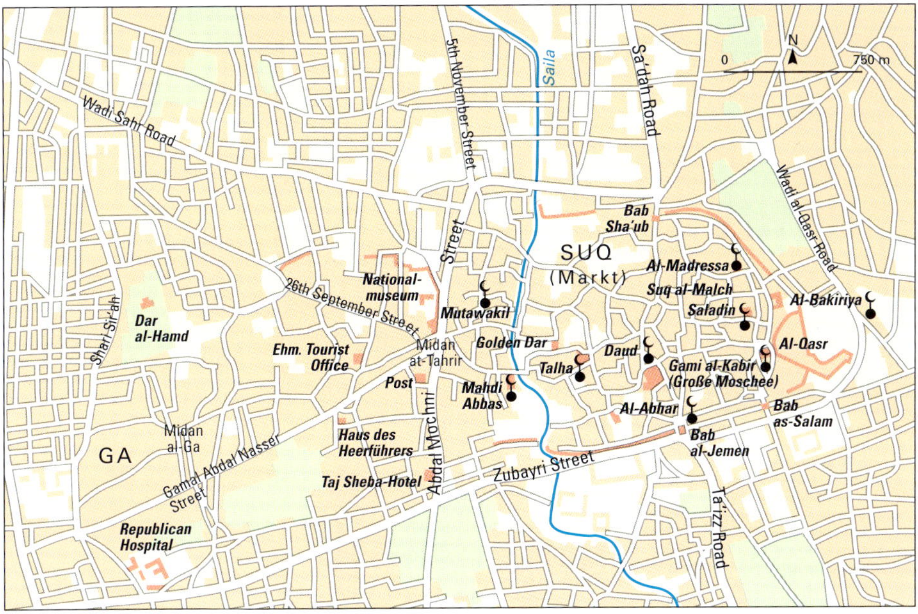

Stadtplan von San'a'

Vom Midan at-Tahrir durch die Altstadt zum Bab al-Jemen (drei bis vier Stunden)

Vom Platz aus überquert man die Shari'a (Straße) des Abdul Mochni und betritt durch eine der größeren, in südöstlicher Richtung verlaufenden Gassen zunächst den Gemüsemarkt. Nach einem Bummel von etwa 10 Minuten, der die erste Begegnung mit der San'a'-Architektur bringt, gelangt man zur **Moschee des Mahdi Abbas**, unter türkischer Oberhoheit um die Wende des 16. zum 17. Jh. erbaut. Bei der Moschee stößt man auf den sogenannten **Saila**, ein Trockenflußbett, durch das nach starkem Regen Sturzwasser abfließt. Da das Flußbett nur gelegentlich Wasser führt, benutzt man es auch als Durchgangsstraße für Autos und Karren. Seit 1996 wird an der Pflasterung des Bodens und der Seitenwände des Saila gearbeitet.

Die einzige vorhandene **Brücke** wurde nach heftigen Überschwemmungen 1887 aus militärischen Gründen vom türkischen Gouverneur erbaut und 1968 renoviert. Sie befindet sich in Sichtweite zur Mahdi Abbas-Moschee. Ehe man die Brücke überquert, um in Richtung Osten weiter in die Altstadt einzudringen, sollte man am Flußufer auf und ab gehen, da man hier ein freieres Blickfeld auf die Fassaden der Wohnhäuser hat als in den engen Altstadtgassen. Wohl ab 1998 wird es weitere Brücken über den Saila hinweg in die Altstadt geben; die tragenden Pfeiler waren 1997 schon fertiggestellt.

Tip:
Das Taj-Talha-Hotel bietet als besondere Attraktion ein Teehaus auf dem Dach, und der etwas mühsame Aufstieg in dem Traditionsbau wird durch einen schönen Ausblick auf den südöstlichen Teil der Altstadt belohnt.

Östlich des Saila beginnt die eigentliche Altstadt. Nach wenigen Minuten erreicht man in der engen Gasse ein stattliches Bürgerhaus im klassischen San'a'-Stil, das heutzutage als **Touristenhotel** (**Golden Dar**) dient. Hier bietet sich die erste Gelegenheit, eines der Häuser zu betreten, die den Kern von Alt-San'a' ausmachen. Wieder einige Minuten später steht rechts an der Gasse die **Talha-Moschee**, als deren Baujahr 1620 in der ersten osmanischen Herrschaftsphase gilt. Die für jene Zeit typische Kuppel des Gotteshauses ist reich mit Stuck dekoriert.

An der Talha-Moschee sollte man sich durch enge Durchlässe einige Meter in nördliche Richtung begeben, um einen der großen Stadtgärten zu sehen. (Der seit 15 Jahren herrschende Wassermangel hat allerdings zur Vernachlässigung mancher Stadtgärten geführt.) Zurück zur Talha-Moschee und weiter in östlicher Richtung. Nach wenigen Schritten kommt das **Taj-Talha-Hotel** in Sicht, ein stattlicher Eckbau, ebenfalls eines der Bürgerhäuser, die man zum Touristenhotel umgebaut hat. Nur etwa 100 m vom Hotel entfernt steht links die **Daud-Moschee**, umgeben von einem Garten. Der reich dekorierte Schaft des Minaretts dieser Moschee steht auf einer rechteckigen Basis, die wiederum mit frommen Sprüchen in schöner arabischer Kalligraphie geschmückt ist.

Geradeaus an der Daud-Moschee vorbei führt der Weg an den Nordrand des zentralen Marktes (*Suq*). Um den ersten Rundgang nicht allzu sehr auszudehnen, gehe man einige hundert Meter nach Süden, um dort auf die Tischlergasse zu stoßen. Durch sie hindurch gelangt man an die Rückseite der **Großen Moschee** (die Nicht-Muslimen verschlossen bleibt). Viele islamische Herrscher haben über Jahrhunderte an der Erweiterung und Erneuerung dieses schlichten und dennoch größten Sakralbaus von Alt-San'a' arbeiten lassen. So sind zahlreiche Stilelemente zusammengekommen; in seinen Grundzügen ist das Gotteshaus jedoch die sogenannte Hofmoschee geblieben, wie sie der Prophet noch selbst entworfen hatte.

An ihrer Nordseite befindet sich der Haupteingang, durch den der fremde Besucher von außen wenigstens einen Blick in die Gebetshalle werfen kann; er sieht dann einige der offenkundig antiken Säulen, die das flache Dach tragen. Auch die Südseite der Großen Moschee hat noch einen Eingang, durch den man – mit etwas Glück – in den Innenhof schauen kann. Gegenüber jenem Eingang steht das neugebaute **Haus der Schriften** (s. S. 73), in dem die mit deutscher Hilfe wiederhergestellten frühislamischen Korane und Fragmente aufbewahrt werden. Die Sammlung ist aber nur mit Sondergenehmigung der jemenitischen Antikenverwaltung zu besichtigen.

Das Bab al-Jemen liegt jetzt südlich der Großen Moschee. Vor etwa 120 Jahren von den Türken im spätosmanischen Stil umgebaut, weist das Tor selbst keine Beziehung zur jemenitischen Kultur auf und ist nicht sonderlich sehenswert, es ist aber ein guter Orientierungspunkt. Um zu dem Tor zu gelangen, kann man entweder nach Süden durch eine schmale Gasse des angrenzenden Wohnquartiers oder aber noch einige hundert Meter nach Osten gehen, um sich dann nach Süden zu wenden. In dem Fall gelangt man über die wohl belebteste Hauptzugangsstraße des Suqs an das Bab al-Jemen. Auf ihr findet man schon einen Querschnitt der Betriebsamkeit des arabischen Marktes: Dolchverkäufer, Geldwechsler, Schmuckhändler, fliegende Händler, Gewürzhändler bieten ihre Waren an. Auf diesem Weg kommt man an der zur Rechten liegenden **Samsarat an-Nahas** vorbei, in der Handwerker tätig sind und dort auch ihre Produkte vermarkten.

Auf dem Vorplatz zum Bab al-Jemen, also außerhalb des Tores, kann man Taxis finden. Wenn man auf der Zubairi-Straße etwa 300 m nach Westen geht, gelangt man an die zur Rechten angesiedelten Verkaufsschalter für Busfahrten in Richtung Aden und Ta'izz. Wen der Rundgang noch nicht ermüdet hat, möge auf der sehr belebten Zubairi-Straße weiter nach Westen gehen. Der Weg führt nun an der stark restaurierten Stadtmauer entlang. So erreicht man den Südeintritt des Trockenflußbettes (Saila) in die Altstadt. Kurz vor der Straßenbrücke über das Flußbett ist ein Teegarten angelegt worden, der bisher (1997) gepflegt wird und sich als Raststätte für müde Touristen eignet.

Etwa die gleiche Tour läßt sich vom Midan at-Tahrir aus veranstalten, indem man auf dem Ostufer des Saila weiter nach Süden geht. Schon in Sichtweite der Mauer wende man sich nach Osten. Beim Eintritt in die Altstadt liegt linker Hand die **Al-Barun-Moschee**; nach etwa fünf Minuten Fußweg hat man einen schönen Durchblick zu der rechts vom Wege stehenden **Al-Abhar-Moschee**. Man passiert – weiter in östlicher Richtung – mehrere prächtige Bürgerhäuser und erreicht schließlich das Bab al-Jemen. Mit einigem Glück findet man kurz vor dem Eintreffen auf dem inneren Torplatz linker Hand eine **Ölmühle**; in einem dämmerigen Keller kreist mit verbundenen Augen ein Kamel um einen mächtigen steinernen Bottich, in dem ein schwerer Mühlstein, auf eine hölzerne Achse geschoben, Ölsamen zermalmt.

Vom Midan at-Tahrir zum Bab Sha'ub und über Al-Qasr zum Bab al-Jemen (etwa vier Stunden)

Vom Platz aus überquert man die Shari'a Abdul Mughni und betritt durch eine direkt nach Osten verlaufende Straße die Altstadt. Nördlich der Mahdi-Abbas-Moschee trifft man auf den Saila und folgt diesem etwa zehn Minuten lang in Richtung Norden, um dann nach Nordosten einzubiegen. Man durchquert jetzt den Nordteil der Altstadt, der in erster Linie Wohnviertel ist, jedoch viele interessante Häuser und Winkel aufzuweisen hat. Nach etwa zwanzig Minuten ist ein Platz erreicht, der Bab Sha'ub genannt wird, nach einem Tor, von dem nur der Name geblieben ist. Hier fahren die Sammeltaxis in

Bab al-Jemen, einziges noch vorhandenes Tor von Alt-San'a': im 19. Jh. restauriert und im Stil eher spät-osmanisch als jemenitisch, aber wichtig als Haupteingang zum Altstadt-Markt

Richtung Norden, d. h. nach Amran, Huß (auch Huth geschrieben) und Sa'dah ab. Am ehemaligen Tor angelangt, kann man entweder bogenförmig nach Süden dem Rest der Stadtmauer folgen, bis man zur Qasr (Festung) kommt; oder man geht strikt nach Süden, um auf halbem Wege nach Osten abzubiegen und so zur Qasr zu gelangen. Auf beiden Wegen erhält man einen guten Eindruck vom ältesten Teil San'a's. Dieser Teil steigt nach Osten hin um etwa 15 m an, und zwar in Richtung des Berges Nuqum (3000 m).

Die **Qasr** liegt wiederum etliche Meter höher als der Stadtteil; manche Archäologen vermuten, daß sie auf den Schutthügeln der sabäisch-himyaritischen Burg Goumdan erbaut worden ist. Obwohl die Qasr ins islamische Mittelalter gehört, wird sie vom heutigen Militär genutzt und ist deswegen nicht zu besichtigen. Dennoch sollte man den Weg zu ihr ruhig nehmen, weil er an der sehenswerten **Bakiriyah-Moschee** vorbeiführt. Diese ließ der damalige osmanische Gouverneur Hassan Pascha um 1597 errichten, als mächtigen Kuppelbau türkischer Art mit einem Minarett im San'a'-Stil. Von der Qasr ist Bab al-Jemen in einem etwa fünfzehnminütigen Fußmarsch entlang der nur teilweise erhaltenen Stadtmauer in südwestlicher Richtung zu erreichen. Man kann aber auch durch das Wohnviertel in Richtung Westen gehen, bis zum Hauptweg des Marktes, um dann in südlicher Richtung direkt zum Bab al-Jemen zu gelangen.

Besuch des Marktes

Wer längere Zeit in San'a' bleibt und sich für die soziale Struktur der traditionellen Gesellschaft sowie für das Kunsthandwerk interessiert, sollte dem Markt mehrere Sonderbesuche abstatten. Ein Besuch beginnt am besten am Bab al-Jemen. Vom inneren Torplatz aus geht man zunächst geradlinig nach Norden bis zur ersten großen Gabelung. Die schräg nach links abgehende Gasse führt an die Ostseite der Großen Moschee; folgt man ihr bis zum Ende der Moschee und wendet sich in die nach rechts abgehende Gasse, so trifft man nach etwa 50 m linksseitig auf die mit deutscher Entwicklungshilfe restaurierte **Samsarat al-Mansurah** , in der die Nationale Kunstgalerie Originalwerke zeitgenössischer jemenitischer Künstler (s. S. 84) oder preiswerte Kopien von deren Werken sowie schöne Post- und Grußkarten anbietet. Auf zwei Stockwerken in dem etwa 350 Jahre alten Haus werden Gemälde und Fotos von Alt-San'a' während der letzten 90 Jahre gezeigt. Im obersten Stockwerk und auf dem Dach kann man Tee trinken und hat einen weiten Blick über Marktbuden, Wohnhäuser und Moscheen.

Betritt man an der erwähnten Gabelung hinter dem Torplatz die halbrechts abgehende Gasse, so befindet man sich schon im dichtesten Marktgewühl. Dort sind die Jemeniten auf den Durchgang von Touristen eingestellt. Geldwechsler schwenken dicke Banknotenbündel, Bettler fordern ihren Obulus, Keramik, Flechtwaren, Parfums und andere Duftstoffe werden angeboten. Nach etwa 10 Minuten Geschiebe in der Menge erreicht man (links) die **Samsarat an-Nahas**, die jetzt als Zentrum des nationalen Kunsthandwerks dient. Es bietet sich eine Verschnaufpause im kühlen Inneren des mit norwegischer Hilfe wiederhergestellten Gebäudes an, zumal man dort viele der auf Touristen abzielenden Produkte kaufen kann. Später weiter bis zu den Ausläufern des Gewürzmarktes, wo man sich nach links wende, um den Vorplatz der **Moschee des Alis**

Datteln kommen in San'a' von weither auf den Markt und sind dort eher teuer, jedoch als »Süßware« sehr geschätzt.

zu erreichen. Dort werden Dolche, Uhren, Kleidungsstücke und anderes angeboten. Wer hier im rechten Winkel nach Osten abbiegt und der engen Gasse durch den Kleidermarkt folgt, erreicht nach etwa fünf Minuten den Marktbereich der Silberschmuckhändler. Auch wenn dort heutzutage keine wirklichen Silberschmiede mehr zu finden sind, wird wohl der fremde Besucher in diesem Bereich den interessantesten Teil des Suqs von San'a' sehen.

Vom Midan at-Tahrir durch die Türkenstadt zum Ga

Die frühere Türkenstadt San'a's bildet das westliche Oval jener »liegenden Acht«, die Rathjens und Wissmann in den frühen dreißiger Jahren beschrieben haben. Die Weststadt ist eigentlich eine Ballung von mehreren Vorstädten und hat in den letzten hundert Jahren immer mehr an Gewicht gewonnen. Es gab innerhalb dieser Zeit einschneidende Veränderungen: Zuerst begann die türkische Garnison den Vorort Bir al-Asab – das heißt »Brunnen der süßen Wasser« – als Wohn- und Regierungsviertel für ihre Beamten und Offiziere auszubauen; 1919 zogen die meisten Türken ab. Rund dreißig Jahre später verließen etwa 7000 Menschen das Judenviertel der Weststadt. Seit 1970 beherbergt sie viele Regierungsgebäude, einige ausländische Botschaften, einen Teil der Präsidentschaft und den Amtssitz des Parlaments. Es werden in der Weststadt auch immer mehr neue Häuser gebaut, darunter die ersten Beton-Hochbauten.

Ein Gang von unserem Ausgangspunkt – dem Midan at-Tahrir – zum Ga (ehemals »Ga al-Jahud«) lohnt sich dennoch, denn die Türken ließen um die letzte Jahrhundertwende Häuser bauen, in denen sich ihre eigene Baukunst mit derjenigen der Jemeniten glücklich vereinte. Daraus entwickelte sich ein moderner Baustil, den traditionsbewußte Jemeniten auch jetzt noch für ihre Häuser bevorzugen. Dieser Stil schließt den Komfort der Neuzeit nicht aus, ohne ihn mit gesichtsloser Normung zu erkaufen.

In einem schönen Haus aus der Türkenzeit hatte früher die Tourismusbehörde ihren Amtssitz; zur Zeit (1997) beherbergt es nur noch eine Verkaufsausstellung für Produkte des traditionellen Kunsthandwerks. Das Haus ist in wenigen Minuten vom Midan at-Tahrir aus zu erreichen. Man wende sich auf der Mitte des Platzes nach Westen und wähle die mittlere der drei nach Westen verlaufenden Straßen. Das Haus mit einem Vorgarten liegt an der westlichen Querseite eines kleinen Platzes, an dem man links vorbeigehen würde. Auf dem soliden Unterbau erheben sich noch drei Stockwerke im jüngeren San'a'-Stil, reich verziert mit symmetrischen Ornamenten über den Fenstern.

Ein anderes Prunkstück der Weststadt ist das sogenannte ›**Haus des Heerführers**‹, erbaut kurz nach der Jahrhundertwende. Es steht dort, wo die Republican Palace Street in die Gamal Abdel Nasser Street (neuerdings gibt es für größere Straßen auch Namensschilder in Englisch) einbiegt. Hier ist eine goldene Mischung von türkischem und jemenitischem Baustil zustande gekommen: Von den Türken stammt der solide Unterbau neben dem steinernen und dem hölzernen Erker, der in osmanischer Haremstradition den Frauen Ausblick verschaffte, ohne daß diese selbst gesehen werden konnten; der Ziegeloberbau ist jemenitisch. In vier Etagen zeigen die Oberfenster fast die gesamte Skala der durch Jahrtausende reichenden einheimischen Ornamentik. Seit Mitte der neunziger Jahre ist das Traditionshaus an einer Seite von einem modernen Hochhaus flankiert, was die Gesamtwirkung etwas beeinträchtigt. Zurück zur Gasse, durch die man bis zum ehemaligen Haus der Tourismusbehörde gelangt war; sie führt in westlicher Richtung zum Ga Man biege aber nach Norden ab, um zur Straße des 26. Septembers zu gelangen. Dabei passiert man ein türkisch-jemenitisches Haus aus königlichem Besitz, in dem heutzutage das jemenitische Parlament tagt. Weiter auf derselben Straße, die an einem (verwahrlosten) Park eine sanfte Linkskurve macht, um am Radiohaus und Ministerium für Information entlang zu führen. Am Ende des offiziellen Gebäudekomplexes erst kurz nach rechts, dann wieder nach links abbiegen. Danach geht man geradeaus in zwei bis drei Minuten bis zum Hotel Dar al-Hamd.

Dar al-Hamd (›Haus des Lobes‹) ist ein ehemaliger Prinzenpalast im nördlichen Teil der Weststadt, den man zum Hotel umfunktioniert hat und der in den siebziger Jahren als Nobelherberge galt; heute wartet dieses Hotel auf bessere Tage. Dennoch lohnt der Besuch. Das stattliche Haus bietet von außen ein gelungenes Beispiel für die spätere Weiterentwicklung des türkisch-jemenitischen Stils, nachdem die Türken kapituliert hatten. Im Inneren gewinnt man einen

Landwirtschafts- und Gartenzone am Nordwest-Rand des ehemaligen »Türkenviertels«

guten Überblick über die Aufteilung eines solchen reichen Jemenitenhauses. Schließlich spricht noch für das Dar al-Hamd, daß es von einer gepflegten Landwirtschaftszone umgeben ist, die den strapazierten Touristen zu einem kleinen Spaziergang im wahren Sinne des Wortes einlädt.

Das jüdische Viertel (Ga)

Vom Hotel Dar al-Hamd aus gelangt man zum Ga zu Fuß in etwa 15 Minuten, wenn man so strikt wie möglich (etwas behindert durch Richtungsabweichungen der Gassen) nach Süden geht. Es handelt sich um einen verhältnismäßig breiten, von Bäumen gesäumten Platz, der früher auch ›Solbi‹ und noch früher ›Ga al-Jahud‹ genannt wurde. An der Westseite des Platzes findet man durch eine enge Gasse den Weg zuerst zu einem kleinen Markt, hinter dem sich das ehemals jüdische Wohnviertel ausbreitet. Dort lebten bis zum Beginn der fünfziger Jahre unseres Jahrhunderts etwa 7000 Jemeniten mosaischen Glaubens, geschätzte 11 Prozent aller damals im Jemen beheimateten Juden. Nach der Gründung des Staates Israel (1948/49) und dessen Festigung baten die jemenitischen Juden den damaligen Herrscher, Imam Ahmad, ihnen die Auswanderung zu gestatten. Große Schwierigkeiten waren zu überwinden, ehe ab 1950 den Juden des Jemens der Auszug nach Israel gestattet wurde. Imam Ahmad verzichtete ungern auf diese wirtschaftlich bedeutsame Bevölkerungsgruppe. Schließlich genehmigte er aber doch (wahrscheinlich gegen hohe Zahlungen seitens zionistischer Kreise) die systematische Abwanderung nahezu aller jemenitischen Juden in Richtung Aden, von wo aus unter britischer Schirmherrschaft fast 60 000 in Flugzeugen nach Israel reisten. Zurück blieben etwas über hundert jüdische Familien, die in einem Dorf nahe der Stadt Sa'dah und in anderen kleinen Ortschaften keine hundert Kilometer nördlich von San'a' leben. Anfang der neunziger Jahre wurde inoffiziell von 6300 Juden im Nordjemen gesprochen; im damaligen Südjemen waren überhaupt keine Juden zurückgeblieben.

Das eigene Wohnviertel war den Juden um 1679 zugewiesen worden. Vorher hatten sie unter den Muslimen in der Altstadt gelebt. Dann jedoch erlitt das jemenitische Judentum unter dem Imam Ahmad al-Mahdi (1620-81) einen schweren Schlag. Der Tyrann ließ nicht nur die Juden aus San'a', sondern auch aus allen anderen Städten und Dörfern des Landes nach Mauza am Roten Meer deportieren. Während des Exils in der damals noch fieberverseuchten Küstenebene starben Tausende. Der Tod des Imam al-Mahdi war für die überlebenden Juden die Rettung. Der Nachfolger ließ die Juden in ihre Heimatorte zurückkehren und wies ihnen in San'a' das eigene Wohnviertel zu. Allerdings durften einem königlichen Befehl zufolge ihre Häuser nicht höher als neun Meter sein, um sich deutlich gegenüber den stattlichen Bürgerhäusern der wohlhabenden Muslime in Bescheidenheit zu üben.

Bei dieser Bestimmung blieb es bis zum Auszug der Juden nach Israel. Rathjens und Wissmann wußten von ihrem Besuch in San'a' zu Anfang der dreißiger Jahre dennoch zu berichten, daß Juden überall im Land ihren Geschäften nachgehen und auch überall Besitz haben durften. Einige der schönsten Grundstücke sowohl in der Altstadt wie auch in der Gartenstadt gehörten damals Juden, berichteten die beiden Forscher; allerdings durften jüdische Besitzer solche Grundstücke nicht selbst bewohnen, sondern mußten sie vermieten.

»Wir gingen oft zum Ga Al-Jahud, um dort europäisches Brot und den starken lokalen Wein der Juden zu kaufen. Deren Viertel war mit einer eigenen Mauer umbaut. Ihre Tore wurden von abends acht bis morgens fünf Uhr geschlossen. Die meisten Handwerker von San'a', die auf Teppiche und Schmuck spezialisiert waren, lebten dort. Überall war es sehr sauber, sowohl in den Häusern als auch auf den Straßen.«
(Louise Février, Frau eines französischen Arztes in San'a', 1948)

Das ehemalige Judenviertel lag noch einige Jahre nach dem Auszug seiner Bewohner verlassen da; inzwischen ist es wieder voll bewohnt von Jemeniten und Ausländern. Beim Rundgang durch das enge Gassengewirr bieten sich keine besonderen Eindrücke. Manche der vormalig niedrigen Häuser sind durch ihre neuen Besitzer aufgestockt, andere abgerissen und durch häßliche Neubauten ersetzt worden.

Nur wenigen Häusern sieht man noch von außen an, daß sie jüdische, unter strengen Auflagen stehende Bauherren hatten. Wirklich interessant wäre die Besichtigung nur für denjenigen, dem ein Ansässiger das von ihm bewohnte Haus zeigen würde. Die nach außen unscheinbaren Häuser der Juden enthüllen im Innern ein hohes Maß an Baukunst und Wohnkultur. Das herrschaftliche Haus im Judenviertel hat in aller Regel einen offenen Innenhof. Da nicht in die Höhe gebaut werden durfte, ging man in die Tiefe, d. h., das jüdische Haus hat im Gegensatz zum arabischen einen Keller, der oft sehr tief ist. Dieser Keller, meist durch Notausgänge mit Nachbargrundstücken verbunden, diente als Fluchtort in der Stunde der Gefahr. Zugleich diente er als Lagerraum für Wein und Branntwein, den herzustellen den Juden gestattet war – selbstverständlich nur zum eigenen Verbrauch. Oft befand sich im Keller auch die Werkstatt des Hausherrn, wenn er zum Beispiel Silberschmied war. Die Wohn-

und Schlafräume in den drei Obergeschossen sind – im Verhältnis zum üblichen San'a'-Haus – auffällig niedrig, weil eben den Juden von vornherein weniger Raum zugebilligt worden war. Die Höhe eines Raumes richtete sich nach seiner Bestimmung, konnte also jeweils unterschiedlich berechnet werden. Infolgedessen findet man in Häusern des Ga in jedem Stockwerk Zimmer auf verschiedenen Ebenen.

Oft besitzen die Innenräume Stuckdekorationen und Oberfenster, deren Ornamente vielfältiger und sorgfältiger gearbeitet sind als in arabischen Häusern. Nach außen zeigt das jüdische Haus dagegen überhaupt keine Dekorationen; schließlich soll ja der Neid über die Pracht jüdischer Häuser der eigentliche Grund für die Ausweisung der Juden aus der Altstadt im Jahre 1679 gewesen sein.

Das Nationalmuseum

Das Nationalmuseum im ehemaligen Palastbezirk am Midan at-Tahrir ist gegen Ende der neunziger Jahre dabei, die Ausstellungsfläche zu erweitern und damit wohl auch die Zahl der präsentierten Stücke zu vergrößern. Man hat aus dem Dar as-Saad (›Haus des Glücks‹), das die Sammlungen beherbergt, die Volkskunde herausgenommen und ihr ein eigenes Haus, das Dar Ash-Shukr (›Haus des Dankes‹), ebenfalls im Palastbezirk, zugewiesen. Das Nationalmuseum ist dadurch zu einem reinen Antikenmuseum geworden und könnte weitere Ausstellungsstücke aus dem noch reichlich gefüllten Depot hervorholen, um sie dem Publikum zu zeigen. Die vorislamische Geschichte Südwest-Arabiens nimmt dann den zentralen musealen Platz ein, der ihr gebührt. Die islamische Geschichte des Jemens und der noch lebendige Islam mit seiner Volkskunst können sich hingegen im neu entstandenen ethnologischen Museum (›Heritage Museum‹) voll entfalten.

Dar as-Saad ist ein in den dreißiger Jahren im traditionellen Stil erbautes Haus des verblichenen Imams Yahyah. In der Eingangshalle empfangen den Besucher die überlebensgroßen **Bronzestatuen zweier himyaritischer Stammeskönige** (s. S. 66). Zahlreiche Bruchteile der beiden Figuren hatte 1931 Kronprinz Ahmad bei einer Grabung etwa 100 km südöstlich von San'a' im Bergland gefunden. Nachdem deutsche Wissenschaftler in den siebziger Jahren die Fragmente wiederentdeckt hatten, begann eines jener archäologischen Experimente, die dieser Disziplin neue Perspektiven eröffnen.

1977 übernahm das Römisch-Germanische Zentralmuseum in Mainz die Aufgabe, aus den Bruchstücken die Figuren neu zu erschaffen. Man versuchte nicht etwa, die vorhandenen Teile wie ein Puzzle wieder zusammenzusetzen, sondern rekonstruierte Beine, Arme, Köpfe, Rümpfe usw. anhand der vorhandenen vermeßbaren

Der alte Palastbezirk am heutigen Midan at-Tahrir beherbergt zwei Museen. Im Dar as-Shukr (unser Bild), ein Palast des Imams aus den dreißiger Jahren, ist das Museum für Volkskunde untergebracht. Im benachbarten Dar as-Saad, ebenfalls ein früherer Palast, findet man das Antikenmuseum.

Teile. Nach fünfjähriger Arbeit standen die beiden Bronzestatuen, deren Namen, Funktion und Ursprung genau bestimmt werden konnten, vor den Restauratoren in Mainz. Man konnte derart sicher sein, mit wem man es zu tun hat, weil der glückliche Zufall zwei Bänder in sabäisch-himyaritischer Schrift auf den Brustkörben hatte überleben lassen.

Der islamischen Sittsamkeit wegen inzwischen mit Feigenblättern vor der Blöße versehen, empfangen der König Damar alay Yuhabirr und sein Sohn Tharan heutzutage die Besucher des Nationalmuseums. Sie präsentieren sich genauso, als seien sie griechische oder römische Standbilder aus der Zeit vor Christus. Allein die Schriftbänder lassen wissen, daß sie Südaraber waren, die im ausgehenden 3. Jh. v. Chr. eine Rolle als himyaritische Kleinkönige spielten. An ihren Standbildern erkennt der Besucher nicht nur die Reichweite kultureller Wanderungen und die Stärke gegenseitiger Kulturdurchdringung, sondern lernt auch etwas zum Thema überregionale Zusammenarbeit in der Antike. Aus den Inschriften geht nämlich hervor, daß ein griechischer Bildhauer mit einem südarabischen Meister zusammengearbeitet hat. Die Formung des Kerns und der Guß der Statuen sind von dem Oströmer ausgeführt worden; die Ausbesserung von Gußfehlern der Oberfläche, wie bei antiken Bronzestatuen üblich, wurde von dem jemenitischen Meister besorgt. Da das in Mainz angewandte Wiederherstellungsverfahren nicht die Bruchstücke ›verbraucht‹ hat, kann der Besucher neben den vollständig restaurierten Königsfiguren noch die jeweiligen Einzelteile der eigentlichen Fundstücke betrachten.

Bruchstück einer himyaritischen Königsfigur, wie Kronprinz Ahmad das heute voll rekonstruierte Objekt 1931 bei eigenen Grabungen gefunden hatte

Ältere südarabische Kunst, überwiegend aus den fünf vorchristlichen Jahrhunderten, findet der Besucher im ersten Stock des Nationalmuseums. Eines der ältesten Stücke dürfte das verwitterte **Bildnis einer Göttin** sein. Es ist insofern eine Rarität, als es aus Holz gefertigt wurde und nur sehr wenige hölzerne Stücke die Jahrtausende überdauert haben. Dieses Idol, ca. aus dem 5. Jh. v. Chr., fand man in Jawf al-Bayda'.

Häufig sind hingegen die **alabasternen Devotionalfiguren**, Steinbockfriese, Alabasterplatten mit Abflußrinnen für das Blut von Opfertieren, Stierköpfe aus Kalkstein oder ebenfalls aus Alabaster. Man ordnet die Stücke als autochthone südarabische Kunst ein, weil sich keine fremden Stileinflüsse feststellen lassen. Auch fällt auf, daß die aus dem Tempelbereich stammenden Figuren, Stelen, Köpfe und Tafeln durchgehend ziemlich klein sind. Daraus wird geschlußfolgert, die Steinmetzen und Bildhauer der sabäischen Antike hätten Rohlinge vorwiegend in der Trockentälern am Rande der Wüste gesammelt; da keine allzu großen Steine von den gelegentlichen Flutwellen angespült wurden, war die Größe der Figuren von vornherein vorbestimmt.

Als genuin südarabisch gilt auch eine kleinere **Bronzestatue eines schreitenden Mannes**. Das Stück ist berühmt wegen seines Erhaltungsgrades und wegen der figuralen Details. Laut Inschrift handelt es sich bei dem Mann um Ma'adkarib, der den Mondgott Ilumquh verehrt. Ma'adkarib hält das Haupt aufrecht, die Arme angewinkelt. Ihn kleidet ein hemdartiger kurzer Rock, der von einem breiten Gürtel zusammengehalten wird; im Gürtel steckt ein in der Scheide befindlicher Dolch. Über den Rücken geworfen trägt der Mann ein Löwenfell, das mit den aufeinanderliegenden Vordertatzen um seinen Hals befestigt ist. Datiert ist das Stück mit 500 bis 200 v. Chr.; Herkunft: Ma'rib. Um ein Bild von Ma'adkarib zu bekommen, muß man nicht unbedingt ins Museum gehen – er prangt heute auch als Wahrzeichen auf den 50-Rial-Geldscheinen.

Hellenistischen Einfluß lassen solche Stücke erkennen, die in der Zeit um 100 v. Chr. entstanden sind, wie ein Bronzepfeiler mit Figuren: Die besser erhaltene Seite zeigt frontal dargestellte Sphinxe im griechisch-ägyptischen Stil, in fünf Reihen übereinander, an der Ecke ein senkrechter Bildstreifen mit liegenden Steinböcken. Ebenso der Mischkultur zuzurechnen ist das Bruchstück einer Verkleidungsplatte mit hellenistischem Mäanderband; darunter ein Fabelwesen, halb Pferd, halb Lindwurm. Ein anderes an Palmyra oder Baalbeck erinnerndes Bruchstück zeigt eine Putte im Weinlaub und scheint zu beweisen, daß die alten Sabäer dem Weingenuß zugetan waren; dieses Stück ziert heute den 20-Rial-Schein. Tausende von Inschriften, in Stein gegraben, auf Felswänden angebracht, in Bronze gegossen, zeugen für die hohe Kultur des vorislamischen Jemen. Ein Teil der steinernen und bronzenen Inschriften befindet sich im Nationalmuseum.

Neuerdings glaubt man, auch ein Stück aus der kurzen christlichen Periode des Jemens zeigen zu können: Ausgestellt ist eine Kalksteinplakette, auf der eine **Mutterfigur mit Kind** zu sehen ist. Der Begleittext suggeriert, es handele sich um Maria mit dem Jesuskind. Gewißheit besteht aber nicht. Denkbar wäre auch, daß aus dem spätpharaonischen Ägypten eine Darstellung der Isis mit dem Horusknaben ihren Weg zum Jemen gefunden hat.

Es ist anzunehmen, daß die **islamische Abteilung** im neuen Volkskundemuseum mehr Zuwendung und damit eine Aufwertung erfahren wird. Vorläufig beherbergt sie nur historische Waffen, ziselierte Kupfer- und Bronzegefäße, auch eine Sammlung islamischer Münzen und Foto-Dokumentationen. Mit holländischer Hilfe hat man aber traditionelles jemenitisches Leben in Haus, Hof, Küche, Mafraj und Harem nachgebildet, wie es bis vor etwa 30 Jahren noch intakt war. Gerade dieser Teil des Museums erfreut sich großer Beliebtheit bei den Jemeniten, die besonders am Freitag mit der ganzen Familie die Stationen der Geschichte ihres Landes und ihres Volkes abschreiten.

Wegen der wachsenden Zahl von Ausstellungen über jemenitische Geschichte und Kultur im Ausland müssen Besucher des Nationalmuseums damit rechnen, daß immer wieder einmal wichtige Exponate auf Tournee geschickt worden sind.

Die Umgebung von San'a'

Ausflüge für einen halben Tag

Halbtagestouren von San'a'
Besonders sehenswert:
Kawkaban ☆
Thula ☆☆

In der näheren Umgebung von San'a' gibt es etliche Ziele, die man in einem halben Tag erreichen und genügend würdigen kann. Auch Einzelreisende werden einen hinlänglich englischsprechenden Taxifahrer finden (am Taj Sheba Hotel oder am Midan at-Tahrir), der die Orte kennt. Manche Ziele liegen geographisch so, daß sie sich zu Tagesausflügen kombinieren lassen.

Haddah und Rawdah haben in den letzten Jahren derart an Wert verloren, daß man sie nur noch bei längerem Aufenthalt in San'a' berücksichtigen sollte. Haddah hat sich ohnehin zu einer fast mondänen Vorstadt entwickelt, deren alter Teil allerdings vernachlässigt worden ist. Dem parkartigen Auslauf von Alt-Haddah sieht man deutlich Wassermangel an, und die restlichen Grünflächen sind stark strapaziert von einer immer größer werdenden Zahl von Besuchern, die im Schatten der wenigen Bäume Picknicks veranstaltet. Rawdah hat durch Neubauten viel von seinem alten Charme verloren; etliche Traditionshäuser sind dem Verfall preisgegeben. Bei Nordwind leiden die Bewohner Rawdahs unter einer starken Geruchsbelästigung, weil nahebei Abwässer und Fäkalien aus der in den achtziger Jahren geschaffenen Kanalisation San'a's ungeklärt in eine offene Senke entlassen werden. Das Hotel Rawdah-Palace, eines der ehemaligen königlichen Sommerhäuser, ist zum Teil in einen Behördensitz verwandelt worden. Allenfalls die **Moschee des Ahmad Ibn al-Qassim** lohnt noch den Besuch. Das im arabischen Stil erbaute Gotteshaus stammt aus dem 17. Jh. Sein fast quadratischer Innenhof ist von Pfeilerhallen umgeben, deren Außenwände reich mit Stuckornamenten verziert sind. Die Moschee hat ein aus gebrannten Ziegeln erbautes Minarett; es ist stark mit Schriftzügen und Ornamenten geschmückt.

Bayt Baus, fast schon vom südlichen Stadtrand San'a's erreicht, ist immer noch ein interessantes Ziel für eine Halbtagstour. Weil es sich um eine so nahe bei San'a' gelegene Siedlung von Bergjemeniten handelt, hat der Ort schon früh das Interesse ausländischer Forscher erregt. Eduard Glaser, Rathjens und Wissmann, Hans Helfritz – alle haben Bayt Baus gekannt. Heute ist der auf einem Felsen erbaute Ort wegen Mangels an Komfort fast ganz verlassen; zwei oder drei Familien wohnen noch in der Anhäufung von Steinhäusern, die nur über einen einzigen Weg durch das alte Stadttor erreicht werden kann.

Die meisten früheren Bewohner sind entweder nach San'a' gezogen oder haben sich im neuen Bayt Baus am Fuße des Felsens angesiedelt. Auf den Felsen hinauf gelangt man über eine Piste, die links (östlich) am Neubaugebiet vorbei führt. Noch außerhalb der Befestigungen passiert man das kleine ehemalige Judenquartier, dessen Häuser sich links des Tales ducken. Vor allem wegen dieser Kombination von jüdischer Unterstadt und muslimischer Oberstadt war

◁ Hajarah, östliche Randzone mit der ehemals jüdischen Unterstadt

Bayt Baus als Forschungsobjekt bekannt. Die dort ansässigen Juden, die 1949/50 nach Israel übersiedelten, waren vorwiegend Handwerker. Sie lieferten das ganze Jahr über ihre Handwerksprodukte an die muslimischen Nachbarn und erhielten dafür mehrmals im Jahr Agrarprodukte als Bezahlung.

Bayt Baus muß schon bei den Himyariten eine Rolle gespielt haben; das zeigt eine **sabäische Inschrift** an einem Felsen außerhalb des Stadttores, und das lassen auch die Spolien erkennen, die im Stadttor und in manchen Häusern verbaut worden sind.

Das **Wadi Dar** liegt 16 km nordwestlich von San'a'. Man lasse sich bei der Anfahrt schon oberhalb des tief zwischen Sandsteinfelsen eingegrabenen Wadis absetzen, um vom West- oder Südrand des Abbruchs aus einen Überblick zu erlangen. Die vielfältigen Rot- und Brauntöne des Sandsteins stehen in einem bemerkenswerten Kontrast zu dem Grün der Gärten, zumal im Frühling, wenn noch die weißen, roten und gelben Tönungen der Baumblüte hinzukommen. Der Abstieg erfolgt auf der sich zur Talsohle hinabschlängelnden Straße. Meistens ist die den Ort Suq al-Wadi überragende **Sommer-**

Die Umgebung von San'a'

residenz des Imam Yahyah (1904–1948) das erste Ziel. Der an sich schon eindrucksvolle Bau, ausgeführt im traditionellen Stil zu Anfang der dreißiger Jahre, steht auf einem steilen Felskegel. Das Haus ist inzwischen renoviert worden und wartet jetzt darauf, einer neuen Bestimmung zugeführt zu werden.

Von der Sommerresidenz aus kann man eine längere Wanderung an der östlichen Felswand entlang in Richtung Norden unternehmen, um dem Lauf des meistens wenig oder gar kein Wasser führenden Flußbettes zu folgen. Zurück geht es dann auf Wegen zwischen Gärten hindurch.

Oberhalb der Sommerresidenz stehen am westlichen Abbruch Ruinen: ein Fort der Türkenzeit, das anscheinend Reste einer bedeutenden himyaritischen Burg einbezogen hat. Ebenfalls in beträchtlicher Höhe entlang des schmalen Taleinschnitts sind Höhlen zu sehen. Sie haben – möglicherweise schon in prähistorischer Zeit – als

Wadi Dar,
Sommerresidenz des
Imam Yahyah

Wohnungen, oft auch als Gräber gedient. Nahebei (ein lokaler Führer ist erforderlich) gibt es Felsgravuren, die Steinböcke, Leoparden und Hunde darstellen, überragt von einer mehr als 2 m hohen Götterfigur. Die Gravuren sind noch nicht wissenschaftlich untersucht worden, doch vermuten Kenner, daß sie auf Menschen zurückgehen, die etwa 6000 Jahre vor unserer Zeitrechnung gelebt haben.

Das Wadi Dar dient an Feier- und Freitagen vielen Familien aus San'a' als Ausflugsziel. Wie in Haddah werden im Schatten von Bäumen Picknicks veranstaltet. Fast jeden Freitag treffen sich auf dem Plateau oberhalb des Wadis Hochzeitsgesellschaften, Gäste des jeweiligen Bräutigams, um mit großem Tamtam rituelle Tänze aufzuführen. Diese Art von Festlichkeit gibt es erst seit der starken Zunahme des Tourismus, so daß ein gewisser Verdacht berechtigt erscheint, es handele sich um eine von jemenitischen Reiseveranstaltern gesteuerte Erscheinung.

Amran, eine wichtige Marktstadt, liegt rund 50 km nördlich von San'a' an der großen Überlandstraße nach Sa'dah. Das alte Amran findet man westlich dieser Straße. Die Altstadt ist noch vollständig von einer vor ca. 250 Jahren teils aus roh behauenen Steinen, teils aus Stampflehm erbauten Wehrmauer umgeben. Man kann und sollte die Mauer außen herum abschreiten (etwa 30 Minuten); so gewinnt man einen Eindruck von verschiedenen Haustypen, die das Verteidigungswerk überragen. In Amran gibt es schon viele Lehmhäuser, wie sie weiter im Norden vorherrschen. Als Baumaterial haben Lehm gemischt mit Häcksel oder luftgetrocknete Lehmziegel gedient. Die Fenster sind meistens klein und oft asymmetrisch angebracht, womöglich mit runden Oberlichtern kombiniert. Am Dekor wird eher gespart. Fast überall begnügt man sich mit einem weißen Rahmung der Fenster mit Gips oder Kalk.

Tip:
Amran hat einen Freitagsmarkt, d. h. das zentrale handelspolitische Ereignis entfaltet sich am islamischen Wochenfeiertag in der Neustadt. Der Ort ist dann besonders gut besucht und besonders sehenswert. Man erlebt eine jemenitische Kleinstadt in ihrer ursprünglichen Funktion: als Treffpunkt der am Wirtschaftsleben teilnehmenden Kräfte einer im Wesen noch stammesgebundenen Gesellschaft. Produzierende Bauern und verteilende Kaufleute treffen sich mit den als Konsumenten auftretenden Stammespolitikern und -kriegern, dazu kommen die ortsgebundenen und sozial niedrig stehenden Handwerker.

Auch das Innere Amrans sollte man durch eines der drei Tore betreten. In den engen Gassen entfällt zwar ein Gesamteindruck von der architektonischen Gestaltung dieses Gemeinwesens, das eher ins islamische Mittelalter als in die Neuzeit zu gehören scheint; dafür kann man sich an vielen Details wie schön gestalteten Holztüren und Türklopfern erfreuen. Im großen inneren Stadttor sind antike Stelen und Architrave verbaut, die himyaritische Inschriften und Symbole aufweisen. Auch ältere Wohnhäuser bergen solche Steine. Mit etwas Geduld und Glück, besser noch mit ortskundiger Hilfe, kann der Besucher die Spolien finden.

Shibam, etwa 34 km (Luftlinie) von San'a' entfernt, liegt am Fuße einer steilen Felswand; **Kawkaban** ist auf dem Gipfel des Berges oberhalb der Felswand plaziert. Der Höhenunterschied zwischen Shibam und Kawkaban beträgt 350 m. Neuerdings kann man Kawkaban auf einer gut ausgebauten Asphaltstraße per Auto erreichen; für Fußgänger gibt es den zwar nicht übermäßig steilen, jedoch oft engen und sehr gewundenen Aufstieg zwischen den beiden Orten (Dauer: rund eine Stunde).

Holztür in Kawkaban

In das Stadttor von Shibam sind schöne Inschriftensteine eingemauert, die aus der Region von Na'it stammen. Die Große Moschee des Ortes soll auf den Ruinen eines himyaritischen Tempels erbaut worden sein. Der Steinstufenweg nach Kawkaban beginnt hinter einem deutlich als solchen erkennbaren Wassertank. Im Frühjahr machen Blumen und blühende Sträucher den Fußmarsch zu einem Naturerlebnis. Immer wieder bieten sich auch schöne Ausblicke auf Shibam und die Ebene von San'a'.

Kawkaban war, wie Ma'rib, während des Bürgerkrieges Luftangriffen der republikanischen Seite ausgesetzt. Viele der schönen Steinhäuser wurden damals (etwa 1965) in Trümmer gelegt. Jahrzehntelang hat dann der fast verlassene Ort vor sich hingedämmert. Durch den Bau einer Autostraße hinauf und den Ausbau eines der Häuser zu einem Touristenhotel ist jedoch neues Leben nach Kawkaban zurückgebracht worden. Auch etliche durch den Krieg vertriebene Familien sind zurückgekehrt, so daß sich neben dem Hotel ein Andenkenbasar entwickeln konnte. Der über das Plateau verstreut gebaute Ort lädt zu Spaziergängen ein, wobei man auf mehrere alte Zisternen stößt, früher die einzige Wasserreserve der Fluchtburg Kawkaban. Vom Abbruch des Hochplateaus aus bietet sich ein dramatischer Panoramablick in Richtung Osten und Norden über große Teile des Siedlungsgebietes von San'a'.

Thula liegt nur rund 10 km von Shibam/Kawkaban entfernt, und viele Reiseveranstalter lassen ihren Kunden die drei Orte innerhalb einer Tagestour zeigen. Man sollte darauf achten, daß in jedem Fall genügend Besichtigungszeit (mindestens zwei Stunden) für Thula reserviert bleibt. Thula gilt zu Recht als schönste Kleinstadt im Großraum von San'a'. Sie hat eine zum Teil noch intakte Wehrmauer, die im Halbkreis um den Ort herumgelegt worden ist; an ihrem jeweiligen Ende stößt sie an den Burgberg, der steil hinter Thula auf-

Thula, Zisterne. Solche Regenwassersammelbecken dienten in alter Zeit nicht nur der allgemeinen Trinkwasserversorgung, sondern auch als Bassin für rituelle Waschungen vor dem Gebet in der Moschee. Heute wird in Thula Trinkwasser durch Leitungen von Quellen in den Bergen zugeführt.

Kaffeewirt in Thula

ragt. Drei Tore führen durch die Mauer, wobei das Haupttor im Zuge der Restaurierung leider einen Neubau erhalten hat.

Hinter der Wehrmauer von Thula gibt es dafür keine wirklichen Neubauten. Auch die in jüngerer Zeit entstandenen Häuser sind ganz im alten Stil gehalten, der hier den frühen islamischen Städtebau in behauenem Stein repräsentiert. Obwohl schwer zu verarbeitendes Material benutzt worden ist, hat man in die Fassaden dekorative Strukturen eingebaut. So werden die einzelnen Stockwerke voneinander abgesetzt, und rechteckige Fenster mit kreisrunden Oberlichtern geben den oft 30 m hohen Steinflächen, aufgeschichtet ohne Bindemittel zwischen den Fugen, ihr eigenartiges ›Gesicht‹. Einige besonders stattliche Häuser bezeichnen einheimische Führer (meistens Halbwüchsige) als ›früher jüdisch‹. Wenn diese Auskunft stimmt – und es gab bis 1949 Juden in Thula – , dann muß es so gewesen sein, wie Rathjens und Wissmann es uns aus den dreißiger Jahren überlieferten: Solche Häuser könnten wohlhabenden Juden gehört haben; sie durften aber dort nicht selber wohnen, sondern mußten sie vermieten, weil solche Bauwerke die diskriminierende Norm für das Ausmaß von Judenhäusern stark überschritten.

Beachtenswert sind in Thula noch die Moscheen; von den insgesamt 25 Gotteshäusern gehören zwei zu den ältesten des Jemens. Häusergewirr und Moscheen überragt der Burgberg, der auf dem Gipfel ein aus himyaritischer Zeit überkommenes Festungssystem trägt. Leider endet der Aufstieg zum Burgberg auf halber Höhe, weil der Gipfel zum militärischen Sperrgebiet erklärt worden ist. Dafür hat man in Thula inzwischen ein kleines Volkskundemuseum eingerichtet, und das ehemalige Haus des Imams am Hauptplatz ist zu einem Touristenhotel umgestaltet worden, das zum längeren Verweilen einlädt.

Ganztägige Touren

Ganztagstouren ab San'a'
Besonders sehenswert:
Hajjah ☆
Mahwit ☆
Hajarah ☆
Dhi Bin ☆

Ab San'a' lassen sich viele Tagesausflüge unternehmen, die in die Besonderheiten des Bergjemens einführen. Wir empfehlen hier drei solcher Touren sowie drei Einzeltouren nach Dhi Bin, Huqqa und Na'it, wobei möglichst früh aufgebrochen werden sollte. In den Bergen verschleiern über Mittag oft Dunst und Wolken die Fernsicht. Am Spätnachmittag erfreut dann vielleicht wieder das schon gemilderte Licht die Fotoreisenden. Mit Anbruch der Dunkelheit sollte die Fahrt aus Sicherheitsgründen abgeschlossen sein. Die drei empfehlenswerten Tagestouren sind: über Kuhlan nach Hajjah (115 km); über Tawilah nach Mahwit (125 km); nach Manakha und Hajarah (95 bis 102 km).

Alle genannten Zielorte außer Hajarah sind auf guten, wenn auch kurvenreichen Asphaltstraßen zu erreichen; Hajjah, Mahwit und

Manakha bieten auch Unterkünfte, wenn der Aufenthalt über Nacht ausgedehnt werden soll. Man erlebt auf solchen Touren die Bergwelt des Jemens in den Höhenlagen zwischen 2200 und 2800 m, d. h. sie können auch noch zur wärmeren Jahreszeit, also im Mai oder Juni und dann wieder im September und Oktober unternommen werden.

Von San'a' über Kuhlan nach Hajjah

Unsere erste Tagesfahrt führt in Richtung Norden zur Stadt hinaus und beginnt auf der Straße nach Sa'dah. Kaum hat man den eher häßlichen Gürtel der Kleinindustrie durchfahren, bietet sich der Blick auf die Vulkanlandschaft der weiteren Umgebung von San'a'. Der Boden rechts und links der Straße ist vorwiegend von dunkelgrauem bis schwarzem Lavageröll bedeckt. An vielen Stellen haben allerdings Bewohner nahegelegener Dörfer das Geröll gesammelt und zu Mauern aufgeschichtet. Dadurch wurde fruchtbarer Boden freigelegt, in den man hier vorwiegend Qatpflanzen gesetzt hat. Das Auge erfreut sich an dem Wechselspiel gedämpfter Farben von Dunkelgrau und Braun bis zu Dunkel- und Hellgrün. Aus braunem und schwarzen Vulkangestein ist auch das erste große Dorf, **Al-Mahmar**, erbaut und bietet – sogar im Vorbeifahren – ein plastisches Beispiel für die hier gezwungenermaßen schwierige Bauweise.

Nach dem ersten Paß – die Straße hat inzwischen auf über 2600 m hinaufgeführt – kommt die Marktstadt Amran in Sicht (s. S. 144). Bei Amran verläßt man die Sa'dah-Straße und fährt weiter in Richtung Westen. Am nächsten Paß geht es bis zu 2800 m hinauf, und nun zeigt sich eine der schönsten terrassierten Landschaften des Jemens. Trotz der Höhenlage wirkt die Natur sanfter. Der Bewuchs ist dichter als auf dem zuvor durchquerten Vulkangebiet, weil manchmal die von Westen herantreibenden Wolken dort stärkere Regenfälle ergeben und sich ein leicht abfallender Talkessel an den anderen reiht. Der Regen bringt aber nicht nur Segen. Kommt es zu wahren Regenstürmen, dann können in deren Folge Erdrutsche und Steinschläge sowie erhebliche Schäden an den Terrassen eintreten.

Kuhlan ist ein schönes Beispiel dafür, daß den Jemeniten kein Gipfel zu hoch und kein Platz zu unzugänglich ist, um eine Stadt, ein Dorf oder wenigstens ein Haus darauf zu setzen. Früher war das Felsennest für seine Wasserversorgung ganz auf Regen angewiesen. Der Ort, zu Imams Zeiten eine der Fluchtburgen des Herrschers, besitzt folglich heute noch mehrere offene Zisternen beträchtlichen Alters, in denen das kostbare Naß gesammelt und gespeichert wurde. Die aus behauenen Bruchsteinen erbaute Ansammlung von Häusern war damals nur über einen steilen Pfad zu erreichen, auf dem sich selbst mit Wassersäcken beladene Esel schwer getan hätten. Heute werden die 200 m Steilanstieg durch eine Asphaltstraße überwunden, und es führen auch Wasser- sowie Stromleitungen hinaus. Der Ort ist trotzdem noch sehenswert.

Jabal Haraz, Gebirgszug in über 2000 m Höhenlage südlich von Manakha, ist das Siedlungsgebiet der Ismaeliten. Diese Mitglieder einer islamischen Sekte haben sich als Minderheit durch großen Fleiß und Integrität behauptet. ▷

Hajjah wird nach weiteren 30 Minuten Autofahrt erreicht. Sie hat wieder durch eine der schönen Berglandschaften mit gepflegten Terrassen geführt. Der Ort wird von einer kleinen Festung überragt, die in früheren Jahrhunderten den jeweils Herrschenden – manchmal den Osmanen, meistens den Imamen – als Signalposten gedient hat; mit Spiegelreflexen wurden Nachrichten von Posten zu Posten relativ schnell über weite Strecken geleitet. Um die Große Moschee der Provinzhauptstadt Hajjah gruppieren sich mehrere Zisternen, von denen jedoch nur noch eine in gutem Zustand ist. Es lohnt sich, das Stadthaus der Imame anzuschauen, das vor rund 90 Jahren neu erbaut wurde. 1948 diente es dem damaligen Kronprinzen Ahmad als Hauptquartier, um Stammeskrieger für den Sturm auf San'a' zu versammeln; so rächte Ahmad den Mord an seinem Vater, Imam Yahyah, und machte sich die Bewohner der Hauptstadt wieder untertan.

Von San'a' über Tawilah nach Mahwit

Tip:
Die Region um Tawilah und Mahwit eignet sich als Ausgangspunkt für eintägige oder längerwährende Wandertouren. Das Wadi Mashar oder das Wadi Surdud sind von dort aus erreichbar und für das sogenannte Trekking geeignet. Dazu bedarf es jedoch kundiger Führung und eines Programms, das Übernachtungen im Freien nicht ausschließt.

Die zweite Tagesfahrt geht von San'a' aus mehr nach Nordwesten. Über 45 km gut ausgebaute, aber stark befahrene Asphaltstraße ist zunächst die Doppelstadt Shibam/Kawkaban (s. S. 146) erreicht. Hier biegt die Straße nach Mahwit über **Tawilah** in Richtung Westen ab und führt den Reisenden wieder durch eine stark terrassierte Landschaft in durchschnittlich 2000 m Höhe. Qatpflanzungen, Zwiebel- und Gemüsefelder, auch Schnittfutter für das Vieh begrünen die Berghänge, soweit das Auge reicht. Die eigenwillige Kleinstadt Tawilah (79 km von San'a') bringt dann andere Farbtupfer in das Bild. Sie erstreckt sich über mehrere gelbbraune Felsen, auf denen kein Autoverkehr möglich ist, und ihre Häuser sind aus dem gleichfarbigen Sandstein gebaut, der in den Felsen gebrochen wurde. Weißgekalkte Dach- und Fensterbegrenzungen lassen die Häuser sich vom Hauptfelsen, der den Ort überragt, abheben. Höhlen in den Felswänden deuten darauf hin, daß dort schon in prähistorischer Zeit Menschen gelebt haben.

Mahwit hat in den letzten Jahren wissenschaftlichen Ruhm erlangt, weil in Ortsnähe in weiteren Höhlen Mumien entdeckt worden sind. Ebenfalls prähistorischer Zeit zugeschrieben, haben die Mumien inzwischen ein eigenes kleines Museum in der Universität von San'a' erhalten. Die Altstadt Mahwits erhebt sich ebenfalls auf einem Felsenkegel, der mit dem Auto nicht erreicht werden kann. Doch der Aufstieg zu Fuß lohnt sich. Er führt in eine Medina, in deren Labyrinth an engen Gassen, überdachten Durchlässen und Tunnels und steil ansteigenden Stiegengängen man sich schon verlaufen könnte – wenn da nicht die Schar von Kindern wäre, die zwar lästig sein kann, aber auch wieder nützlich, weil sie dem herumirrenden Fremden schließlich doch den Weg hinaus zeigt.

Es geht laut und lebhaft zu, wenn wehrhafte Stammesbauern aus ihren Dörfern und Einzelgehöften zu einer Versammlung gerufen werden. Hier ein Stammestreffen in Manakha zur Vorbereitung auf die Parlamentswahlen 1997

Von San'a' über Manakha nach Hajarah

Die dritte Tagesfahrt ab San'a' führt über die von Chinesen hinunter zur Tihama gebaute Bergstraße und endet zunächst nach 95 km in **Manakha**. Die in 2250 m Höhe gelegene Bergstadt hat einen starken eigenen Charakter. Sie gilt als das urbane Zentrum der »Fruchtbaren Berge«, des Haraz-Gebirges mit dem fast 3000 m hohen Jabal Shibam als dem höchsten Punkt. Intensiver noch als an anderen Stellen im Jemen betreibt man in diesem Gebiet Landwirtschaft. In Manakha werden die Produkte vermarktet und umliegende Orte mit Dienstleistungen und höherwertigen Waren versorgt.

Manakha hat eine bewegte Vergangenheit. Vor etwas über 1000 Jahren begann von dort aus ein Richter (Qadi), Ali Ibn Muhammad

Hajarah, wehrhafte Bergstadt ohne Wehrmauer. Aus der geschlossenen Häuserfront heraus konnten sich die Bürger auch ohne Mauer verteidigen.

As-Sulayhi (s. S. 100), einen religiösen Feldzug im Sinne der islamisch-schiitischen Ismaeliten-Sekte. Es gelang ihm, große Teile des Jemens unter seine Kontrolle zu bringen und die Dynastie der Sulayhiden zu begründen. Die Dynastie war zwar nur kurzlebig, jedoch gibt es bis heute im benachbarten Haraz-Gebirge sieben Dörfer, deren Bewohner – rund 7000 Menschen – einer schiitischen Sekte anhängen, die zur Obergruppe der Ismaeliten gehört. Ihre Absonderung vom Hauptstrom des Islams machte die Ismaeliten zu einer Gemeinschaft, die sich durch kollektiven Fleiß einen Platz in der jemenitischen Gesellschaft zu sichern sucht. Kaum irgendwo anders im Jemen sind die Terrassenfelder sorgfältiger gebaut und die Fassaden der Häuser liebevoller dekoriert als in den Ismaelitendörfern.

An einem sehr schwierigen Gebirgspfad von der Küstenebene nach San'a' gelegen, hat Manakha auch in den beiden Zeiten osmanischer Herrschaft eine wichtige Rolle gespielt. Es diente den türkischen Truppen als Stützpunkt auf halbem Weg; Verteidigungswerke auf den höher gelegenen Felsen rings um Manakha zeugen von jener Zeit.

Hajarah erreicht man auf einer 4 km langen Piste, die hinter dem zentral gelegenen Fußballfeld von Manakha beginnt. In knapp einer Stunde ist der Weg bequem zu bewältigen. Unterwegs hat man immer wieder schöne Ausblicke in Richtung Westen und Norden, bis sich nach dem Umrunden eines Hügels der spektakuläre Blick auf das Felsennest selber bietet. Auf steilem Fels erbaut, stehen die Häuser in dichten Reihen aneinander gelehnt, so daß eine Wehrmauer überflüssig wurde. In den Ort hinein (neuerdings wird ein kleines Eintrittsgeld erhoben, das in die städtische Entwicklungskasse gehen soll) führt ein Steinstufenweg durch das befestigte Tor. Die aus behauenen Steinen erbauten Häuser sind vier oder gar fünf Stockwerke hoch. Am eindrucksvollsten ist der Blick auf sie von außen, denn in den engen Gassen kann man die kunstvoll gestalteten Fassaden kaum noch würdigen. Tiefer gelegen und geduckt an die Nordostflanke des Felsens sieht man die Häuser des ehemaligen Judenviertels (s. S. 100).

Auch die Region Manakha/Hajarah ist Ausgangspunkt für längere Wanderungen besonders im Haraz-Gebirge. Zur Übernachtung stehen in Manakha mehrere brauchbare Hotels zur Verfügung.

Dhi Bin

Dhi Bin, ein Ort rund 100 km nördlich von San'a', erfordert wegen der Schwierigkeit des Geländes mindestens auch die Anstrengungen einer ganzen Tagestour. Ab Raydah (Straße San'a'–Sa'dah, 82 km) benötigt man ein geländegängiges Fahrzeug für die Strecke zum Oberlauf des Wadis Al-Jawf. Westlich der Piste gibt es verschiedene kleine Ortschaften, in denen noch jemenitische Juden leben. Die Fahrt durch diese Region ist sehr eindrucksvoll. Man erkennt, wie mühevoll Landwirtschaft im Jemen sein kann: Alle Felder sind unter dunkelbraunem bis schwarzem Lavageröll hervorgekratzt worden. Die Steine hat man entweder zu Stütz- und Windschutzmauern oder zu Pfeilern aufgeschichtet. Die Pfeiler dienen als Stützen für Rebstöcke. Anscheinend ist oft Mutterboden von weither gebracht und auf die von Steinen gerahmten Felder geschüttet worden.

Dhi Bin ist ein interessanter Ort mit festungsartigen Häusern aus mehrfarbigem Lavagestein. Vor der kleinen Moschee des Ortes liegt eine riesige Zisterne, die aus himyaritischer Zeit stammt. Sie wird heute noch zur Versorgung der Haushalte benutzt. Die Hauptsehenswürdigkeit der Region, die Moschee aus dem 13. Jh. n. Chr., steht auf einem hohen Berg. Man fahre noch ein Stück auf der Piste Richtung Wadi al-Jawf, um dann nach Norden einzubiegen. So gelangt man zur Rückseite des Berges, von der aus das Minarett schon zu sehen ist. Ein alleinstehendes Gehöft kann als Ausgangspunkt für den Aufstieg über einen Geröllhügel dienen. Bis zur Spitze sind etwa 300 m Höhenunterschied zu überwinden, was in knapp 60 Minuten zu schaffen ist.

Oben erwarten einen die stattlichen Reste einer Fluchtburg, die zur Zeit der Rasuliden entstanden sein soll. Der erste Rasulide, Umar Ibn Rasul, war etwa 1210 n. Chr. als Wesir und Truppenführer des in Kairo und Damaskus herrschenden Sultans Saladin in den Jemen gekommen. 1229 nahm er den Titel »Al-Mansur« an und machte sich selbständig. Die Herrschaft des zaiditischen Imams war zu jener Zeit auf den hohen Norden mit Sa'dah als Zentrum beschränkt. Die von Umar Ibn Rassul begründete Dynastie beherrschte von Ta'izz aus den größten Teil des Bergjemens, einschließlich San'a' und Dhi Bin. Dort hinterließ Sultan Al-Mansur dann eine Grabmoschee, die sich durch eine schön geschnitzte Kassettendecke und mit Ornamenten reich geschmückte Wände auszeichnet. Ein Restaurierungs-Versprechen der UNESCO hat zunächst dazu geführt, daß über den Moschee-Torso ein Wellblech-Schutzhaus errichtet wurde. Der Wärter läßt Touristen gegen eine Gebühr ein. Neben Decken- und Wandschmuck verdient der mit reichem Ornamentschmuck in Stein gehauene Sarkophag des Umar Ibn Rasul al-Mansur Aufmerksamkeit.

Huqqa

Huqqa gilt heute als schwieriges Ausflugsziel. Vielleicht weil der Ort oft von Reisegruppen besucht worden ist, haben sich dort Anzeichen von Fremdenfeindlichkeit eingestellt. Dabei kann es sich natürlich um eine vorübergehende Erscheinung handeln. Es sollte nicht schwer fallen, die jeweilige Lage in San'a' zu erkunden.

Das Dorf Bayt al-Huqqa, dessen Häuser aus vulkanischem Gestein aufgeschichtet sind, ist nur etwa 23 km von San'a' entfernt, liegt aber abseits der Straße San'a'–Sa'dah (und kann deswegen nur mit Geländefahrzeugen erreicht werden). Man fahre zunächst 18 km in Richtung Amran, um dann auf eine Piste in Richtung Nordosten abzubiegen. Von der Abzweigung aus hält man auf einen Berg zu, der die Form eines Beduinenzeltes hat. Vor dem östlichen Ausläufer des Berges liegt ein Dorf mit auffälligen blauen und grünen Häusern. Das Dorf läßt man links liegen und nimmt eine der nach Osten führenden Pisten. Sie leitet zu einer flachen Erhebung, von der aus

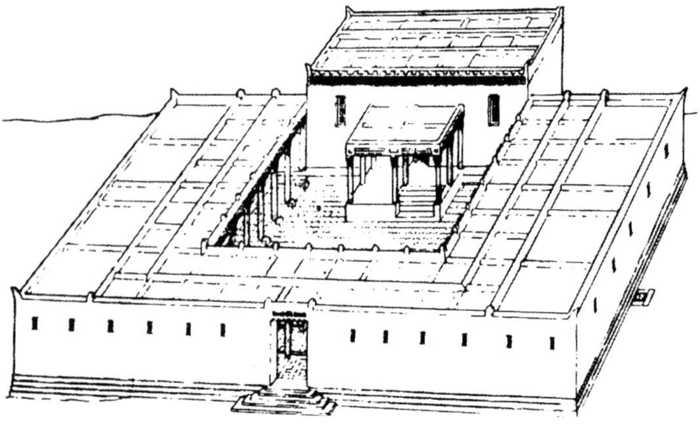

Rekonstruktionszeichnung zum Tempel von Huqqa, erstellt durch Rathjens und Wissmann 1928

man Huqqa in einer weiten Hochebene liegen sieht. Der Ort ist erkennbar an einer weißen Kuppel am Südende.

In Huqqa haben die beiden deutschen Jemen-Forscher Rathjens und Wissmann 1928 eine der im Jemen so seltenen archäologischen Grabungen durchführen können. Entdeckt und freigelegt wurden die Reste eines Tempels. Die besten Einzelstücke der Fundstätte sind in die archäologische Sammlung des Nationalmuseums in San'a' eingegangen. Am Ort verblieben und teilweise rekonstruiert wurden die Grundmauern des Tempels, doch war die Rekonstruktion nur von kurzer Lebensdauer. Kaum hatten die beiden deutschen Forscher das Feld geräumt, ließ die königliche Familie im selben Gebiet noch einmal nachgraben, wohl auf einen Goldschatz hoffend. Dabei wurden die Bausteine des Tempels verstreut, und sie verschwanden dann nach und nach. Rathjens und Wissmann haben uns noch eine Rekonstruktionszeichnung hinterlassen, die zeigt, daß es sich um ein System von Gebäuden handelte, gruppiert um einen rechteckigen Hof, der an drei Seiten von Säulenstellungen gerahmt war.

Ein Besuch Huqqas lohnt sich heute nur noch wegen der in vielen Wohnhäusern verbauten Spolien, unter denen sich schöne Exemplare finden. Knaben des Ortes, mit denen man sich von vornherein gut stellen sollte, sind es gewohnt, Fremden die antiken Bauelemente zu zeigen: Schriften, Opfersteine, Säulenbasen oder Pfeilerkapitelle.

Na'it

Na'it liegt etwa 40 km nördlich von San'a', östlich der Straße nach Sa'dah. Der Ort ist nur mit dem Geländewagen zu erreichen und sollte nur in kleinen Gruppen mit ortskundigen Führern besucht werden. Na'it darf man als Leckerbissen für Archäologie-Freunde bezeichnen. Am Rande der vulkanischen Landschaft Arhab erhebt es sich teilweise auf den Trümmern der antiken Stadt. Aus dem Trümmerfeld ragen zwei monolithische Pfeiler, wie wir sie aus der Region Ma'rib kennen. Die Pfeiler gehören zum Tempelbezirk, geweiht dem Mondgott Ta'lab. Je länger man sich auf dem Trümmerfeld aufhält – stets in Begleitung von wachsamen Einheimischen – desto mehr entdeckt man interessante Details: Fundamente kultischer Bauten, bearbeitete Marmor- und Alabasterbruchstücke, Zisternen. Dabei wandert man über Hügel, die offenkundig der archäologisch gehaltvolle Schutt von zwei bis zweieinhalb Jahrtausenden sind. Doch wissenschaftlicher Feldforschung haben die wehrhaften Bewohner bisher den Zugang versperrt. Dennoch gibt es einige kleine Grabungsplätze, betrieben vom jeweiligen Grundstücksbesitzer. Was mit Fundstücken geschieht, ist nicht bekannt. Aber in den Mauern der Häuser sind viele Spolien zu sehen.

Monolithische Tempelpfeiler bei Na'it in delikater Balance

Etwas unterhalb von Na'it in westlicher Richtung ist eine große Zisterne zu finden, deren Ursprung auf die Zeit der Himyariten zurückgeführt wird.

Von San'a' nach Sa'dah Der Norden

Besonders sehenswert:
Shaharah ☆☆
Sa'dah ☆

Seit den späten siebziger Jahren sind San'a' und Sa'dah durch eine gut befahrbare Asphaltstraße miteinander verbunden; Straßenbauer aus der Volksrepublik China hatten sie – oft gegen den hinhaltenden Widerstand lokaler Scheichs – von San'a' aus in siebenjähriger Arbeit Stück für Stück bis Sa'dah vorangeschoben. Die Entfernung beträgt 232 km. Der Verkehr ist sehr lebhaft. Außer Privatfahrzeugen fahren zweimal täglich in beiden Richtungen Autobusse und viele Sammeltaxis.

Sobald man den nördlichen Industriegürtel der Hauptstadt hinter sich gelassen hat, kommen die Reize der Vulkanlandschaft zur Geltung. Es sind herbe Reize: Die Färbungen des Gesteins wechseln zwischen schwarz bis dunkelgrau oder dunkelbraun; dazwischen kleine Felder, die in hellem Grün leuchten, wenn sie nicht gerade abgeerntet sind. Die Menschen wohnen in Häusern, deren roh behauene Steine die Färbungen der Vulkanauswürfe zeigen. Dort klettert die Straße den ersten Paß hinauf und gelangt bis auf 2600 m. Danach ist bald die Kleinstadt Amran (s. S. 144) erreicht. Ab Amran überquert man zunächst eine fruchtbare Ebene mit großen zusammenhängenden Feldern, auf denen sogar Traktoren und Maschinenpflüge benutzt werden können. Allerdings geht es nicht ohne intensive künstliche Bewässerung, die das Grundwasser strapaziert.

»Nach europäischen Begriffen gibt es im Jemen keine einzige Straße, und sei sie noch so kurz... 1953 hatte der Jemen 796 Erkennungszeichen für Kraftwagen ausgegeben. Nach zuverlässigen Schätzungen waren davon 150 bis 200 Wagen fahrbereit.«
(Günther Pawelke, deutscher Gesandter in San'a', 1959)

Die nächste Station auf der Straße nach Norden ist **Raydah**, wo eine befestigte Piste in Richtung Nordost nach Dhi Bin (s. S. 155) und weiter zum Wadi al-Jawf (s. S. 168) abzweigt. Der Ort Raydah selbst ist stark überwuchert vom unkontrollierten Wachstum der Zweckbauten, und er lädt zum Verweilen allenfalls am Markttag, dem Dienstag, ein. Dann allerdings ist er, wie in alten Zeiten, ein Treffpunkt für Jemeniten aller Schichten: Händler, Bauern, Stammeskrieger, Handwerker, Marktfrauen, Hirten und Schmuggler. Gelegentlich sieht man auch noch einige Juden, die nahe Raydah in einem Dorf leben. Es geht sehr lebhaft, bunt und laut zu, aber gleichzeitig auch friedlich, wie es die traditionelle Marktordnung gebietet.

Hinter Raydah beginnt die Straße abermals zu steigen. Über einen Gebirgspaß (2600 m) läßt sie nun endgültig die Hochebene von San'a' hinter sich. Beiderseits der Straße leben Bauern, die Stämmen angehören. San'a' liegt im Bereich der Stammesföderation der Hashid. Die Straße nach Sa'dah durchquert ein Stück des Gebietes der Bakil-Stammesföderation, um dann wieder auf Hashid-Land zu gelangen. Die Provinz Sa'dah gehört in den Bereich der Bakil. Der schwedische Jemen-Forscher Thomas Gerholm schreibt, daß dem Außenstehenden jemenitische Stämme möglicherweise deswegen eine so schwer faßbare Größe seien, weil er von falschen Annahmen, von den in Europa verbreiteten Vorstellungen »primitiver Stämme« ausgehe. Genauer betrachtet löse sich jedoch jeder Stamm in eine Anzahl von Individuen auf, die nicht viel Wesen von ihrer Stammeszugehörigkeit machen. Der Stamm könne als eine latente Organisation betrachtet werden, die nur dann in Erscheinung trete, wenn Gegensätze zu einem anderen Stamm oder – was häufiger der Fall ist –

◁ Shaharah, Brücke aus dem 17. Jh., als das osmanische Reich erstmals in den Jemen eingebrochen war. Das Bauwerk führt über eine mehrere hundert Meter tiefe Schlucht. Es verschaffte der Fluchtburg der Imame einen Hinterausgang.

Von San'a nach Sa'dah

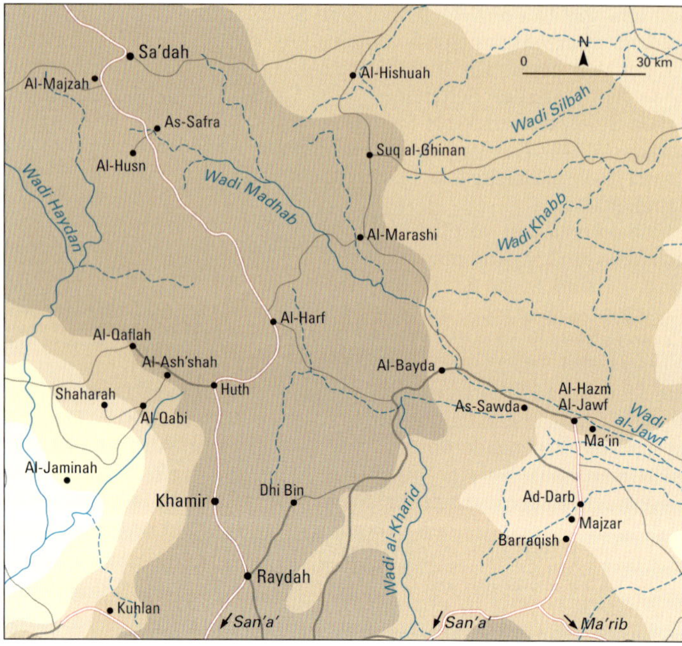

zum Staat aufbrechen. Allerdings finde man derartige latente Strukturen nicht überall im Jemen, sondern vornehmlich im Gebiet der Zaiditen (s. S. 69). Insbesondere im Bereich der beiden bekannten Stammesbünde Hashid und Bakil habe sich das traditionelle Muster mehr oder weniger noch erhalten. Hashid und Bakil werden angeführt vom Großscheich Abdallah Ibn Hussain al-Ahmar, der aus Khamir stammt, der nächsten Station auf unserer Reise nach Norden.

Khamir, ein alter Ort mit vorwiegend wehrhaften Steinhäusern, dekoriert mit eingepaßten Linien aus schwarzem Vulkangestein, zeigt gleichzeitig auch den Übergang zu einer anderen Bauweise an: Die obere Etage mancher Häuser ist aus Lehm erbaut. Ab dort in Richtung Sa'dah und Umgebung kommt Lehm als Baumaterial immer stärker zur Geltung. Khamir hat einen Sonntagsmarkt, der ebenfalls im Zeichen von Stammestraditionen steht. Die Fahrt bis zum nächsten größeren Ort, Huth, verläuft verhältnismäßig schnell, weil ab Khamir die 30 km lange Strecke nicht mehr so kurvenreich ist.

Huth kann man als Knotenpunkt auf der Straße San'a'–Sa'dah betrachten. Gut die Hälfte der Strecke ist zurückgelegt, und etliche Garküchen dort haben sich auf einen starken Mittagsbetrieb eingerichtet. Außerdem geht bei Huth nach Westen die Erdstraße ab, über die (mit dem Geländefahrzeug) Shaharah, berühmte Bergfeste vieler Imame, erreicht werden kann. Doch ehe man nach Westen abbiegt oder die Fahrt nach Norden fortsetzt, lohnt sich auch ein Blick auf

Huth selber. Der alte Teil dieser Kleinstadt liegt östlich der Hauptstraße. Er besteht aus festungsartigen Häusern, wie es sich im früher manchmal umstrittenen Stammesgebiet gehört. Früher war Huth aber auch einmal ein wichtiges Zentrum zaiditischer Gelehrsamkeit, in dem Vorbeter und Richter ausgebildet wurden. Daran erinnert noch die im Verhältnis zum Ort recht große Moschee mit dem ungewöhnlichen Dekor an der Außenmauer und einem vierschrötigen Minarett.

Abstecher nach Shaharah

Ein freundlicher Blick aus den Augen einer Hirtin auf dem Weg nach Shaharah

Die Piste in Richtung Shaharah beginnt kurz vor dem Südeingang nach Huth. Sie verläuft zunächst im rechten Winkel zur Hauptstraße in Richtung Westen. Wer von dort einen ›Abstecher‹ nach Shaharah machen will, muß sich allerdings auf eine zwei- bis dreitägige Tour vorbereiten. Auf einem Teil des Weges kann auch gewandert werden. Dann wird aus dem ›Abstecher‹ ein mindestens viertägiges Unternehmen.

Die Fahrpiste ist zwar anfangs einigermaßen glatt; für die ersten 18 km bis zu dem unbedeutenden Dorf Al-Ash'shah benötigt man dennoch im Geländefahrzeug wohl eine Stunde. Dort gabelt sich die Piste. Der Weg in Richtung Shaharah verläuft nun nach Süden, fällt um fast 1000 m ab und leitet in das fruchtbare Wadi Lissam hinunter, um dessen Lauf zu folgen. Jetzt bewegt man sich in einer Höhenlage von rund 1000 m ü. M., also in der subtropischen Zone des Jemens. Da es in dem Tal reichlich Wasser gibt, gedeiht eine üppige Vegetation. Das Gebiet ist landwirtschaftlich intensiv genutzt. Neben Getreide werden Bananen, Papaya und Kaffee angebaut. Es gibt Palmen- und Schilfdickichte mit Papyrus, in denen tropische Vogelarten leben. Fußwanderungen mit Zeltübernachtung würden sich lohnen für ein intensiveres Kennenlernen dieser landschaftlich schönen Region. Sie sollten jedoch in jedem Fall unter ortskundiger Führung stehen.

Für die weiteren 18 km durch das Wadi Lissam bis zu dem bescheidenen Ort Al-Qabi (gesprochen Al-Gabei) benötigt das Geländefahrzeug mindestens ebenfalls eine Stunde. Dort ist vorläufig Endstation. Die Reiseveranstalter unterhalten bei Al-Qabi einen Rastplatz, auf dem gezeltet wird. Übernachtet werden sollte auf jeden Fall, wenn von dem Punkt aus ein voller Aufstieg zu Fuß nach Shaharah vorgesehen ist. Er sollte bei Sonnenaufgang beginnen, weil nämlich in den nächsten vier bis sechs Stunden – je nach Kondition – ein Höhenunterschied von 1500 m teils auf sandiger Piste, teils auf schmalen Kletterpfaden überwunden werden muß.

Wer die Möglichkeit zur **Auffahrt nach Shaharah** nutzen möchte, ist genötigt, zum sicherlich überhöhten, meistens aber noch erträglichen Preis in Al-Qabi ein Geländefahrzeug anzumieten. Die Einheimischen pochen auf ihre Monopolstellung und lassen die angereisten Wagen zur Weiterfahrt nicht zu. Der Ärger darüber sollte sich in Grenzen halten: Ist dieses Hindernis erst überwunden, wird man durch das Erlebnis Shaharahs, einer der interessantesten Orte des ganzen Jemens, voll entschädigt. Empfohlen werden kann der Mittelweg, was die Entscheidung Aufstieg oder Auffahrt betrifft. Man miete ein Fahrzeug für die Auffahrt bis zu dem kleinen Ort Arhaba, der in etwa 45 Minuten erreicht ist. Dort beginnt einer der alten Fußwege, über den der Aufstieg bis zum Südtor von Shaharah in einer Stunde bewältigt wird.

Der Fußweg führt an einer schön gefaßten Quelle vorbei, dann im Zickzack-Kurs, oft über behauene Stufen, steil nach oben. An vielen Stellen überraschen immer wieder die Aussichten auf Berge und Terrassen. Gleich nach dem Südtor trifft man auf eine der mehr als 20 Zisternen, die dort bis vor einigen Jahren allein die Wasserversorgung sicherstellten. Neuerdings gibt es Wasserleitungen bis zu dem Felsennest in 2600 m Höhe, wobei allerdings diese Errungenschaft, eine Wohltat für die Bewohner, das Auge des Fotofreundes beleidigt.

Shaharahs Baumaterial war fast ausschließlich grober Felsstein. Da man während der jemenitischen Geschichte immer in Verteidigungshaltung war, baute man burgartige, düster wirkende Wohnhäuser. Auf schmucken Dekor wie in San'a' und anderswo wurde verzichtet.

Shaharah war Jahrhunderte hindurch die wichtigste Fluchtburg der Imame des Jemens, und der Ort konnte von keinem ihrer Feinde erobert werden. Von dort aus leiteten sie im 17. Jh. den Kampf gegen die Eindringlinge des Osmanischen Reiches, bis 1635 die Türken erschöpft das Land verließen. Im 19. Jh., nach der zweiten türkischen Invasion, war Shaharah wieder sicherer Zufluchtsort des damaligen Imams Yahyah, der den Kampf gegen den Statthalter des fernen Sultans bis zum Abschluß eines Autonomieabkommens führte. Während des Bürgerkrieges unter den Jemeniten in den sechziger Jahren blieb das Felsennest fest in den Händen der Anhänger des Imams, obwohl ägyptische Flugzeuge im Namen der jemenitischen Republik Shaharah schwer bombardierten. Trotz der damals angerichteten Schäden ist der Ort immer noch sehr eindrucksvoll. In einem der stattlichen Häuser nahe dem ehemaligen Palast gibt es eine brauchbare Herberge.

Die berühmte Steinbrücke zum Nachbargipfel findet man außerhalb des Osttores. Sie führt über einen etwa 100 m tiefen Einschnitt in den Berg zum Nachbarberg. Als der Architekt Saleh al-Yamani die knapp 12 m lange Brücke zu Anfang des 17. Jh. entwarf und bauen ließ, mußten an tieferen Stellen erst Stützen errichtet werden, auf denen der Neubau abgesichert werden konnte; man sieht diese Stützen heute noch. Jenseits der Schlucht führt eine Treppe steil empor zu dem Fußpfad, der den Wanderer zum nächsten Dorf leitet. Von dort gibt es einen Fußweg hinab zur Piste Shaharah–Al-Qabi, der jedoch schwer zu finden ist.

Zurück an die **Hauptstrecke Huth–Sa'dah.** Von dort sind es noch 108 km bis zum Ziel. Der nächste Paß führt die Straße auf 1700 m Höhe hinab, um kurz vor Sa'dah wieder auf knapp 2000 m anzusteigen. Zwischen den beiden Höhenlagen werden Ausläufer der großen arabischen Wüste berührt. Der Boden wird sandiger, und es sind weniger Bauten aus Stein zu sehen. Die nun immer häufiger auftauchenden Lehmbauten entsprechen besser der Landesnatur. Auch Weingärten sind auszumachen, umgeben von hohen Mauern. An manchen Mauerecken stehen Wehrtürme mit Schießscharten. Sie erinnern an eine gar nicht allzu ferne Zeit, da die hier ansässigen Bauern ihre Früchte gegen räuberische Beduinen verteidigen mußten.

Sa'dah gestern und heute

Sa'dah ☆
Besonders sehenswert:
Rest der Stadtmauer
Moschee al-Hadi
Bab Najran

Ein Ende der siebziger Jahre verlegtes Buch über die Baukunst des Jemens äußert sich begeistert zu Sa'dah. Als einzige große Stadt im Jemen sei sie von moderner Entwicklung unberührt geblieben. Und weiter: »Die Lehmmauer umschließt Sa'dah wie ein riesiges Band, das die einzeln stehenden Häuser zusammenhält und die umliegende Ebene leer liegen läßt.«

Der heutige Besucher wird schnell zu dem Urteil gelangen, daß die Begeisterung von damals nicht mehr voll gerechtfertigt ist, denn die alte Zaiditen-Hauptstadt blieb in den letzten Jahren eben keineswegs »von moderner Entwicklung unberührt«. Die Achtziger und Neunziger bescherten Sa'dah einen Bauboom und damit viel Fernverkehr. Die schweren Lastwagen und ihre Fahrer haben in der Stadt deutliche Spuren hinterlassen. Vor dem Südtor hat sich eine ganze Trabantenstadt mit Garagen, Werkstätten, Hotels und Lokalen angesiedelt. An zwei Stellen sind durch die Mauer willkürlich Ausfahrten gebrochen worden, und in der Stadt selbst sind etliche Häuser zweifelhaften Baustils entstanden. An Stelle der liebevoll geschnitzten Holztüren werden jetzt mehr und mehr grob dekorierte Eisentüren benutzt.

Um die Schönheit des alten Sa'dah neu zu entdecken, muß man zuerst den um die Lehmmauer gelegten ›Zivilisationsgürtel‹ hinter sich lassen. Das geschieht am schnellsten, indem man die Wehrmauer besteigt und sie abschreitet, soweit noch möglich. Hinauf gelangt man am Südtor (Mündung der Straße von San'a'). Von dort gehe man zum Nordtor (Bab Najran), womit man gut die Hälfte der Mauer abgeschritten hat. Der Blick von der Mauerkrone herab fällt oft in Privatgärten, auf Dächer und in offene Fenster von Wohnhäusern. Hier ist erhöhte Diskretion geboten, da in Sa'dah mehr Angehörige des konservativen Religionsadels leben als in anderen Städten (s. S. 70f.).

Beim Gang auf den Teilstücken der Mauer erkennt man deutlich die eigenartige Struktur der Häuser von Sa'dah, besonders dann, wenn man auf einen halbfertigen Neubau im Traditionsstil trifft. Die Häuser haben Fundamente, die in Baugruben von geringer Tiefe bis in Höhe des Bodenniveaus aufgeschichtet sind. Beim Bau der Außenmauern wird meist der Erdaushub aus den Gruben mitbe-

Blick von der Stadtmauer auf Sa'dahs Wohnhäuser, erbaut aus Lehmwülsten, die später mit Lehmschichten geglättet worden sind

nutzt. Erde, Lehm und Häcksel sind das Baumaterial der Mauern, deren Farbe genau der des Bodens entspricht. Anders als z. B. im Südosten des Landes, im Hadramaut, werden in Sa'dah keine Lehmziegel zum Lufttrocknen oder Brennen geformt; vielmehr wird der Erde-Lehm-Brei zu Wülsten von etwa 60 cm Dicke verarbeitet. Mit Brettern und Schlegeln klopft man die Masse fest. Es wird Wulst auf Wulst gelegt, wobei ein ›Gebäudering‹ meistens der Arbeit eines Tages entspricht.

Jeder Ring muß mehrere Tage lang trocknen. Wird ein neuer Wulst aufgetragen, so zieht man ihn an den Ecken systematisch in die Höhe. Am Dachrand ragt dann jede Ecke wie eine Zinne empor. Diese Technik dient der Stabilisierung des Gebäudes. Denselben Zweck hat das Verfahren, jeden Wulst ein bis zwei Zentimeter über den unter ihm liegenden auskragen zu lassen. Der ganzen Mauer gibt man hingegen mit zunehmender Höhe eine Neigung nach innen.

Die Art, Häuser mit vier oder fünf Stockwerken aus Lehmwülsten zu bauen, nennt man in der Gegend von Sa'dah und im Wadi al-Jauf ›Sabur-Technik‹. Manche Häuser sind außen noch mit einer Lehmschicht verputzt, so daß sich anstelle der Wülste eine geschlossene braune Wand darbietet, die allerdings wie eine Elefantenhaut mit Sprüngen und Rissen überzogen ist. Abgesehen von den beiden Hauptmoscheen und den Flanken der Stadttore sowie etlicher Neubauten sind alle Gebäude in Sa'dah nach der Sabur-Technik errichtet. Wie auch anderswo im Jemen dienen die Räume zu ebener Erde der Verteidigung und der Vorratshaltung; sie sind deswegen ohne Fenster. Die erste Fensterreihe findet sich dann in der Mitte eines Hauses oder noch weiter oben, und zwar mit kleineren Öffnungen, als sie in anderen Landesteilen üblich sind. Über einem hochkantigrechteckigen und glaslosen Fenster sitzt oft ein fast ebenso großes halbrundes Oberlicht, das mit einer Alabasterscheibe geschlossen ist. Die Kombination wird mit einer Mischung aus Kalk und Gips weiß ummalt.

Außer jener Fensterumrahmung weisen die Häuser nur wenige Dekorationselemente auf. Manche haben an den Dachrändern Zinnen, wie sie auch im Südostjemen häufig vorkommen. Die Dachränder sind mit Alabastergips und Kalk befestigt und geweißt. Etliche der älteren Häuser – Sabur-Bauten können hundert und zweihundert Jahre alt werden – besitzen Abtritte in Form nach außen vorgebauter Kästen, aus denen die Exkremente direkt auf die Straße fallen. Solche Vorrichtungen sind aber wohl kaum als dekoratives Element zu werten.

Beim weiteren Gang auf Teilen der Stadtmauer sind zwischen den Wohnhäusern die beiden Hauptmoscheen Sa'dahs und andere prominente Gebäude leicht zu entdecken. Die **Große Moschee** (Besichtigung des Inneren nicht möglich) wurde im 12. Jh. erbaut. Sie ist die Grabmoschee Al-Hadi al-Yahyahs, des ersten zaiditischen Imams und elf weiterer Imame. An der Südseite erheben sich zwölf Kuppeln über den Gräbern, jede davon anders gestaltet. Von Interesse ist auch die **An-Nisari-Moschee**. Obwohl von geringer Höhe, hebt sie sich deutlich von den umliegenden Gebäuden ab, weil sie einen Unterbau aus massiven behauenen Steinen und einen aus gebrannten Ziegeln gemauerten Aufsatz besitzt.

Überragt wird die Stadt von der im Zentrum auf einem Hügel aus Schlacke und Abfall erbauten Festung (weil vom Militär besetzt, nicht zu betreten): Sie diente sicherlich mehr dazu, die Bevölkerung in Schach zu halten, als Sa'dah gegen äußere Feinde zu verteidigen. Zwischen Festung und Stadtmauer (Nordseite) liegt ein zweiter schwarzer Hügel, ebenfalls aus Schlacke, die in großen Mengen anfiel, als einige Jahrhunderte lang in Stadtnähe Eisenerz abgebaut und innerhalb der Mauern verhüttet wurde.

Der Handel mit altem und neuem Silberschmuck ist in Sa'dah für den Religionsadel wichtiger als für die Touristen.

Bab Najran, das Nordtor, verdient besondere Beachtung. Es besitzt einen mächtigen Wehrturm aus Stampflehm, verstärkt durch Einlagen aus Felssteinen und Aufmauerungen aus gebrannten Ziegeln. Die Mauer ist hier in mehreren kühnen Schwüngen angelegt worden, so daß ihre Wehrgänge bis neben den vorgeschobenen Turm reichen und noch hinter dem eigentlichen Einlaß den Zugangsweg zur Stadt ein kleines Stück begleiten.

Ein Gang durch die engen Gassen von Sa'dah endet oder beginnt fast unvermeidlich am Hauptplatz. Dort gibt es einige Teehäuser, in denen man auch essen kann. Vom Hauptplatz zweigen die Gassen des **ständigen Marktes** ab, der aus einstöckigen Buden besteht. Auf ihm wird nicht nur verkauft, sondern auch manches produziert. Zu den interessanten Beispielen der traditionellen Fertigung gehören Kochgefäße aus Speckstein. Dolche, deren Klingen man nicht mehr in der Stadt selbst, sondern in den Dörfern der Umgebung schmiedet, werden meist zu sehr hohen Preisen gehandelt.

Stadtplan von Sa'dah

Der kleine **Silbermarkt**, auch von jüdischen Händlern betrieben, bietet einiges. Überhaupt begegnet man in Sa'dah mit einiger Gewißheit täglich Jemeniten jüdischen Glaubens, denn nahe der Stadt hat sich ein ganzes Dorf von Juden gehalten. Die Bewohner vermarkten ihre Produkte, darunter Silberschmuck, in Sa'dah.

Die Umgebung von Sa'dah

Der jemenitische Geograph Al-Hamdani (um 900 n. Chr.) hat viel über die Stadt Sa'dah und ihre Umgebung geschrieben. Von ihm erfahren wir, daß Sa'dah »ein Gebiet der Gerberei schon in der Zeit der großen Unwissenheit« war, in der Zeit also vor dem Erscheinen des Islams. Weiter heißt es, Sa'dah liege »in der Mitte des Qaraz-Gebietes«; Qaraz ist eine Akazienart, aus deren Saft man Gummiarabikum gewinnt. Und schließlich wird uns berichtet, in der weiteren Umgebung von Sa'dah finde man die besten Wadis »mit dem feinsten Wein, den meisten Pferden, guten Saatfrüchten, Trauben und gutem Vieh«.

Hamdanis Mitteilungen gehören zu den frühesten schriftlichen Hinweisen auf Sa'dah. Doch steht die Stadt an einem Platz, der schon zur Zeit des Königreiches Ma'in, also in der Antike, von großer strategischer und handelspolitischer Bedeutung gewesen sein muß. Nahe Sa'dah beginnt das Wadi Najran, das eine natürliche Straße nach Norden bildet. Die Stadt, rund 2000 m hoch gelegen, befindet sich fast im Zentrum eines weiten, 35 km langen Beckens: der ideale Sammelplatz für Karawanen, die aus dem zentralen Hochland und aus dem Südosten, also aus dem Kernland von Ma'in und Ma'rib, kamen. Von dort aus zogen sie direkt zu dem wichtigsten Handels-Außenposten Najran weiter. Außerdem gab es schon in der Antike etwa 30 km westlich der jetzigen Stadt Sa'dah Goldbergwerke. Man darf also davon ausgehen, daß die Region Sa'dah länger als seit rund 1000 Jahren besiedelt ist. Gewiß haben die vorherrschende Lehmbauweise und andere widrige Umstände dazu beigetragen, daß bisher nur ganz wenige Zeugnisse aus der Frühzeit aufgefunden wurden, sieht man von prähistorischen Felszeichnungen ab.

Felsgravuren sind zuerst nach einem etwa zwanzigminütigen Fußmarsch vom Südtor (Bab al-Jemen) aus zu erreichen. Man gehe an der Stadtmauer entlang nach Osten; auch weiter in Richtung Osten gehen, wenn die Mauer nach Norden abknickt. Knapp 1 km ist noch zurückzulegen, bis eine niedrige Hügelkette erreicht ist, an deren rechtem Rand eine ausgehauene kleine Zisterne erkennbar wird. Man folge einem Weg links von der Zisterne, um bald auf gut erhaltene Jagdszenen zu treffen.

Jabal Umm Layla, ein 2500 m hohes Bergmassiv, in dessen gleichnamigen Tal Felsgravuren und Inschriften aus prähistorischer wie auch sabäischer und himyaritischer Zeit zu finden sind, liegt rund 60 km nordwestlich von Sa'dah. Obwohl dorthin eine gut asphaltierte Straße führt, ist üblicherweise ein Besuch des Umm-Layla-Tales mit Schwierigkeiten verbunden. Die Straße führt bis direkt an die nicht definierte, zwischen Jemen und Saudi-Arabien umstrittene Grenze. Deswegen sollte man sich einen Besuch des Gebietes vom Sicherheitsdienst in Sa'dah genehmigen lassen. Wird die Genehmigung erteilt (was keineswegs selbstverständlich ist), bekommt man eine ortskundige Begleitung gestellt. Diese sollte willkommen sein, weil die Region ab ca. 10 km nördlich von Sa'dah zeitweilig von Schmugglern und Beduinen unsicher gemacht wird. Außerdem erleichtert es die Hilfe eines Ortskundigen, interessante Plätze auch wirklich zu finden.

Die Straße in Richtung Nordwest führt nach 10 km zunächst an dem Ort **Suq at-Talh** vorbei. Es handelt sich um den regional wichtigsten Marktplatz außerhalb von Sa'dah, und er verdient einen kurzen Besuch. Der Wochenmarkt findet dort samstags statt, jedoch herrscht lebhaftes Markttreiben zwischen den Buden und Ständen auch an jedem anderen Tag. Das an sich gebrechliche Gebäude von Gewohnheitsrecht und religiös definierten guten Sitten hält auf diesem Markt gerade noch das Gleichgewicht zwischen einander wi-

Tip:
Die Ebene rings um Sa'dah lädt zu Wanderungen ein. Mehrstündige Touren lassen sich noch in Sichtweite der Stadt absolvieren, und man kann von der Stadtmauer aus verschiedene Routen mit dem Auge vorausbestimmen. Das eigentliche Wadi Sa'dah eignet sich zu Spaziergängen. Vom Südtor aus liegt in Richtung Südost der 2040 m hohe Jabal Abbelle; er ist in etwa anderthalb Stunden zu Fuß zu erreichen.

derstrebenden Kräften: Schmuggler mit vielerlei ›zollfreiem‹ Gut aus Saudi-Arabien bis hin zum Geländewagen, Agenten der Regierung, Beduinen auf Waffenkauf, Viehhändler, Geldwechsler und Wunderheiler treffen sich hier im Zeichen der Friedenspflicht. Der fremde Besucher schlendert mit möglichst harmloser Miene durch die oft dicht gestaffelten Reihen und läßt sich auch durch eine Vielzahl an Maschinenpistolen nicht aus der Ruhe bringen. Doch sogar hier ist der Markt inzwischen mit Importartikeln überschwemmt. Es gibt Brokate aus Damaskus, Baumwollstoffe aus Asien, indische Blumenöle, japanische Tonbandgeräte und Kaffeeschälchen aus China.

Etwa 30 km nordwestlich von Sa'dah endet die Hochebene, und die Straße führt in ein Sandsteingebirge hinein. Westlich der Straße erhebt sich der 2890 m hohe **Jabal al-Aswad**, der »schwarze Berg«, dessen Name auf die vulkanische Vergangenheit hinweist. Nach etwa 20 weiteren Kilometern ist der kleine Ort **Ghujafah** erreicht. Von dort geht es in das eigentliche Umm-Layla-Tal, ein bizarr erodiertes Sandsteingebiet mit Schluchten, Grotten, überhängenden Steilfelsen und Wasserläufen. Die Inschriften und Zeichnungen an einigen Felsen lassen vermuten, daß hier nicht nur in vorgeschichtlicher Zeit Menschen gesiedelt haben, sondern daß zu den Zeiten der südarabischen Königreiche ein Zweig der Karawanenroute von Aden nach San'a', Sa'dah, Mekka und Gasa das Gebiet durchquerte.

Reisen in Al-Jawf

Tip:
Sind Reisen zum Jawf möglich, so wissen dies die Anbieter in Europa und in San'a'. Das immer gegebene Risiko kann dann in einem vernünftigen Rahmen gehalten werden. Bei der Anreise ab der Hauptstraße San'a'-Ma'rib sei empfohlen, das imposante ummauerte Baraqish aus mindestens 500 m Entfernung zu fotografieren, weil von näher die Umzäunung stört.

Von Sa'dah aus führt eine Wüstenpiste erst nach Osten, später nach Süden über rund 110 km nach **Suq al-Inan**, einem größeren Ort in der Provinz Al-Jawf. 1997 war es nur kurze Zeit möglich, zu den antiken Stätten des frühen südarabischen Königreiches Ma'in zu gelangen. Etwa drei Monate vor den Parlamentswahlen im Jemen (Ende April 1997) schätzte die Regierung in San'a' das Sicherheitsrisiko in der Provinz Al-Jawf so ein, daß sie sich genötigt fühlte, jeglichen freien Reiseverkehr für Ausländer dorthin zu unterbinden. Es ist dringend geboten, solche Verfügungen der jemenitischen Autoritäten zu befolgen, im eigenen Interesse und in dem späterer Reisender.

Nirgendwo im Jemen ist das Stammeswesen noch so stark und als Grundlage der Gesellschaft so unentbehrlich wie in dieser Provinz, die ohne markierte Grenze in saudi-arabisches Gebiet übergeht. Begrenzt wird Al-Jawf nach Osten eher von dem sogenannten Leeren Viertel, dem lebensfeindlichen Wüstengebiet, nach Westen vom Mißtrauen seiner Menschen gegenüber den Städtern und Regierenden des Zentraljemens. Als der Jemen sich Ende der Sechziger fremden Besuchern zu öffnen begann, war der Jawf noch längst nicht soweit; dort konnte damals selbst die Regierung nur entweder vorsichtig verhandelnd oder unterstützt von militärischer Macht auftreten.

Immerhin konnte dann in den achtziger Jahren das erste Stück Asphaltstraße, 54 km lang, von der San'a'–Ma'rib-Straße in den Jawf hinein gebaut werden. Zur selben Zeit entstanden auch die ersten Reiseberichte von Touristen über das Gebiet. Dies zeigte, daß in der Provinz »der hundert Scheiche und der 500 Familien«, wie es in einem Expertenbericht von 1976 hieß, doch etwas mehr Ruhe und Stabilität einzogen. Andererseits fühlten und fühlen sich die Menschen dort weiter an Regeln gebunden, die dem Gewohnheitsrecht der zahlreichen Stammesgruppen entsprechen.

Wie erst einzelne Touristen, später auch ganze Gruppen, so hielten die Archäologen ihren Einzug in Al-Jawf. Zuvor hatte nur ein einziger Archäologe, der Ägypter Ahmad Fakhry, das Gebiet bereisen können; doch dann durften französische und italienische Forscher tätig werden. Sie machten zunächst Bestandsaufnahmen der minäischen Stadtruinen. Dadurch wissen wir, daß diese antiken Städte von mächtigen Mauern – zwischen 1200 und 1500 m lang – umgeben waren. Die stabilisierenden Mauervorsprünge erreichten bis zu 14 m Höhe. Nach den Erkenntnissen der Forscher dienten die Bollwerke weniger der Verteidigung als dem Prestige. Man habe durch den Bau mächtiger Mauern den mit Handel erworbenen Reichtum zur Schau stellen wollen. Dafür sprechen auch Inschriften auf den Mauerkronen. Die Bautätigkeit fand in den Zeiten großer wirtschaftlicher Blüte statt. In Ma'in wäre das die Epoche zwischen dem 4. und dem 2. Jh. v. Chr. gewesen, meinen die Archäologen.

Ab San'a' fährt man rund 100 km auf der gut ausgebauten Ma'rib-Straße (s. S. 172). Nach dem Al-Fardah-Paß geht in südlicher Richtung die Asphaltstraße zum Jawf ab. Erstes und oft einziges Ziel der Exkursion ist **Baraqish**, unter dem Namen Yathill anfangs die Hauptstadt von Ma'in. Obwohl die Stadt im Inneren stark verfallen ist, umgibt sie immer noch eine **geschlossene Wehrmauer**. Weil Baraqish in islamischer Zeit besiedelt blieb, hat die Mauer den späteren Steinraub überlebt. Noch in situ befindet sich innerhalb des Mauerrings eine antike **Torkonstruktion**, die deutlich zeigt, wie Monolithpfeiler vertikal und horizontal verbaut worden sind.(Wahrscheinlich wegen der Ausgrabungen italienischer Archäologen in Baraqish herrscht dort zur Zeit absolutes Fotografierverbot.)

Von Baraqish nach **Ma'in**, dem ehemaligen Qarnawu, sind es rund 20 km. Dort ist nur das Fundament der Stadtmauer erhalten geblieben, aber **zwei Tore** befinden sich noch in gutem Zustand. Dasselbe gilt für die **Tempelruine Banat Ad**, etwa 750 m östlich der Stadtmauer. Banat Ad gilt als die »wohl am besten erhaltene vorislamische Ruine des ganzen Jawfs« (Piepenburg). Der erhöht liegende Ort ist ein guter Aussichtspunkt weit in den nordöstlichen Teil des Wadis Al-Jawf hinein.

Die weiter nordwestlich gelegenen Ruinenstätten As-Sawda und Al-Bayda, 18 und 23 km nordwestlich des antiken Ma'in, werden von den meisten Reiseunternehmen noch gemieden.

Wir führen die besten
Pferde, die es gibt.
Hellstrahlende Panzer
tragen wir
Und Schwerter, die
wir von Ad geerbt.
Den Jawf werden wir
schützen, solange
Ma'in besteht
Drunten im Tal, gegenüber von Arda!
Der es uns nehmen
wollte, den verfolgen wir
Bis zu den Anhöhen
von Yamama und
Djarada!

Wenn es sein muß,
dann schlafen wir
mit den Füchsen
Da wo die Füchse
schlafen,
Und aus den Resten
ihrer Beute bereiten wir uns ein
Mahl.

(Gedicht eines Ritters vom Stamme Hamdan, das der jemenitische Gelehrte Al-Hamdani in seiner »Beschreibung der Arabischen Halbinsel« überlieferte)

Von San'a' zum Wadi Hadramaut Der Osten

Zu den beliebtesten Reisezielen im Jemen gehört seit 1990, dem Jahr der Vereinigung der beiden Jemen-Staaten, die Provinz Hadramaut (früher Volksrepublik Südjemen) mit dem gleichnamigen Wüstental, dem zweitgrößten der Arabischen Halbinsel. Die meisten Reisen zum Hadramaut gehen von San'a' aus. Es gibt aber neben dem Inlandsflugverkehr drei Hauptrouten auf dem Landweg, von denen zwei in jedem Fall über Ma'rib führen. Bei der alten sabäischen Hauptstadt teilen sich die Wege: Einer führt über die neue ›Ölstadt‹ Safir (nordöstlich von Ma'rib) quer durch die Wüste mit einer etwa achtstündigen Pistenfahrt zum Ziel; der andere verläuft auf der alten, beschwerlichen Karawanenroute, der Weihrauchstraße, ab Ma'rib nach Harib, Timna', Nisab, Ataq, Shabwah, Al-Qatn, Shibam bis Say'un oder Tarim. Auf dieser Route sind mindestens zwei Übernachtungen erforderlich. Sie ist zwar nicht mehr so schwierig wie zu der Zeit, da Hans Helfritz in umgekehrter Richtung auf ihr bis nach Harib und San'a' gelangt ist, aber sie fordert doch immer noch eine gute Kondition von den Reisenden. Leider ist auch der klassische Karawanenweg ›saisonabhängig‹, soll heißen, abhängig vom Verhältnis der lokalen Stammeskräfte zur Zentralregierung. In zwei zurückliegenden Jahren (1995/96) war diese Route leider immer mal wieder für Touristen gesperrt, weil das genannte Verhältnis an Störungen litt.

Die dritte und auch viel genutzte Landreiseroute von San'a' zum Wadi Hadramaut führt zunächst nach Süden in Richtung Ta'izz, um bei Dhamar (rund 90 km) in Richtung Südost abzubiegen. Über Rada' und Al-Bayda geht es in den ehemaligen Südjemen, ab Lawdar nach Osten bis Mukalla (s. S. 185f.); östlich von Mukalla nach Norden zum Wadi Hadramaut. Dies ist, gemessen an der Kilometerzahl, die längste Anreise. Sie bietet aber viele Annehmlichkeiten, was Straßenzustand, Übernachtungen, Bademöglichkeiten und landschaftliche Vielfältigkeit betrifft.

Ma'rib

Ma'rib hält eine Schlüsselposition für die beiden erstgenannten Routen, und die alte Hauptstadt des Königreiches der Sabäer hat früher eine ebenso große Anziehungskraft auf die Forscher ausgeübt wie heute auf Scharen von Touristen. Bis zu Beginn der achtziger Jahre haben Besucher in Ma'rib immer viel zu wenig Zeit gehabt – angefangen bei Arnaud, über Glaser und Phillips. Dabei liegt Ma'rib nur etwa 120 km östlich von San'a' (Luftlinie). Das Gelände zwischen den beiden Orten ist zwar schwierig, jedoch nicht so schwierig, daß es Reiter oder Autofahrer an der Reise zur Metropole des untergegangenen Sabäischen Reiches hätte hindern können. Der Zeitmangel, in den die Besucher Ma'ribs unweigerlich gerieten, hatte andere

Ma'rib ☆☆
Besonders sehenswert:
Schleusen des antiken Dammes
Almaqah-Tempel
Awwam-Tempel

◁ *Die zehn restlichen monolithischen Pfeiler des Awwam-Heiligtums bei Ma'rib*

Von San'a' ins Wadi Hadramaut

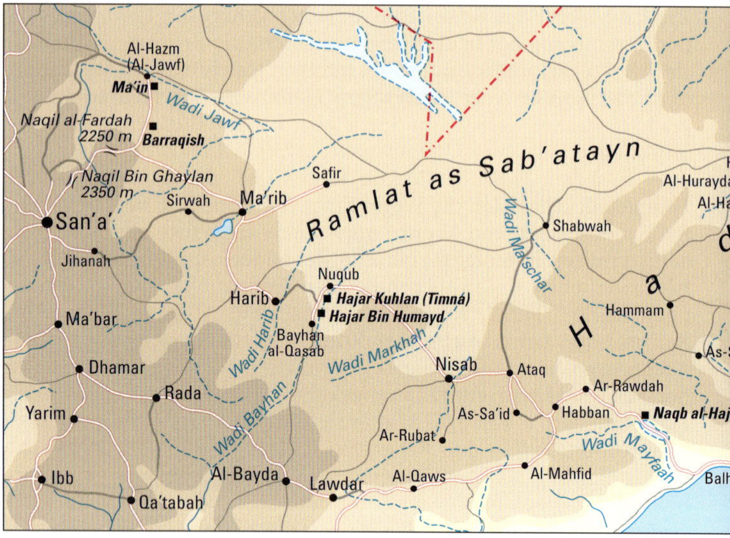

Gründe: Früher waren es Mißtrauen, Aberglaube und Fremdenfeindlichkeit der Bewohner des Ortes, die fast alle Reisenden bald wieder vertrieben. Von 1975 an, dem Zeitpunkt, zu dem Ma'rib für Touristen erreichbar wurde, lagen die Ursachen mehr außerhalb des Ortes; die militante Eigenständigkeit der zwischen San'a' und Ma'rib lebenden Stämme machten Autoreisen in die Region zum unwägbaren Abenteuer.

Seit 1984 kann man Ma'rib bequem auf einer 135 km langen, gut ausgebauten Asphaltstraße erreichen. Auch hier hat – wie früher schon im Fall Sa'dah – die Tatsache, daß nun eine auf wenige Fahrtstunden zusammengeschrumpfte Verbindung zwischen Hauptstadt und Außenprovinz besteht, den regionalen Frieden gefestigt. (Allerdings ließ die Regierung im unruhigen Frühjahrswahlfieber 1997 Touristen auf der Straße San'a'–Ma'rib wieder im militärisch bewachten Konvoi fahren, nachdem es im benachbarten Khaulan einen Fall von Geiselnahme gegeben hatte.)

Die Reise führt üblicherweise in einem großen Bogen über das vulkanische Hochland nordöstlich von San'a', wobei der 2300 m hohe **Bin-Ghaylan-Paß** und später der 2200 m hohe **Al-Fardah-Paß** überwunden werden. Besonders die Paßhöhe des Al-Fardah gewährt eine herrliche Aussicht auf tief eingeschnittene Täler und auf die sich nach Norden und Osten erstreckenden Wüsten. Am östlichen Ende des Passes biegt in Richtung Norden die Asphaltstraße zur Provinz Al-Jawf (s. S. 168) mit den antiken Stätten Baraqish und Ma'in ab. Bei der Einfahrt in die Oase Ma'rib liegt rechts der Straße, gegenüber dem fast verödeten Flugplatz, die aufstrebende Stadt Neu-Ma'rib. Dort haben Mitte der achtziger Jahre zwei Hotels den Betrieb aufge-

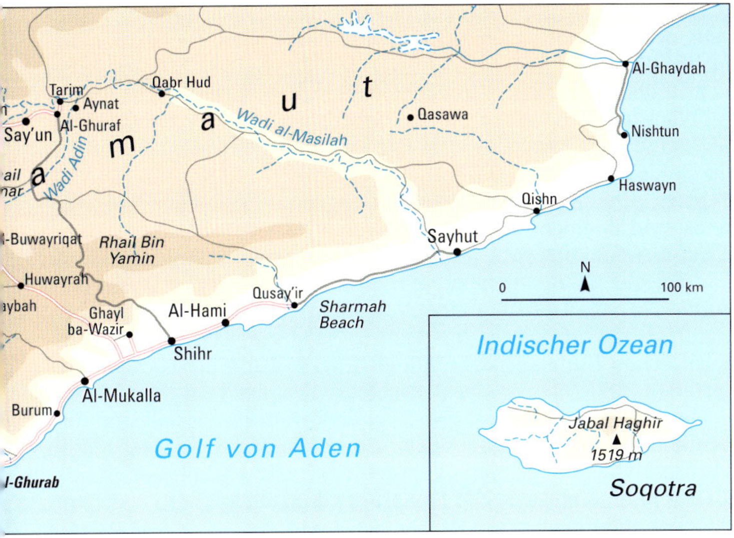

nommen, die inzwischen dringend der Sanierung bedürfen. Es gibt Geschäfte, Restaurants, Post, Telefon. Man merkt, daß hier die neue Hauptstadt eines kürzlich erschlossenen Wirtschaftsgebietes, in dem es sogar Öl gibt, entstanden ist.

Üblicherweise beginnt die Besichtigungstour ab Neu-Ma'rib mit einer Fahrt von knapp 10 km zur **Nordschleuse** des berühmten **antiken Staudamms**. Diese Schleuse war anscheinend das größere der beiden zum Damm gehörigen Wasserverteilungswerke. Die bisherigen Untersuchungen der Anlage haben ergeben, daß auf der Nordseite ein breiter Ablaufkanal das Stauwasser über etwa 1000 m zu einer großen Verteilerzisterne führte. Auch gab es auf dieser Seite eine mächtige Überlaufmauer, die wegen der stetigen Ablagerungen auf dem Grund des Stausees immer wieder erhöht werden mußte. Von den Stützmauern der Nordschleuse sind noch imposante Reste zu sehen, außerdem Verankerungen der beiden Schleusentore und Verankerungsmauern eines Nebendammes. Die Stützmauern werden von einem Teil des Schleusentores überragt. Hier hat man ein überzeugendes Beispiel für die Spitzenleistungen der sabäischen Steinmetzen und Architekten.

Zwischen der Nord- und der Südschleuse lag ein gut 600 m langer Damm. In den ersten Jahrzehnten des Sabäischen Reiches nur eine befestigte Erdaufschüttung, wurde er in späterer Zeit durch eine Steinmauer ersetzt. Wir sind durch Inschriften verhältnismäßig gut unterrichtet über die Entwicklung und den Zustand des Stauwerkes. Etwa seit dem 6. Jh. v. Chr. künden in Stein gehauene kurze Texte von der Errichtung der Schleusen, Staubecken und der Wasserverteilung am Damm.

Schriftstein in der Wand der Nordschleuse

Ehe man das (nicht immer) trockene Flußbett in Richtung **Südschleuse** überquert, sollte man die ›Königssteine‹ unterhalb der ehemaligen Überlaufmauer besichtigen. Sie berichten in himyaritischer Schrift über Reparaturleistungen am Damm im 4. Jh. n. Chr. Trauriger Nachtrag: Eine der Inschriften fanden wir 1997 durch versuchten Steinraub stark beschädigt vor. Die Ruinen auf der Südseite des Wadis sind ausgedehnter; das frühere Schleusentor ist noch in fast voller Höhe erhalten, und die Verankerungsmauern, seitlich leicht versetzt, sind in einem wesentlich besseren Zustand als auf der Nordseite; es lohnt sich eine gründliche Inspektion der Anlage. Bäume und Büsche, manchmal auch ein talabwärts fließender Wasserlauf, vermitteln dem Besucher einen – wahrscheinlich nur schwachen – Eindruck davon, wie es im Wadi as-Sadd zur Zeit der landwirtschaftlichen Blüte ausgesehen haben muß. Wenn die Umstände es gestatten, sollte man an der Südschleuse Rast machen.

Dem **Mondgott Almaqah** war ein Heiligtum geweiht, dessen Ruine meist die nächste Station einer Rundreise durch die Oase Ma'rib ist. Das Heiligtum, gelegen in der Südoase, wird zunächst erkennbar an den fünf monolithischen Pfeilern mit Kapitellen, die nebeneinander aufgereiht in den blauen Himmel ragen. Seit 1988 konnte sich die Außenstelle San'a' des Deutschen Archäologischen Institutes mit intensiver Feldforschung diesem Tempel widmen. Manchmal heftig gestört von Wettereinbrüchen und den Entladungen politischer Spannungen, hat die Arbeit des Instituts bis zum vorläufigen Abschluß im Frühjahr 1997 doch beachtliche Ergebnisse erzielt. Die Reste der Vorhalle und die wahrscheinlich aus dem 7. vorchristlichen Jahrhundert stammende Plattform des Tempels wurden freigelegt. Dabei stieß man auf Reste eines noch älteren Bauwerkes, in denen ein sabäischer Tempel aus der Frühzeit des Reiches vermutet wird.

Den Almaqah-Tempel von Ma'rib nennen viele Jemeniten »Thron der Bilqis« (Arsh Bilqis), um ihn damit der legendären Königin von Saba zuzuschreiben. Die heute in Situ sichtbaren Tempelreste stammen aus dem 5. Jh. v. Chr.; es konnten aber auch weitere archäologische Schichten freigelegt werden, die bis in das 9. Jh. v. Chr. zurückführen. Der Tempel aus dem 5. Jh. v. Chr. macht sich vor allem mit den sechs monolithischen Pfeilern aus Kalkstein bemerkbar, die bis zu über 8 m anstehen und sich durch ihren sägeblattartigen Dekor an den Kapitellen von denen des Awwam-Tempels unterscheiden.

Unter Leitung von Dr. Burkhard Vogt, der dem Deutschen Archäologischen Institut in San'a' seit 1994 vorsteht, wurde in den letzten Jahren viel zur Konsolidierung des Almaqahtempels getan. Dies bedeutete, bewegliche Teile der jemenitischen Antikenverwaltung zu treuen Händen zu übergeben und die in situ verbleibenden Gebäudereste so weit wie möglich zu festigen. Schließlich wurden die freigelegten Teile des Heiligtums mit einem Drahtzaun eingefriedet, wohl nicht zur vollen Freude der touristischen Besucher, die sich im Fotografieren behindert fühlen könnten. In Wirklichkeit sind die getroffenen Vorkehrungen gegen ungelenktes Betreten der antiken Stätte das dringend erforderliche Minimum an Sicherung. Gestörte Besucher sollten verstehen, daß bald nichts mehr übrig wäre, würden Hunderte über die freigelegten Mauerreste und Träger balancieren. Auch bietet der Zaun einen gewissen Schutz gegen Gelegenheits-Steinräuber.

Die Reste jenes 1952 teilweise freigelegten **Awwam-Heiligtums** sind meistens vierte Station der Rundfahrt. Das große Oval der Anlage ist kaum noch erkennbar. Der Wüstenwind hat viel Sand

Das imposante Mauerwerk gehört nicht zu den Resten des eigentlichen Staudammes, sondern ist die Wand einer Schleuse zur Weiterleitung des Stauwassers.

zwischen die Säulen und Mauern des Tempels zurückgeblasen. Mahnend ragen noch zehn Pfeiler empor, doch sie und der umliegende Platz sind stark betroffen von jemenitischen Kindern, die den Touristen Andenken verkaufen und allerlei Kunststücke – natürlich auch gegen Geld – zeigen wollen. Ihre Spezialität: zwischen zwei Pfeilern emporzuklimmen. Die ganze Anlage fanden wir 1997 verschmutzt vor, wie auch das Umfeld stark mit Zivilisationsmüll, u. a. mit dem der Touristen, belastet wird.

Dennoch bekommt der Besucher am Awwam-Tempel immerhin einen Eindruck von dem, was überwiegend unter dem Wüstensand verborgen liegt. Man geht davon aus, daß die Sabäer dieses Heiligtum in Anlehnung an die südbabylonische Rundbauweise entworfen haben. Der Tempel ist von einer Befestigungsmauer umgeben. Die Phillips-Ausgrabung hatte gezeigt, daß die Blöcke der Mauer 29 cm hoch und bis zu 150 cm lang, dabei leicht gekrümmt waren, so daß sie sich der Krümmung des gesamten Bauwerkes gut anpaßten.

Die Phillips-Expedition konnte 1952 nur die Vorhalle des Tempels freilegen. Die Halle war in der Antike ganz von Säulen umgeben, besaß eine breite Tür zum Tempelinneren und eine Reihung von Türen, die hinaus zu Vorhof führten. Der äußere Hof endete in einer Reihung von acht Säulen, jede 4 m hoch. Außerdem gab es 32 Pfeiler an der Ost- und Westseite, von denen jeder einen rechteckigen Block als Stütze für das Dachgestühl trug.

Die deutschen Archäologen konnten im Frühjahr 1997 nahe beim Awwam-Tempel eine antike Grabanlage freilegen. Die Entdeckung versetzte die Forscher insofern in Erregung, als es sich um eine Art von Hausgräbern handelt mit Namensangaben für die Verstorbenen. Diese Grabinschriften könnten ganz neue Erkenntnisse bringen, weil es anscheinend so präzise Angaben bisher nicht gegeben hat.

Das 1952 von Wendell Phillips teilweise freigelegte Heiligtum wird deswegen Awwam-Tempel genannt, weil eine Inschrift aus dem 7. Jh. v. Chr. die Anlage »bayt Awwam«, Haus des Awwam, nennt. Auch dieser Tempel wird von manchen Jemeniten der legendären Bilqis zugeschrieben, zumal es der größte bekannte Tempelkomplex in Südwest-Arabien ist.

Sirwah, Außenmauer des antiken Tempels mit Überbauung aus islamischer Zeit. Der Architekt des Awwam-Tempels zu Ma'rib könnte auch den Sirwah-Tempel entworfen haben.

Der Südarabienforscher Pater Albert Jamme, der an Wendell Phillips' Ma'rib-Expedition von 1952 beteiligt gewesen ist, beschrieb vor einigen Jahren ein Dilemma: Nichts wünsche er sich so sehr, als die antike Stadt Ma'rib ausgegraben zu sehen. Doch wie könnten Funde geschützt werden, wenn Stammeskrieger und deren Scheichs diese Dinge als ihr Eigentum betrachteten? So sei der 1952 halb ausgegrabene Awwam-Tempel in den sechziger Jahren praktisch zerstört worden. Man habe Steine demontiert und für den Häuserbau benutzt.

Der zerfallene Ort Ma'rib, Alt-Ma'rib, jedoch nicht das antike, liegt auf einem freistehenden Hügel, den die Wissenschaftler für den Burgberg der sabäischen Hauptstadt halten. Auch hier, wie an so vielen Plätzen im Jemen, könnte Spatenforschung wertvolle Aufschlüsse bringen. Grabungen haben lange auf sich warten lassen, obwohl der Ort seit dem Bürgerkrieg (1962–68) fast keine Bewohner mehr hat. Er wurde mehrmals bombardiert, und nur wenige Häuser waren unbeschädigt geblieben. Früher waren, eingebaut als funktionelle Elemente, an vielen Häusern Ma'ribs Spolien zu sehen, Steine mit sabäischen Inschriften, mit den Tiersymbolen der Götterwelt und mit ornamentalen Dekorationen. Doch die meisten dieser Steine sind seit Anfang der neunziger Jahre verschwunden, das heißt, von den ehemaligen Hausbesitzern zur weiteren Verwendung entnommen oder – bestenfalls – in das Depot des Nationalmuseums gebracht worden. Ein Rundgang durch das arabische Ma'rib lohnt sich also nur noch, wenn die Besucher in keinerlei Zeitnot sind.

Sirwah, die erste Hauptstadt des Sabäischen Reiches (s. S. 37), liegt rund 40 km westlich von Ma'rib. Dieser ehemals bedeutende Ort ist am besten über eine befestigte Piste zu erreichen, die am Flugplatz von Ma'rib, also bei Neu-Ma'rib, beginnt. Sie führt nördlich am Jabal Balaq vorbei und leitet über Sirwah hinaus in das Stammesgebiet der Khaulanis mit dem Hauptort Jihanah (ab Sirwah 78 km). Im Khaulan ist die Piste schon weitgehend asphaltiert und führt zur Hauptstraße San'a'–Ta'izz. Die Route kann also als Alternative zur Hauptstraße San'a'–Ma'rib betrachtet werden. Die Khaulanstämme haben sich jedoch eine starke Selbständigkeit bewahrt und versuchen gelegentlich, ihre Interessen dadurch zu fördern, daß sie den Reiseverkehr durch ihre Region behindern oder gar unterbrechen. Informationen zur aktuellen Lage müssen in San'a' oder Ma'rib eingeholt werden.

In Sirwah findet der Besucher ein festungsartiges Gebäude vor, dessen Mauern zum Teil noch 9 m hoch sind (Originalhöhe: 10,5 m). Der Bau ist wohl erst in islamischer Zeit als Festung benutzt worden; ursprünglich war er ein Tempel des Mondgottes. Fachleute (Fakhry und Doe) vermuten in dem Architekten des Mondtempels von Ma'rib auch den des Sirwah-Tempels. Ein großer Teil des Mauerwerks, gefügt aus millimetergerecht behauenen Steinblöcken, ist antik. Das gilt vor allem für die gewölbte Ostseite des Baus, an der man einen nahezu vollständigen Schriftfries findet. Die oberen Teile des übrigen Mauerwerks dürften jedoch in islamischer Zeit neu aufgeschichtet worden sein. Steinbockfriese und mehrere Schriftsteine wurden dabei an Stellen wiederbenutzt, wo sie als dekorative Elemente fehl am Platz sind. Auch das Innere der Anlage zeigt eine starke Überbauung in islamischer Zeit.

Die Wüstenroute zum Wadi Hadramaut

Die Wüstenroute zum Wadi Hadramaut
Besonders sehenswert: Shabwah ☆

Zur Weiterfahrt über die Wüstenroute zum Wadi Hadramaut bricht man gewöhnlich nach einer Übernachtung in Neu-Ma'rib am frühen Morgen auf. Seit 1996 besteht die Sicherheitsbehörde darauf, daß mehrere Wagen mit Touristen im Verband fahren. Der Konvoi bekommt Begleitschutz und wird zudem von motorisierten Beduinen angeführt, die das oft schwierige Gelände genau kennen. So wird die Fahrt zu einem Naturerlebnis und Wüstenabenteuer mit minimiertem Risiko. Kein verantwortungsbewußter Reiseveranstalter würde einen einzelnen Wagen mit Touristen ohne Begleitschutz durch mindestens ein Fahrzeug, gesteuert von einem Beduinen, auf die Route schicken. Wer von den oft kaum erkennbaren Pisten abkommt, kann auch mit dem Geländefahrzeug steckenbleiben und zudem auf ein Gebiet geraten, das durch Saudi-Arabien beansprucht wird.

Die Wüstenroute führt ab **Safir** im Halbbogen durch den ›Ramlat as-Sab'atayn‹, was man aus dem Arabischen mit ›Sand zwischen den beiden Sabas‹ übertragen kann. Mit den beiden Sabas wären das Sabäische und das benachbarte Qatabanische Reich der Antike mit der Hauptstadt Timna' gemeint. Timna' und die erste hadramitische Hauptstadt, Shabwah, liegen jedenfalls mindestens 100 km südlich des Weges, auf dem in schneller Fahrt die Wagenkolonnen der Asphaltstraße in der Provinz Hadramaut entgegenfahren. Diese ist nach etwa achtstündiger, manchmal auch längerer Fahrt nahe dem größeren Ort Al-Qatn erreicht.

Die Route der Weihrauchstraße

Diese Route wird üblicherweise auch nach einer Übernachtung in Neu-Ma'rib am frühen Morgen eingeschlagen. Sie führt zunächst nach **Harib** (Asphaltstraße), wo Hans Helfritz 1933 in das jemenitische Königreich einzureisen versuchte, jedoch erst einmal drei Wochen lang festgesetzt war. Lohnt sich für den heutigen Reisenden ein längerer Aufenthalt in Harib? Die kleine Stadt hat einen lebhaften ständigen Markt, auf dem auch das nicht weit entfernt gewonnene Steinsalz umgeschlagen wird. Zudem sind einige ältere Wehrbauten aus Stein zu finden.

In Harib gehört Steinsalz zu den wenigen lokal gewonnenen Handelsgütern.

Lohnender ist auf jeden Fall ein Besuch der antiken Stätte **Haribat** (arabisch: Hajar hinu as-Surayr), der Ruinen einer qatabanischen Stadt. Haribat ist ca. 3 km außerhalb der Stadt im Wadi Harib zu finden und scheint verhältnismäßig unberührt von Steinräubern und den Folgen eines ständig wachsenden Tourismus zu sein. Der Ort verdankt diese Vorzüge seiner Lage auf der ehemaligen Grenze zwischen den beiden früheren Jemen-Staaten, die ihn zum Sperrgebiet gemacht hatte. Obwohl noch nicht von Archäologen ausgegraben, sind sorgfältig aufgemauerte Wände bis zu 3 m Höhe und die Reste von zwei mächtigen Torburgen zu sehen. Die Fundamente der Stadtmauer wie auch ganze Straßenzüge sind zu erkennen. Die erhaltenen unteren Quaderlagen der alten Häusermauern lassen einen wohlgeordneten Stadtplan erahnen.

Ab Harib zum benachbarten **Wadi Bayhan** geht es über eine schwierige Gebirgspiste. Sie führt über Aqabat (Engpaß), Mablaqah und Aqabat Najd Marqad. Obwohl in der Luftlinie nur rund 30 km zurückgelegt werden, dauert die Fahrt zwei bis drei Stunden. Dann ist endlich das Wüstental Bayhan, bis 1968 ein Kleinfürstentum, erreicht. Man trifft auf die Asphaltstraße an einem Punkt ziemlich genau zwischen den Orten Bayhan al-Qasab und Nuqub. Damit befindet man sich auch zwischen zwei antiken Stätten, Hajar bin Humayd und Hajar Kuhlan, um sie bei ihren arabischen Namen zu nennen. Nur Hajar Kuhlan, nämlich das antike Timna', ist für allgemein archäologisch interessierte Besucher von Belang, und das auch in Grenzen.

Hans Helfritz gelangte auf seiner Südarabien-Reise 1935 von Hadramaut nach Harib, einem Grenzort des Königreiches Jemen. Dort wurde er drei Wochen lang festgehalten, ehe ihm Imam Yahyah die Weiterreise nach San'a' gestattete. Obwohl unter ständiger Bewachung, durfte Helfritz sich in Harib umsehen. Er lernte die Bewohner des Ortes als sehr aufsässig kennen, die sich mit der Autorität des Imams, die ihnen in zu Anfang der dreißiger Jahre aufgezwungen worden war, nicht abfinden wollten.

Timna'

Als erster machte 1895 der österreichische Forscher Eduard Glaser auf die fast gänzlich verschüttete Ruinenstätte im Wadi Bayhan aufmerksam, von der er gehört, die er aber selbst nicht besucht hatte. Der Besuch blieb dem Engländer Wyman Bury vorbehalten. Er gelangte im Jahr 1900 nach Timna' und kopierte von einer aus dem Sand herausragenden Mauer acht Inschriften. Aber es dauerte noch fast ein Vierteljahrhundert, ehe der Welt sich die Identität des Platzes enthüllte: Nikolaus Rhodokanakis, ein österreichischer Gelehrter griechischer Herkunft, publizierte 1924 eine Analyse aller damals bekannten qatabanischen Inschriften und wies nach, daß unter den Sandhügeln am linken Ufer des Wadi Bayhan das antike Timna' liegen müsse.

Diese Lokalisierung erstaunte die Fachwelt insofern, als nunmehr deutlich wurde, daß zwischen den antiken Hauptstädten Ma'rib und Timna' je nach Fahrstrecke nur 60 bis 80 km liegen. Das damals schon mächtige Sabäische Reich hatte demnach das Aufkommen eines starken, rivalisierenden Nachbarn unweit seiner Hauptstadt nicht verhindern können. Doch wissen wir im einzelnen nur wenig über jene Zeit und ihre Geschichte. Vielleicht war Timna' ursprünglich sogar eine sabäische Gründung, die unmerklich erstarkt war und dadurch Eigenständigkeit gewann. Sie könnte dann in der Zeit zwischen 500 und 400 v. Chr. eine Schwächeperiode der Sabäer genutzt haben, um staatliche Selbständigkeit zu erlangen; es können jedoch auch die Machthaber von Saba einen selbständigen Handelspartner jenseits der Südostgrenze ihres Staates toleriert haben, weil er einen Puffer gegen feindliche Kräfte im Hadramaut bildete. Diese und andere Fragen beschäftigten bis nach dem Zweiten Weltkrieg die theoretische Forschung.

Anfang der fünfziger Jahre kamen dann mit den Archäologen unter Leitung von Wendell Phillips die Praktiker zum Zuge. Das Team, dem auch europäische Gelehrte angehörten, beschäftigte in zwei Grabungskampagnen jeweils 200 bis 300 einheimische Arbeiter; in der zweiten Phase holte es sich sogar geübte Aufseher und Vorarbeiter aus Ägypten. Mit vereinten Anstrengungen gelang es, das Südtor der Stadt Timna' freizulegen. Man grub ferner die beachtlichen Reste von zwei Häusern aus, die aufgrund von Inschriften als ›Haus Yafaan‹ und ›Haus Yafash‹ bezeichnet wurden. Freigelegt werden konnten auch die Reste eines Tempels, geweiht dem qatabanischen Gegenstück der römischen Göttin Venus. Diese Sterngottheit ist übrigens in ganz Südarabien männlichen Geschlechts. Der Tempel des Attar erwies sich als der größte unter den von Sand befreiten Gebäudekomplexen innerhalb Timna's. Außerhalb wurde auf dem einstigen Friedhof der Stadt gegraben. Schließlich setzte Prof. W. F. Albright, der geistige Vater des Unternehmens, eine Grabung nach Tonscherben in Hajar bin Humayd durch. Dort wurden zwanzig Kulturschichten freigelegt. Der Wissenschaftler benötigte die Scherben, um einen Töpferei-Index der qatabanischen Geschichte aufstellen zu können.

Timna' heute

Die Ruinenstätte umfaßt eine Fläche von etwa 21 ha. Man hatte die Stadt auf einem natürlichen Kliff am Nordeingang des Wadis angelegt. Timna' war eine ummauerte Stadt mit wahrscheinlich vier Toren. Das **Südtor** ist von zwei Bastionen umgeben. Drei Meter über dem Bodenpflaster befindet sich an der massiven Mauer eine Inschrift mit den Gesetzen der Stadt. Das Gemäuer zeigt eine archaische Bauweise und scheint aus einer früheren Phase der Stadtgeschichte zu stammen. Noch unerforscht sind die anderen Torbauten an der Ost- und Nordwestseite der Stadt. Grabungen Ortsansässiger nach Baumaterial haben aber die Bastionen des Südwesttores zum Vorschein gebracht. Hier verrät das Mauerwerk mehr Kunstfertigkeit; die Steinblöcke sind gut zugeschnitten, mit dem Hammer bearbeitet und ordentlich verlegt.

Nahe dem Stadtzentrum befindet sich der dem Attar geweihte **Haupttempel**. Wahrscheinlich erfolgte der Bau des Heiligtums in mehreren Etappen. Von der ersten Phase zeugt das massive Mauerwerk der untersten Schichten, wohl der älteste Teil des Heiligtums. In der zweiten Phase, im 3. Jh. v. Chr., fielen Erweiterungsbauten. Unter den Königen des 1. Jh. v. Chr. kamen in einer dritten Bauphase wahrscheinlich Hof und Treppen neu hinzu. Im Tempelhof sind gelbe und rote Marmorplatten gefunden worden, die als Bekleidung der Innenwände des Tempels gedient haben dürften. In einer Sandgrube stand der 1950 freigelegte Obelisk des Königs Shahr Hilal Yuhanim. Die Inschriften des Monolithen beziehen sich auf die Handels-, Markt- und Steuergesetze der Stadt. Seit Beginn der neunziger Jahre ist der Obelisk nicht mehr auffindbar. Es heißt, er sei wieder zugeschüttet worden, damit er nicht gestohlen werden könne.

Haus Yafaan und Haus Yafash, beide 1950/51 ausgegraben, liegen an der Westseite der Stadt, das Haus Yafaan näher dem Südtor. Haus

Antiker Schriftstein in Timna'

Yafash hat sechs Inschriften, die Aufschluß über die Thronfolge einiger qatabanischer Könige geben. Außerdem lassen sie die Entwicklung des qatabanischen Schriftbildes erkennen. Das Haus selbst bestand nach Ausweis der Inschriften aus mehreren Räumen zu ebener Erde. Eine Außentreppe führte zum oberen Stockwerk, wo sich die Lagerräume und eine Veranda befanden.

Der Friedhof der Stadt liegt ungefähr 1500 m nördlich. Man sieht seine Reste an der Westseite eines großen Felsvorsprungs. Auffällig sind einige qatabanische Bauten aus Stein- und Lehmziegelmauerwerk. Das unterste Bauwerk am Fuß des Felsens hält man für einen Totentempel. Dort befindet sich auch ein etwa 18 m tiefer Schacht, in dem zahlreiche Fundstücke und eine Inschrift entdeckt wurden.

Weiter auf der Straße zum Wadi Hadramaut passiert man zunächst den kleinen Ort **Nuqub**, früher die Residenzstadt der Sultane von Bayhan. Hier ›herrschte‹ bis 1968 Sherif Hussain Ibn Ahmad. Als die Briten gegen Ende 1967 Aden und auch das Hinterland aufgeben mußten, kam die Revolution nach Bayhan. Der über siebzigjährige Sherif Hussain floh nach Saudi-Arabien, wurde von den neuen volksdemokratischen Machthabern in Abwesenheit zum Tode verurteilt und ist inzwischen eines natürlichen Todes gestorben. Sein in den fünfziger Jahren erbauter Palast ist heute Bürohaus der Lokalregierung.

Auf der Weiterfahrt nach Ost-Südost am Rande der großen Wüste überquert man das **Wadi Markhah**. Dieses Wüstental ist in den letzten Jahren zu einem archäologischen Experimentierfeld geworden. Mit Hilfe von Satellitenbildern und Luftaufnahmen aus geringerer Höhe sowie anderer neuer wissenschaftlicher Methoden wurde seine antike Struktur erkundet, ohne die Ansässigen zu mobilisieren und sie an Schatzsuche denken zu lassen. Festgestellt worden ist dabei, daß man es bei dem Wadi Markhah mit einem großen Bewässerungsgebiet der sabäischen Zeit zu tun hat, in dem es mehr als ein Dutzend Siedlungen gab. Es wurden auch Reste einer großen Stadt gesichtet mit eigener Wehrmauer und Grundrissen von großen Gebäuden, d. h. Tempeln und Palästen, die durch einen Brand zerstört worden sein dürften. Die Wissenschaftler vermuten nun, mit jenem Platz die Königsstadt des vor etwa 2000 Jahren untergegangenen Staates Ausan gefunden zu haben; im Frühjahr 1997 begaben sie sich auf die Suche nach einem deutlichen Beweis für ihre Annahme.

»Wir näherten uns Shabwah... Um zehn Uhr erreichten wir entlang des Wadi Mashar die beiden Brunnen, an denen Kamele getränkt wurden und deren Besitzer uns entgeistert anstarrten. Gleich darauf fuhren wir durch das ehemalige südöstliche Tor und hielten vor einem niedrigen einstöckigen Lehmhaus. Ich konnte jedoch keinen Gedanken an die Geschichte dieser einstmals so berühmten und berüchtigten Stadt aus der Blütezeit des Weihrauchhandels verschwenden, die Gegenwart nahm meine volle Aufmerksamkeit in Anspruch. Blitzschnell turnten die Polizisten aus den Wagen und hielten ihre Pistolen schußbereit.«
(Der deutsche Schriftsteller S.U. Graf über die Ankunft zu einem Kurzbesuch in Shabwa 1968)

Nisab und **Ataq** sind die beiden nächsten kleinen Städte, die man auf dem asphaltierten Teil der antiken Weihrauchstraße erreicht. Beide Orte haben heute mehr mit der Ölindustrie als mit den alten Duftstoffen zu tun, und der fremde Besucher kann sie übergehen, wenn er nicht gerade zu speisen wünscht, sich erfrischen möchte oder gar ärztliche Hilfe benötigt. In Ataq beginnt dann nämlich die nach Norden führende Piste, die mit einer 120 km langen Wüstenfahrt in drei bis vier Stunden den entdeckungsfreudigen und archäologisch interessierten Touristen zu dem gleichfalls legendären Shabwah bringt.

Shabwah

Shabwah, die Hauptstadt des antiken Hadramaut, fiel sehr früh dem Nomadentum zum Opfer. Zuvor war die Königsstadt – gegen Ende des 2. Jh. n. Chr. – von den noch einmal erstarkten Sabäern erobert worden. Die Herrscher über Shabwah blieben fortan ihren sabäisch-himyaritischen Vettern in Ma'rib und Zafar untergeordnet. Der abhängigen und in ihrer Bedeutung absinkenden Stadt wurde nun die exponierte Lage am nordwestlichen Rand des Reiches zum Verhängnis. In ihrer Glanzzeit ein Bollwerk gegen die Beduinen, konnte sie den beutegierigen Stämmen nichts mehr entgegensetzen. Als die aus Zentralarabien eindringenden Kinda schließlich dem Reich den Todesstoß versetzten, war Shabwah schon mehrmals von Beduinen verwüstet und längst aufgegeben worden. Die einst so prachtvolle Metropole geriet bei den Arabern nach und nach in Vergessenheit. Al-Hamdani, der rund 300 Jahre nach dem Siegeszug des Islams so plastische Schilderungen von Zafar, der Burg Goumdan in San'a' und anderen himyaritischen Städten gab, meldete lapidar: »Im Gebiet zwischen Bayhan und Hadramaut liegt Shabwah, eine Stadt der Himyar.« Immerhin läßt er uns das Schicksal der Stadt erahnen, wenn er schreibt: »Als die Himyar mit den Madhitsh Krieg führten, zogen die Leute von Shabwah aus und ließen sich im Hadramaut nieder und Shibam wurde nach ihnen benannt.«

Andere arabische Geographen und Schriftsteller erwähnten die ehemalige Hauptstadt Hadramauts in der Folgezeit nicht mehr. Für spätere Forscher aus Europa aber blieb die Metropole unter dem Namen Sabota durch das Werk des älteren Plinius als Stadt mit sechzig Tempeln in Erinnerung.

Mehr noch als Timna' verdankt Shabwah seine Anziehungskraft auf Erlebnis- und Bildungsreisende dem Umstand, daß die Reste der antiken Hauptstadt Hadramauts über ein Jahrhundert lang nur unter größten Schwierigkeiten zu erreichen waren. Die Gefahr für frühe Forscher ging von den Stammesleuten aus, die in drei heute verlassenen Dörfern rund um die Ruinenstätte wohnten. Selbst zur Zeit der britischen Oberhoheit konnten Archäologen nicht ausreichend lange in Shabwah bleiben, um eine gründliche Bestandsaufnahme vorzunehmen.

Erst die volksdemokratische Diktatur, die 1990 endete, verschaffte französischen Forschern einen jahrelangen Aufenthalt in Shabwah und ermöglichte ihnen intensive Grabungen. Das hat wohl zu einem Gesinnungswandel bei den Leuten vom Stamm der Al-Buraiq geführt, was den Umgang mit Fremden betrifft. Halbnomaden lagern jetzt am Rande von Shabwah; sie bieten Besuchern Tee und offene Zelte für das Nachtlager an, statt sie zu vertreiben. Gelegentlich kann es aber auch zu einem Stimmungsumschlag kommen. Ursache dafür sind einander widerstrebende politische Interessen, von denen die Stammesleute instrumentalisiert werden. Wenn Shabwah mal wieder nicht in den Reiseplan aufgenommen werden kann, erfährt man davon meistens rechtzeitig in San'a' oder Ma'rib.

Etwa 16 km vor Shabwah (westlich der Ruinenstätte), an der Südflanke des **Jabal Uqla**, findet man eine geschichtsträchtige Felsengruppe. Sie ist leicht zu entdecken, denn auf dem mittleren Felsen sitzt ein kleiner Steinbau, dessen Ursprung noch nicht geklärt werden konnte. Erst nach der Annäherung bis auf einige Meter ist zu erkennen, daß die glatten Seitenflächen des Felsens über und über mit ›sabäischen‹ Inschriften bedeckt sind. Sie enthalten namentliche Erwähnungen hadramitischer Könige und Gründungsdaten wichtiger Bauwerke. Den Erkenntnissen der Schriftforscher nach versammelten sich an dem Felsen Könige und Adelige zu besonderen Anlässen und ließen diese auf dem Stein vermerken. Uqla ist gewissermaßen das Reichsarchiv.

Nordöstlich der Ruinenstätte von Shabwah (vom Tempel aus gesehen) sind niedrige Hügel zu finden, in denen es Steinsalzminen gibt. Dort wird immer noch Salz gehauen und von kleinen Kamelkarawanen zu Handelsplätzen in der weiteren Umgebung, zum Beispiel nach Harib und Al-Qatn, gebracht.

Zum Besuch in Shabwah fährt man mit dem Geländewagen meistens durch das Wadi Ma'shar von Osten her ein. Die Ruinenstätte liegt in einer Mulde, die man mit dem Auto durchqueren kann. Shabwahs Spuren sind über eine Fläche von etwa 1000 m Länge (von Ost nach West) und 500 m Breite verstreut. Am prominentesten erhebt sich das **Untergeschoß des Mondtempels** aus dem sandigen Boden; es ist von den französischen Forschern freigelegt worden. Hier begegnen wir einem sorgfältig bearbeiteten Mauerwerk aus behauenem Naturstein, das auf den Wohlstand der antiken Stadt hinzuweisen scheint.

Von Nord nach Süd dürfte eine Prozessionsstraße Shabwah durchquert haben. Rechts und links der im Schnitt 10 m breiten ›Straße‹ konnten die Ausgräber Stützmauern, Treppen, Säulenbasen und Basen für Statuen freilegen. Die Reste eines großen Gebäudes, errichtet auf einem mächtigen Podest, gelten als Ruine des Königspalastes. Man entdeckt Sockel der alten Stadtmauer sowie Teile der Stadttore und Bastionen. Bedauerlich ist, daß es an Ort und Stelle keine Hinweise und Erläuterungen gibt, die dem Besucher Verständnishilfe geben. Dem Bildungsreisenden bleibt also ein breiter Spielraum für die eigene Phantasie. Irritieren aber wird es ihn, daß die antike Stätte so wirkt, als sei sie nach systematischen Einzelgrabungen noch einmal gründlich vom Bulldozer umgepflügt worden.

Al-Qatn (s. S. 206), ehemals Hauptstadt des kriegerischen Qaiti-Stammes, ist auch Ziel der Anreise von Ma'rib über Harib, Timna', Shabwah zum Wadi Hadramaut. Die heute eher unbedeutende Stadt bietet immerhin mehrere brauchbare Hotels, sollte das Bedürfnis bestehen, sich vor der Besichtigungsreise durch das Wadi Hadramaut noch einmal gründlich zu duschen und auszuschlafen.

Von San'a' über Mukalla zum Wadi Hadramaut

Von San'a' über Mukalla zum Wadi Hadramaut
Besonders sehenswert:
Rada' ☆
Mayfa'ah ☆
Qana ☆☆
Mukalla ☆

Auf dieser Route erlebt der Reisende zuerst ein Stück des Bergjemens. Man verläßt die Stadt in Richtung Süden, durchquert den wuchernden Gürtel der Kleinindustrie und bewegt sich in Richtung Ta'izz. Hier befindet man sich auf der großen Nord-Süd-Straße, die ab San'a' in den siebziger Jahren mit deutscher Hilfe gebaut worden war. Bei Dhamar biegt man nach Osten von der Hauptroute ab und fährt weiter bis **Rada'**, eine alte Stadt, die Beachtung verdient. Sie wird überragt von einer **Burg**, in der Schriftsteine und andere Antiquitäten aus himyaritischer Zeit aufbewahrt werden. Da sie im Stadtbereich gefunden worden sind, gelten sie als Zeugnisse des hohen Alters von Rada'. Interessanter ist jedoch, was in der heutigen Mischung von alter und neuer islamischer Stadt an wichtigem Kulturgut bewahrt werden konnte.

Rada', Amariyyah, seit Anfang der neunziger Jahre in Restaurierung

Hier muß zuerst die **Amariyyah** genannt werden, eine im Jahre 1512 von dem Rasuliden-Herrscher Abdul Wahab Ibn Tahir erbaute Moschee. Lange im Zustand des Zerfalls, erblühte sie nach vieljähriger Restaurationsarbeit gegen Ende der Neunziger zu alter Schönheit. Ungewöhnlich ist an der Amariyyah, daß sie auf einem Sockel erbaut worden ist und somit ihre eindrucksvolle Fassade mit Arkadenloggien dem Beschauer aus erhöhter Position darbietet. Der Raum unterhalb dieser Plattform diente auf der einen Seite für rituelle Waschungen der Gläubigen und beherbergte auch einen Gebetsraum für Frauen; auf der Gegenseite war eine Karawanserei untergebracht. Die Decke der Hauptmoschee ist von sechs Kuppeln, die alle prächtigen Rauten- und Pflanzendekor aufweisen, gekrönt. Die Schmuckornamente und die Zinnen weisen indischen Einfluß auf, und es wird viel darüber spekuliert, ob sie vielleicht späteren Datums sind oder ob es schon im 16. Jh. einen Import künstlerischer Elemente aus Indien gegeben hat. Auf ein Minarett hat man bei der Amariyyah verzichtet.

Nicht weit entfernt von der Moschee sind auch alte Bürgerhäuser zu sehen, die den bekannten Rada'-Stil aufweisen: Der Unterbau aus behauenen Natursteinen trägt mehrere weitere Stockwerke, errichtet aus gebrannten Ziegeln. Glasierte Ziegel im ersten Stock, gemauerte Zierbänder an jedem weiteren Stockwerk und reich geschmückte Oberfenster ergeben eine Dekorpracht, die hinter der von San'a' in keiner Weise zurücksteht.

Auf der Weiterfahrt nach Südosten passiert man nach der kleinen Stadt **Al-Bayda'** die heute unsichtbare Grenze zur früheren Volksrepublik. Die knapp 50 km bis Lawdar bringen auf der nach dem Zusammenschluß neugebauten Straße eine dramatische Abfahrt von fast 2000 m auf 500 bis 600 m. Entsprechend steigt die Temperatur. Nun biegt die Straße strikt nach Osten ab. Sie führt durch eine wilde

Habban, eine Stadt der Lehmbauten, erlebt zur Zeit wieder einen Aufschwung.

Landschaft der Tafelberge und erloschenen Vulkane. Als nächster Ort für einen Besichtigungshalt bietet sich die kleine Stadt Habban an.

Habban, ein Ort mit Dutzenden von Häusern aus Stampflehm, hat in den letzten 50 Jahren ein wechselvolles Schicksal gehabt. Bis etwa 1949 war er ein Zentrum jüdischer Silberschmiedekunst. Habban beherbergte bis zu ihrem Auszug nach Israel die größte Ansammlung von Südarabern mosaischen Glaubens außerhalb von Aden und war, unter dem Schutz der britischen Vormacht stehend, eine der wohlhabendsten Gemeinden der ganzen Region. Habban erlebte nach ihrem Auszug eine Zeit des Niederganges. Doch dann gingen von dort auch viele junge Muslime in die Welt, um als Gastarbeiter Geld für die Gründung einer eigenen Familie zu verdienen. In den sechziger und siebziger Jahren floß – obwohl im Südjemen inzwischen die Volksmacht herrschte – reichlich Geld aus Saudi-Arabien und den Öl-Golfstaaten nach Habban und wurde in den Hausbau investiert. Es entstanden immer wieder Häuser, die genau so aussahen, als wären sie ein- oder zweihundert Jahre früher gebaut worden.

Anfang der neunziger Jahre erlebte Habban den zweiten schweren Einbruch. Nach einem Streit zwischen den Golfstaaten und dem Jemen wegen der Handhabung der Irak-Kuwait-Krise mußten die Habbaner Gastarbeiter sowie etwa eine Million anderer Jemeniten fast mittellos heimkehren. Es wurden keine Häuser mehr erneuert, und ein Teil von Habban verfiel. Doch seit einiger Zeit gibt es wieder Arbeit, und zwar diesmal auf den eigenen Öl- und Gasfeldern nahe Shabwah. Seither sind wieder ein Dutzend oder mehr Lehmhäuser im Traditionsstil aufgebaut worden, und Habban ist so schön wie zuvor, da es ungebrochen in der überkommenen islamischen Stadtkultur von Jahrhunderten gestanden hatte.

Mayfa'ah

Hinter Habban führt die Straße noch etwa 30 km durch das Gebirge, um dann südwärts zum Meer, zum Indischen Ozean hin, abzubiegen. Die Route folgt nun zeitweise dem Wadi Mayfa'ah, das sich aus einem engen, von Felsmauern umragten, geröllreichen Tal zu einem breiten, sandigen Mündungsgebiet wandelt, sobald es die Küste erreicht hat. Rund 50 km hinter Habban findet man in diesem Wadi die stattlichen Reste von Mayfa'ah, der antiken Hauptstadt von Unter-Hadramaut. Ein nahe der Ruinenstätte gelegener Ort heißt **Naqb al-Hajar**.

Vom antiken Mayfa'ah sind große Teile der Stadtmauer erhalten geblieben. Sie besteht aus bearbeiteten Kalksteinblöcken mit einer durchschnittlichen Länge von fast einem Meter. Die Mauer war in regelmäßigen Abständen durch Bastionen verstärkt, von denen ebenfalls noch etliche vorhanden sind. Deutlich läßt sich erkennen, wo das **Nordtor** der Stadt lag, während das **Südtor** ihm gegenüber als das eindrucksvollste Bauwerk von Mayfa'ah gelten darf. Das Südtor war wohl der Hauptzugang zur Stadt. Die beiden Tortürme stehen noch über 10 m hoch, ihre Außenfronten haben eine Breite von 3 bis 5 m. Drei altsüdarabische Inschriften sind im Bereich des Südtores in die Mauern eingelassen. Sie berichten, wer als Stifter, Architekt und Baumeister welche Tätigkeiten veranlaßt und ausgeführt hat.

Innerhalb der Mauer bedeckt die Stadt eine Fläche von rund 150 mal 300 m. Ihre Häuser waren auf zwei Hügeln errichtet, die durch eine nach Norden abfallende Senke getrennt sind. Am Grund der Senke, nahe dem Nordtor, befindet sich ein Brunnen. Zur Brunnenanlage gehört ein mauerverkleideter hoher Turm. Vermutlich hat er dazu gedient, das Wasser mit Gefäßen so weit wie möglich hochzuziehen, um damit eine Druckwasseranlage zu speisen.

Die Ruinen von Mayfa'ah stehen auf einem schmalen Felsrücken, der die Südseite des Wüstentales begrenzt. Geht man an diesem Felsrücken entlang, und zwar stromaufwärts in dem südwestlich verlaufenden Wadi, so gelangt man nach rund 1000 m an die Reste eines Kanals. Hier ist in alter Zeit der Felsrücken durchstochen worden, um Wasser aus dem Tal auf die südlich gelegenen Felder zu leiten. Heute wird dieses Gebiet landwirtschaftlich nicht mehr genutzt.

Obwohl Mayfa'ah schon vor etwa 150 Jahren wiederentdeckt worden ist und seither viele Archäologen beschäftigt hat, sind Ent-

Etwa zwei Tagesreisen lang leitete das Wadi Mayfa'ah die Weihrauch-Karawanen von der Küste in Richtung Timna' und Shabwah. ▷

Hafenbucht von Mukalla. Fischerei und urbanes Händlertum sind hier eine Synthese eingegangen.

stehung und Untergang der Stadt zeitlich nicht genau bestimmt. Sehr wahrscheinlich wurde Mayfa'ah groß, als der Karawanenhandel in Hochblüte stand. Qana, der Hafen des antiken Hadramauts und wichtigster Umschlagplatz für Weihrauch und Myrrhe aus dem viel weiter östlich gelegenen Dufar (heute in Oman), Qana war nur eine Tagesreise entfernt. Die auf dem Felsrücken thronende Stadt und Festung Mayfa'ah beherrschte den vom Meer heraufführenden Karawanenweg nach Norden, der sich zu ihren Füßen gabelte: Eine Route ging nach Timna' ab, der Hauptstadt von Qa'tabah, die andere führte über Berge bis nach Shabwah, der Hauptstadt des antiken Hadramaut.

Qana

Qana ist die nächste Station auf der Reise, die jetzt zunächst in Richtung Süden verläuft. Bald nachdem die Straße wieder das Meer erreicht, taucht die Ortschaft **Bi'r Ali** auf, kaum mehr als ein Fischerdorf. Noch vor Bi'r Ali gibt es einen günstigen Rastplatz (Camping möglich): eine etwa 600 m ins Meer hineinragende Halbinsel mit feinem Sandstrand, Palmen und einem wuchtigen Felsen, der arabisch Husn al-Ghurab (»Krähenfestung«) genannt wird. Dort hat Brian Doe, in den fünfziger und sechziger Jahren Direktor der

Antikenverwaltung in Aden, die Reste der historischen Hafenstadt von Hadramaut, Qana, wiederentdeckt.

Der Reisende kann die Reste des antiken Hafens ebenfalls erkunden, wenn er den steilen, zeitweise schwierigen Pfad zum Hochplateau des Felsens hinaufsteigt. Schon aus halber Höhe erkennt man den Grundriß der einstigen Stadt und die Grundmauern zahlreicher Gebäude. Anscheinend war Qana in mehrere getrennte Viertel gegliedert; an der Ostseite dürften kleinere Wohnbauten gestanden haben, im Norden zahlreiche Bauwerke von kreisrundem Grundriß. Doe vermutet, daß im Zentrum von Qana hohe Häuser aufragten, deren unterer Teil jeweils aus Quadermauerwerk bestand und einen Aufbau aus luftgetrockneten Ziegeln trug.

Beim weiteren Aufstieg zur ›Krähenfestung‹ passiert man zwei in die Felswand eingelassene himyaritische Inschriften. Aus ihnen geht hervor, daß der Felsen in alter Zeit Urr Mawiyat genannt wurde. Ferner berichten sie über Instandsetzungsarbeiten, die nach den Einfällen der christlichen Aksumiten im ersten Drittel des 6. Jh. nötig waren, also in der Endphase des sabäisch-himyaritischen Reiches. Auf das Felsplateau war eine Festung gebaut, die als Aussichts- und Signalposten sowie als Verteidigungswerk für den Hafen diente. Man erkennt leicht die Reste des Torturmes, zu dem der schmale Zickzack-Pfad von unten heraufführt. Zudem sieht man Zisternen und Reste von Mauerwerk. Schon wegen des herrlichen Ausblicks auf die Küstenregion lohnt sich der Aufstieg am frühen Morgen.

Tip:
In der Bucht bei Bi'r Ali kann man auf für Jemen einmalige Weise Badefreuden mit archäologischem Anschauungsunterricht verbinden. Man befindet sich im Bezirk der antiken Hafenstadt Qana. Wer schwimmt, tut es im ehemaligen Hafenbecken. Vom nahegelegenen Felsen Husn Al-Ghurab herab kann man die antiken Strukturen deutlich erkennen.

Straßenszene in Mukalla

Etwa bis 1991 hatten jemenitische und russische Archäologen gemeinsam Grabungsfelder abgesteckt und andere Vorbereitungen für Feldforschung getroffen. Dann sind jedoch die Wissenschaftler infolge des politischen Umbruchs in ihrem jeweiligen Land abgezogen worden. Inzwischen soll es zu einer neuen Vereinbarung über Zusammenarbeit gekommen sein.

Mukalla

Ein erloschener **Vulkan** liegt gut 3 km östlich von **Bi'r Ali** südlich der Straße zum Meer hin. Der Kraterrand kann leicht erklommen werden. Wer es tut, wird mit einem Blick auf einen schönen Kratersee belohnt. Danach dauert die Fahrt zur Hafenstadt Mukalla noch etwa 90 Minuten. Wo die Bucht beginnt, an deren Strand Mukalla liegt, zwängt sich neben der Autostraße die alte holperige Kamelpiste durch einen Hohlweg. Unmittelbar danach passiert man drei große Brennöfen, mächtigen Meilern ähnlich, in denen Kalkfarbe gebrannt wird. Dieser Kalk spielt in südarabischen Küstenstädten, auch in Mukalla, eine große Rolle.

Mit seinen weißgetünchten Moscheen und den ebenfalls strahlendweiß gehaltenen ehemaligen Kaufmannshäusern der Altstadt, überragt von den schwarzen Felsen des **Jabal Qara**, erweist sich Mukalla auch heute noch als eine sehenswerte Stadt; um so mehr, als eine tiefblaue See dem Bild einen weiteren Kontrast hinzufügt. Symptome von Zivilisationskrankheiten sind dennoch nicht zu verkennen. Die Einwohnerzahl Mukallas hat sich innerhalb von 20 Jahren auf knapp 100 000 verdoppelt, und es sind nach Süden wie auch Westen hin ganze Vororte neu entstanden, in denen die Regeln traditionellen Bauens keine große Rolle mehr spielen. Zu entdecken gibt es hingegen allerhand im Zentrum, in Alt-Mukalla.

Wer Zeit zu einem längeren Rundgang hat, sollte Ausschau nach alten Türen halten, die mit schön geschnitzten Balken und Kupferbeschlägen manchmal den Rang von Kunstwerken erreichen. Die älteren Moscheen stehen schon im Zeichen eines Mischstiles: südarabisch und südostasiatisch, was auf die engen Beziehungen der Hafenstadt zum Fernen Osten zurückzuführen ist. Im ehemaligen Sultanspalast hat man eine kleine Sammlung antiker Fundstücke untergebracht. Schön ist der Blick vom Palast auf die Bucht, aber auch der umgekehrte, von der Ostseite der Bucht auf den Palast.

Mukalla gehört, soviel wir wissen, nicht zu den frühen Stätten südarabischer Zivilisation. Zur Zeit läßt sich die Geschichte der Stadt rund 950 Jahre zurückverfolgen. Wahrscheinlich hat der Platz zuerst als Siedlung für Fischer, dann als Treffpunkt für Händler, Fischer und Beduinen gedient. Da es zu jener Zeit keinen nennenswerten Überseehandel mehr gab, blieb Mukalla lange Zeit unbedeutend, bis um die Mitte des 17. Jh. ein Ahmad al-Kasidi als Sultan der Küstenbewohner dort Residenz nahm. Die Auseinandersetzung mit

den Beduinen des Hinterlandes, d. h. die Balance zwischen der Raubsucht der Nomaden und ihrer Abhängigkeit von Dienstleistungen und Qualitätswaren der Städter zu halten, blieb die dauernde Aufgabe der Sultane von Mukalla. Sie entledigten sich ihrer mit mehr Erfolg als die Sultane des Hinterlandes, denn inzwischen hatte der Handel wieder zu florieren begonnen.

Wie in der Antike über Qana, so gelangten im 18. und 19. Jh. fast alle Handelsgüter über Mukalla in das Innere Südarabiens. Die erheblichen Zolleinnahmen und Gebühren ermöglichten es den Mukalla-Sultanen, ein starkes Söldnerheer zu unterhalten und damit die Nomaden in ihre Schranken zu weisen. Als die Briten in der kolonialen Schlußphase ihre Politik der indirekten Herrschaft zu verlängern suchten, spielte der Sultan von Mukalla in solchen Überlegungen eine große Rolle. Doch ging das Fürstentum ebenso wie andere Oligarchien und Stammesföderationen schon bald in den links-nationalistischen und sozialrevolutionären Stürmen unter, die die britische Kolonialpolitik in Aden ausgelöst hatte.

Der Besitzer dieser Tür in Mukalla hat eine Vorliebe für die eher barock-asiatische Ornamentik, die südarabische Händler vor etwa 100 Jahren in Java kennenlernten und zurück nach Südwestarabien brachten.

Im Wadi Hadramaut

Wadi Hadramaut ☆☆
Besonders sehenswert:
Say'un ☆
Tarim ☆
Shibam ☆☆

Karte s. S. 172

Hadramaut wird das zweitgrößte, nur von Wadi Ram in Jordanien übertroffene Wüstental der Arabischen Halbinsel genannt, obwohl der Name heute für eine ganze Provinz mit zahlreichen Wüstentälern gilt. Das eigentliche Wadi Hadramaut liegt in der Luftlinie rund 160 km von der südarabischen Küste entfernt. Es verläuft von West nach Ost, mißt knapp 200 km in der Länge und stellenweise 10 km in der Breite und hat zahlreiche bedeutende Nebentäler, z. B. Wadi Amd, Wadi Daw'an, Wadi Adim und noch andere. Nach einer Mitteilung aus der Zeit der Volksrepublik lebten 1987 etwa 350 000 Menschen im Wadi Hadramaut; in der ganzen Provinz Hadramaut waren es 1994 über 870 000. (Für die Anreise zum Wadi Hadramaut aus San'a' über die beiden möglichen Südost-Routen, siehe S. 170f.)

Ab Mukalla folgt man der Küstenstraße zunächst in Richtung Osten. Nach 26 km gibt es einen Abzweig nach Norden, ebenfalls eine gut ausgebaute Asphaltstraße, 1984 fertiggestellt und inzwischen wieder erneuert. Mit ihr haben die Straßenbauer den sogenannten **Jawl**, eine Hochebene mit Schutt- und Schotterwüste, dem Autoverkehr zugänglich gemacht. Für die frühen Reisenden war der Jawl das größte Hindernis auf dem Weg nach Hadramaut. Das schwierige Gelände verlangte ihnen körperliche Hochleistungen ab, und zudem wurde das Gebiet von Beduinen unsicher gemacht. Nur im Schutz einer Beduinenbegleitung, die bei allen anliegenden Stämmen Anerkennung fand, konnten Reisende passieren. Heute kann man die rund 300 km bis zur Stadt Say'un in gut dreieinhalb Fahrtstunden zurücklegen, muß sich allerdings in spannungsgeladenen Situationen ebenso wie die frühen Reisenden an Sicherheitshinweise regional gebundener Kenner halten.

Tip:
Auf der schnellen Fahrt nach Say'un über Hawrah, Al-Qatn und Shibam passiert man die Zugänge zu sehenswerten Nebentälern, etwa zum Wadi al-Ayn und zum Wadi Daw'an. Die Stadt Say'un mit ihrer verhältnismäßig großen Zahl an Hotelzimmern eignet sich jedoch als zentraler Ausgangspunkt für Besichtigungen im Wadi Hadramaut.

Say'un

Say'un gehört zu den Städten, die sich schutzsuchend an die Kalkwände des Wadi Hadramaut anlehnen. Nach der arabischen Gründungslegende ist die Stadt uralt: Sie soll noch in vorislamischer Zeit an der Stelle entstanden sein, an der zuvor das (gänzlich verschollene) Schloß einer Fürstin Say'un gestanden hatte. Später wurde der Platz von Eindringlingen aus dem Nordwesten besetzt. Leo Hirsch ist zuerst auf Berichte gestoßen, denen zufolge etwa 10 000 Männer und Frauen der Hamdan-Stämme aus der Nähe von San'a' unter Führung des Emirs Badt Ibn Tuarik Kathiri in den Hadramaut eingedrungen sein sollen. Nach längeren Kämpfen mit Einheimischen und Stammeskriegern aus dem Gebirgsland nördlich von Aden wurden die Nordjemeniten im Innern des Wadis seßhaft. Als Ende der sechziger Jahre die Volksrepublik den Kleinfürstentümern des Gebietes den Garaus machte, war der entthronte Sultan von Say'un immer noch ein Kathiri.

◁ *Eine kleine Moschee auf der Südseite des Wadi Hadramaut nahe Tarim, die ihre Existenz einem reichen Stifter verdankt*

»Die Straßen von Say'un sind breiter und reinlicher als die von Shibam, und sie werden freigehalten von den Ausflüssen der Häuser, die in ummauerte Ecken münden. Innerhalb der die Stadt umfassenden Lehmmauer finden sich bestellte Felder und ansehnliche Palmgärten, die meist den Moscheen gehören.«
(Leo Hirsch, 1893)

Der mächtige **Sultanspalast** mit den vier Rundtürmen steht auf einem Hügel mitten im Zentrum und thront folglich immer noch geradezu provokatorisch über den Moscheen und Häusern der Altstadt. Er ist in seiner jetzigen Form neueren Datums, erbaut mit den Gewinnen des einst blühenden Südostasienhandels und erneuert im 20. Jh. mit britischen Zuschüssen. Zwei ältere Paläste, die langsam zerfallen, stehen im gleichen Bezirk. Zwischen ihnen und um sie herum spielt sich wie früher das lebhafte Treiben des Marktes ab. Dieser Markt und die anschließenden Straßenzüge sind der ursprüngliche Teil von Say'un. Wenn man mehrmals durch die engen Gassen geschlendert ist, glaubt man die Gründerzeit dieser Stadt im Zeichen des Islams nachvollziehen zu können.

Ganz zu Anfang war der Ort wohl nur ein Treffpunkt von Kameltreibern aus der Wüste und unternehmungslustigen Geschäftsleuten von der Küste. Beide Seiten nahmen hier die Sicherheit in Anspruch, die ihnen die käufliche Macht eines Scheichs verschaffte. Der Geschäftsbetrieb am Lagerplatz zog Nomaden an und ließ sie in der Nähe seßhaft werden. Das Handelszentrum gelangte zu Wohlstand; es wurden Wohnungen, Paläste, Moscheen und Schulen gebaut. Mittelpunkt des Lebens war der Markt, der Suq, in dessen Bereich die Hauptmoschee zu stehen hatte. Denn es genoß noch das Wort des Kalifen Umar (634–644 n. Chr.) größten Respekt, daß in allen Dingen Suq und Moschee übereinstimmen müßten.

Die liebevolle Dekoration der Heiligengräber und privaten Grabsteine im Wadi Hadramaut, hier in Say'un, steht im krassen Gegensatz zum Wahhabismus, einer puritanischen Richtung des Islams, die im benachbarten Saudi-Arabien Staatsdoktrin ist.

In Say'un wie in den anderen südarabischen Städten unterstanden alle, die an der Erzeugung und Verteilung wirtschaftlicher Güter beteiligt waren, der Zunftordnung. Mit Ausnahme der hohen Beamten des Sultans und der Geistlichen gehörte jeder Mann je nach Handwerk und Gewerbe einer bestimmten Gilde an. Die Grundlage der Zunft- und Gildenordnung wurde mündlich von einer Generation auf die nächste weitergegeben, und es müßten auch im heutigen Say'un noch einige alte Männer leben, die sich der Überlieferung erinnern, obschon die Zünfte und Gilden zwischenzeitlich staatlich gelenkten Genossenschaften weichen mußten.

Die meisten der fast zweitausend älteren Häuser und der rund fünfzig Moscheen, die Hans Helfritz in den dreißiger Jahren in Say'un vorfand, haben sich in die neue Zeit hinübergerettet. Einige Silberschmiede, Töpfer, Tischler und Korbmacher setzen die traditionellen Handwerksarten unter veränderten Umständen fort. Nach ihren Produkten Ausschau zu halten, lohnt sich gerade in Say'un.

Die **Landschaft Hadramaut** gewinnt ihren Reiz durch die Harmonisierung von Gegensätzen: Sie besitzt einen hohen Grad an Urbanität, der jedoch den Bauern und ihren Dörfern nicht den Lebensraum beschnitten hat. Bis vor etwa zehn Jahren wurde Landwirtschaft so sehr in Übereinstimmung mit der Natur betrieben, daß streckenweise noch die Urlandschaft erhalten geblieben war. Heute erlebt man den Eindruck der Urlandschaft nur noch ganz selten; inzwischen ist der Grundwasserverbrauch durch künstliche Bewässerung zu groß geworden, und auch die Zahl der Menschen hat zu stark zugenommen, als daß alles im Zustand der Harmonie hätte bleiben können. Ohnehin wird es dem Reisenden unserer Tage, meistens gebunden an die Wünsche einer Gruppe und an das Leistungsvermögen der offiziellen Reiseleitung, nicht leicht gemacht, die ganze Schönheit des Wadi Hadramaut zu erfassen. Wer die Gelegenheit hat, nahe Tarim (28 km von Say'un) zum Sonnenaufgang auf die 80 bis 100 m hohen Klippen der Nordseite zu gelangen, wird die Gegenseite im Goldrot der Morgensonne erstrahlen sehen, während die schroffen, von Wind, Sand und Wasser zerfressenen Stellen auf dem Grund des Tales zu dieser Stunde meist unter einer Dunstschicht verborgen bleiben, über die gerade noch Minarette, Lehmburgen und Palmenwipfel hinausragen.

Der Boden des Wadis ist an vielen Punkten so flach und glatt, daß Flugzeuge auf ihm landen könnten. Dies sind die Stellen, auf denen Mais und Getreide ausgesät werden, sobald eine Flut über sie hinweggegangen ist. An anderen Stellen wird ganzjährig Landwirtschaft betrieben; dort fördern Motorpumpen Grundwasser aus Brunnen, die oft schon 20–40 m tief in den Boden hinabreichen. In den Feldern hocken fast den ganzen Tag Frauen, deren schwarze Tücher auf dem Kopf durch einen kegelförmigen oder spitzen hohen Strohhut gehalten werden.

Auf den Klippen beiderseits des Tales sieht man in bestimmten Abständen steinerne Türme, ehemalige Wachtürme gegen Beduinenüberfälle. Manche einzeln stehenden Häuser auf der Talsohle wirken mit ihren Ecktürmen, Schießscharten, Zinnen und Torbögen wie unsere mittelalterlichen Burgen. Das sind die verbliebenen Verteidigungsanlagen aus der Zeit der Fürstenfamilien Qaiti und Kathiri, die vor 1968 in dieser Region jahrhundertelang bestimmend waren. Sie ließen Wachtürme und Burgen bauen, um ihren eigenen und fremden Handelskarawanen Schutz vor räuberischen Beduinen zu verschaffen; allerdings auch, um Zölle und Gebühren von den Durchreisenden eintreiben zu können und –nicht zuletzt– um sich manchmal auch im Kampf um Marktanteile oder aus Gründen der Blutrache gegeneinander zu verschanzen.

In früheren Zeiten waren die Ortschaften meist auf den Hügeln im Wadi Hadramaut angelegt, doch im Zuge ihrer ständigen Erneuerung ›wanderten‹ sie in den Schatten der Klippen beiderseits der Wadi-Ränder. Indem man an die Felsen heranrückte, verringerte man Angriffsmöglichkeiten und stärkte die Verteidigungsposition. Shibam ist eine der wenigen Städte des Gebietes, die sich etwa die Mitte eines Wüstentales als Standort gewählt haben. Ihre Gründer müssen von der eigenen Stärke überzeugt gewesen sein, als sie ihre Häuser inmitten des Wadis zu bauen begannen.

Das **Grabmal des Ahmad Ibn Isa al-Muhadjir** (›der Einwanderer‹) gehört zu den Sehenswürdigkeiten nahe Say'un. Wenige Kilometer außerhalb der Stadt in Richtung Tarim (Osten) werden etwa 100 m rechts der Straße leuchtend weiße Moscheekuppeln, eine in den Felsen gehauene, geweißte Treppe und – auf eine Plattform ge-

Grabmal des Ahmad Isa al-Muhadjir nahe Say'un. Al-Muhadjir, »der Einwanderer«, kam in der Frühzeit des Islams vom Persischen Golf nach Hadramaut und machte sich dort um den religiösen Frieden verdient. Er wird dafür vom Volksglauben als Heiliger verehrt.

stellt – eine zweite Moschee sichtbar. Für viele Menschen im Wadi Hadramaut ist dieser Platz ein Wallfahrtsort. Ahmad Ibn Isa soll hier begraben liegen, ein Sayyid, der vor etwa 1200 Jahren dem orthodoxen Islamverständnis im Wadi Hadramaut wieder Geltung verschaffte (s. S. 46). Da auch eine Scheicha, eine Heilige, in der Nähe beigesetzt ist, kommen besonders Frauen zu der Weihestätte, die sich in ihrem strahlenden Weiß stark von dem braunen Geröll der Felswand abhebt.

Tarim

Tarim, rund 33 km östlich von Say'un, wird immer noch vom Halbkreis eines Palmengürtels gesäumt. Die Stadt bietet damit weiterhin jenen Anblick, den Hans Helfritz bei seiner Pionierreise zu Anfang der dreißiger Jahre festgehalten hat. Gleich dem Haar eines alternden Menschen ist freilich der Palmenhain inzwischen etwas dünner geworden. Erhalten geblieben ist auch ein Teil dessen, was Tarim in der islamischen Blütezeit, in diesem Fall das 17. bis 19 Jh., ausgemacht hat. Damals vermochten sich die Städte Hadramauts gegen die Nomaden durchzusetzen, und die Stadt Tarim wurde ein Zentrum religiöser Gelehrsamkeit. Aus der ganzen südlichen Hälfte der Arabischen Halbinsel kamen junge Menschen in die Stadt, um den Koran und die aus der Zeit des Propheten überlieferten Aussprüche (Hadith) zu studieren. Zur Bewältigung der Lehrtätigkeit entstanden in Tarim im Laufe der Zeit über 300 Moscheen und Religionsschulen. Obwohl die Stätten frommer Gelehrsamkeit heute zum großen Teil geschlossen sind, könnten sie künftig arabisches Kapital anlocken, mit dessen Hilfe man Moscheen wiederherstellen und die Rolle des Islams wieder stärken würde. Den Anfang einer solchen Reislamisierung hat Tarim schon gemacht, dabei leider auch die noch intakten Moscheen, z. B. die bekannte Al-Midhar, für Besichtigungen durch fremde Besucher gesperrt.

»Tarim ist von einem breiten Palmengürtel umgeben. Darin gibt es fließende Gewässer, und aus dem dunklen Grün leuchten weißgetünchte Minaretts. In der Gartenkunst sind die Araber von jeher Meister gewesen. Wo nur das lebenspendende Element, das Wasser, zu finden ist, da sprudeln und springen kunstvolle Wasserspiele, die die Orientalen so sehr lieben.«
(Hans Helfritz über seinen Besuch in Tarim 1931)

Gelehrt wurden und werden in Tarim die Thesen des orthodoxen Islams. Die Orthodoxie entsprach der geistigen Position der Bürger dieser alten Stadt. Schon in den Jahren nach dem Tod des Propheten (632 n. Chr.), als zahlreiche arabische Stämme sich der neuen islamischen Ordnung wieder entziehen wollten und ganz Südarabien im Aufruhr gegen den neuen Kalifen entbrannte, soll im Wadi Hadramaut allein Tarim zum Nachfolger Muhammads als Führer der Gläubigen und zum wahren Glauben in orthodoxer Auslegung gestanden haben.

Im 19. Jh. machte das erzkonservative Tarim eine merkwürdige Wandlung durch: Einige seiner Söhne entdeckten die weite Welt; sie begaben sich auf denselben Seeweg, den rund 2000 Jahre früher die Sabäer, Qatabaner und Hadramiten benutzt hatten. Er führte sie nach Südostasien, insbesondere zur Insel Java. Die tüchtigen südarabischen Händler wurden schnell reich. Sie gründeten Zweitfamilien auf Java und anderen indonesischen Inseln. Im Alter aber wollten sie ihren Reichtum in der alten Heimat genießen. Deswegen erlebte Tarim im 19. Jh. einen wahren Bauboom, der neue Paläste und prächtige Bürgerhäuser entstehen ließ. Wohl wahrte man die traditionelle Bauweise mit Stampflehm und luftgetrockneten Lehmziegeln, doch in die Kunst am Bau, in die ornamentalen Dekorationen und in die Schnitzarbeiten flossen südostasiatische Stilelemente ein.

Es begann sich damals in der ganzen Stadt ein neuer Geist bemerkbar zu machen. Er war von den Lebensgewohnheiten und dem Wesen anderer Völker beeinflußt. Das traditionsbewußte Tarim tat sich zunächst schwer, diesen neuen Geist zu akzeptieren, zeigte sich aber mit den Jahrzehnten immer aufgeschlossener. In den dreißiger Jahren entstand dort sogar die Vorhut einer von Java ausgehenden Reformbewegung, die den Einfluß des religiösen Adels erheblich beschnitt.

Von Java und dem ›Modernismus‹ ist auch die große **Al-Midhar-Moschee** beeinflußt, deren Minarett Tarim als Wahrzeichen dient. Seit der Zeit des islamischen Mittelalters immer wieder erneuert, wurde sie Anfang des 20. Jh. zum Symbol des im Südostasien-Geschäft zu Wohlstand gelangten Bürgertums. Der an sich schlichte Bau erhielt ein neues Minarett von über 50 m Höhe. Schon 1939 entrüstete sich der holländische Reisende van der Meulen, dieses Minarett sei mehr eine technische als eine architektonische Errungenschaft. Man habe es wohl nur deswegen errichtet, um alle Höhenrekorde der Region zu brechen.

Immerhin ist dieser ganz ungewöhnliche Turm wie fast alle Bauten in Tarim aus Lehmziegeln errichtet worden. Es hatte sich bis vor einigen Jahren gelohnt, seine 150 Stufen zu erklimmen, denn aus der Höhe bekam man einen guten Überblick über die Moscheen der Stadt, darunter auch viele ältere Gebetshäuser, die durchweg schöner sind als die Al-Midhar-Moschee. Vielleicht ist ja gerade deswegen Nicht-Muslimen das Besteigen des Minaretts inzwischen untersagt worden?! Da aber auch die alte islamische Bibliothek (Al-Kaf-Bibliothek) von Tarim Andersgläubigen nicht mehr zugänglich gemacht wird (es sei denn, sie wären Wissenschaftler mit offiziellem Auftrag), muß man wohl davon ausgehen, es mit einer neuen islamisch-orthodoxen Verschlossenheit zu tun zu haben.

Rund 20 km weiter nach Osten, zuerst auf guter Asphaltstraße, dann auf kaum noch gepflasterter Landstraße kommt der Reisende in **Aynat** (südlich der Straße) an. Die kleine Stadt macht durch einen Friedhof mit neun Grabstätten von Heiligen auf sich aufmerksam. Zwar sieht man die viereckigen Hausgräber mit den hohen, spitz auslaufenden Kuppeln auch anderenorts im Wadi Hadramaut. Doch in Aynat bietet die Vielzahl eine gute Gelegenheit zum Vergleich zwischen der Art von Zinnen auf dem rechteckigen Unterbau und

Wahrzeichen von Tarim: das 30 m hohe Minarett der Al-Midhar-Moschee, von dem der holländische Reisende van der Meulen 1939 entrüstet vermutete, man habe es nur errichtet, um alle Höhenrekorde der Region zu brechen

der verschiedenen Ornamente auf den Kuppeln. Bemerkenswert sind auch die einfachen Grabsteine, deren Beschriftung oft sehr kunstvoll in feinster arabischer Kalligraphie ausgeführt ist. Das ist nicht einzigartig im Wadi Hadramaut, steht aber im krassen Gegensatz zum islamischen Puritanismus, wie er als »Wahabismus«, als Doktrin des Muhammad Ibn Abd al-Wahab, das benachbarte Saudi-Arabien beherrscht.

Spätestens in Aynat muß entschieden werden, ob die Reise weiter nach Osten zum **Grabmal des Nabi Allah Hud** gehen soll. Die ostwärts führende Straße wird nämlich immer schlechter und geht in eine Piste über, auf der die Reisegeschwindigkeit des Geländefahrzeugs kaum 10 km/h überschreitet. So kann man schließlich in etwa acht Stunden Fahrzeit (ab Tarim) bis zur Qabr, zum Grabmal des Hud gelangen, womit der Reisende den Nordeingang des Wadi al-Masilah passiert hat. Längst nicht alle Reisegruppen wählen dieses Ziel mit seinem beschwerlichen Weg.

An-Nabi Hud, der Prophet Hud, war und ist ein nur im engeren Bereich des Hadramaut als solcher verehrter Prophet. Man vermutet in ihm den Vater des Qahtan, der wiederum der Vater aller Jemeniten sein soll. Als vorislamischer Prediger wirkte er unter den ungläubigen Kriegern des Ad-Stammes für die Verehrung des einen und einzigen Gottes. In der 46. Sure des Korans findet er deswegen lobende Erwähnung. Verfolgt und tödlich bedrängt von den Ungläubigen, flüchtete er zu dem Platz, an dem heute seiner gedacht wird. Dort öffnete sich, mit Allahs Hilfe, in letzter Sekunde der Felsen, in dem der wackere Gottesmann verschwand, und zwar für immer. Zur ewigen Erinnerung an Hud blieb ein bis heute sichtbarer Felsspalt zurück, in dessen Nähe fromme Bewunderer dem frühen Missionar ein Grabmal errichteten. Vermutet wird, daß an derselben Stelle schon in vorislamischer Zeit eine Pilgerstätte bestanden hat. Wie dem auch sei – Qabr an-Nabi Allah Hud ist in unserer Zeit eine wichtige islamische Pilgerstätte, zu der einmal im Jahr Zehntausende von Gläubigen ziehen.

Das schlichte Bauwerk steht am Fuß eines mächtigen Tafelberges. In der Gliederung – rechteckiger Unterbau mit aufgesetzter Spitzkuppel – gleicht es den Grabmälern, wie wir sie auch an anderer Stelle im Wadi Hadramaut kennengelernt haben. Nur ist das von Pilgerhäusern umgebene Bauwerk größer, um nicht zu sagen majestätischer, als die Vielzahl der Heiligengräber. Eine weißgekalkte Treppe, gewissermaßen der Prozessionsweg, führt rund 30 m den Berg hinauf.

Das **Wadi al-Masilah**, an dessen nördlichem Eingang das Grabmal des Hud steht, erstreckt sich auf über 200 km nach Südosten. Im unteren Teil ist es das ganze Jahr über wasserführend. Es verbreitert sich zu einem Delta, ehe es kurz vor der Küstenstadt Sayhut das Meer erreicht. Üblicherweise wird dieses breite Wüstental als Grenze zum Mahrah-Land angesehen, denn die dort seßhaft gewordenen vormaligen Nomaden sprechen die semitische, jedoch mit dem Arabischen nur verwandte, nicht aber identische Mahri-Sprache. Halbnomaden im Wadi Masilah beschäftigen sich vor allem mit der Kamelzucht. Ihre sandfarbenen Tiere sind in der ganzen Region berühmt für Ausdauer und Geschwindigkeit; man sagt ihnen auch einen ungewöhnlichen Orientierungssinn bei Nachtmärschen auf schmalen Bergpfaden nach. Die Kamelzüchter wohnen üblicherweise in Höhlen, wenn sie nicht mit ihren Herden auf Futtersuche Wüstentäler und offene Flächen durchziehen.

»Dann sah es plötzlich so aus, als sei eine der unteren Klippen in die Mitte des Tales gerückt: verwittert und geborsten; als wir näher kamen, immer mehr einem Berg von Bienenwaben gleichend. Ganz oben schien eine Riesenspinne Kalkfarbe verwischt zu haben. Da lag sie – eine alte und verwitterte Stadt, geformt aus dem Lehm der umliegenden Hügel, erbaut auf einer Erhebung, unter der, da kann es keine Zweifel geben, frühere Städte begraben sind.«
(Freya Stark, 1936)

Shibam

März 07 im Fernsehen
„Chicago der Wüste"

Von Say'un in Richtung Südwest fahrend, gelangt der Reisende auf guter Asphaltstraße schnell nach Shibam (19 km). Es ist die Stadt, die fast alle frühen Reisenden am meisten beeindruckt hat und die heute noch den nachhaltigsten Eindruck hinterläßt. Hans Helfritz nannte sie in einem seiner ersten Bücher »das Manhattan der Wüste«. Freya Stark, die Anfang der dreißiger Jahre zum ersten Mal im Wadi Hadramaut war, fuhr von Westen her in Richtung Shibam. Sie vermerkte noch, daß keine Autostraße nach Shibam führe, doch änderte sich das schon bald nach dem Besuch der Engländerin. Eine Autostraße mit Kopfsteinpflaster wurde gebaut.

Wer sich in den neunziger Jahren auf dieser Straße der Stadt nähert, gewinnt immer noch ähnliche Eindrücke wie Freya Stark, denn zumindest am äußeren Erscheinungsbild von Shibam hat sich seit 1930 wenig geändert. Wie damals zählt die Stadt auch heute zwischen 7000 und 8000 Einwohnern. Gegenüber dem alten

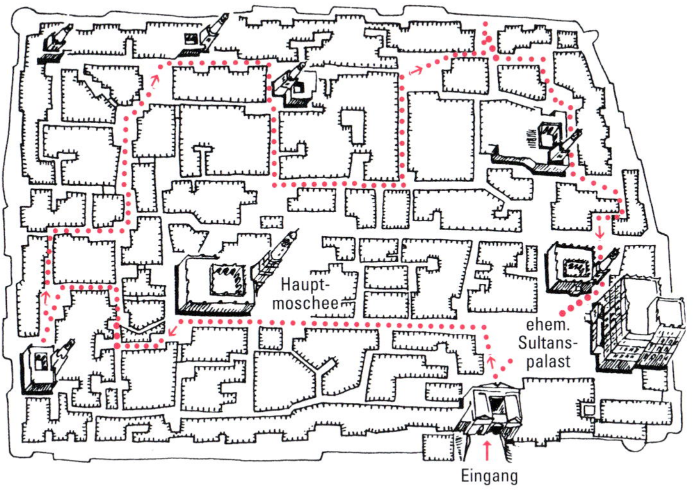

Stadtplan von Shibam, empfohlener Rundgang

Shibam, auf der Südseite des Wadis, findet der Reisende die Trabanten-Stadt Sahil-Shibam mit geschätzten 3000 Einwohnern. Dort herrscht in vielen Häusern mehr Komfort als in Alt-Shibam; jedoch ist der vor etwa 150 Jahren gegründete Ort weniger homogen und auch anfällig für modernes Bauen mit Hilfe von Beton und Zement.

Das alte Shibam ist ein umbautes Rechteck von ca. 400 mal 500 m, in dem etwa 500 Häuser stehen. Obwohl aus Stampflehm oder luftgetrockneten Ziegeln gebaut, sind die meisten davon an 30 m hoch, können also Hochhäuser genannt werden. Der Semitist Walter W. Müller meint, die Bürger Shibams seien darin einig gewesen, sich nicht gegenseitig auf die Dächer schauen zu wollen. Deswegen hätten sie beschlossen, die Zahl der Stockwerke ihrer Häuser auf acht zu beschränken.

Viele der Hochhäuser von Shibam sind zwischen 100 und 300 Jahre alt. Wird ein solcher Lehmbau regelmäßig überholt, kann er ohne weiteres dieses hohe Alter erreichen; zur Pflege gehört, daß Dach und obere Fassade regelmäßig, wohl mindestens einmal im Jahr, geweißt werden. Die Kalkfarbe enthält Bindemittel, z. B. Alabasterpulver, die den Bau nicht nur gegen Regen unempfindlich machen, sondern auch den durch Sonne und Wind verursachten Zerfall der luftgetrockneten Ziegel verlangsamen. 1996 verursachten ungewöhnlich heftige Regenfälle an vielen Häusern schwere Schäden, die noch nicht ganz beseitigt werden konnten (1997). Jemen wirbt weiterhin um internationale Hilfe für die Bewahrung des historischen Shibam, das 1984 von der UNESCO auf die Liste der erhaltenswerten Kulturdenkmäler der Menschheit gesetzt worden war.

Gegen internationale Hilfe wird manchmal eingewandt, die Bürger von Shibam hätten jahrhundertelang immer wieder auftretende Regenschäden selbständig und ohne fremde Unterstützung beseiti-

Shibam, laut Hans Helfritz das Manhattan der Wüste, ist ausnahmslos aus Stampflehm und luftgetrockneten Lehmziegeln erbaut. Deswegen benötigen viele seiner Häuser nach jeder starken Regensaison stabilisierende Reparaturen. Wo das versäumt wird, kommt es zu Zusammenbrüchen wie bei dem Eckhaus, das den großen Regen von 1996 nicht überlebt hat. ▷

Im Wadi Hadramaut und seinen Seitentälern sind die Fenster der Häuser zum Schmuck schlicht weiß umrandet.

»Der Hügel von Shibam ist kaum ein Hügel zu nennen; es ist eine kaum merkliche Erhöhung des Grundes, auf dem die Stadt sich ohne Zweifel schon viele Male erneuert hat wie ein Phönix. Hierher, sagt man, zog sich das Volk von Shabwah unter dem Druck nördlicher Stämme zurück und siedelte sich aufs neue an.«
(Freya Stark, 1936)

gen können. Für internationale Hilfe spricht jedoch, daß die kleine Stadt in Zukunft ziemlich regelmäßig einer wachsenden Zahl von Touristen ausgesetzt sein wird und zu deren wie zum eigenen Wohl eine sanitäre Infrastruktur nötig hätte. Um diese anzulegen, fehlen ihr aber die Mittel und auch die Erfahrungen.

Trotz der engen Bebauung gibt es in Shibam fünf öffentliche Plätze, von denen aber nur zwei ausreichend groß sind, um dem Besucher freies Blickfeld auf die Fassaden der umliegenden Häuser zu bieten. Gleich nach dem Eintritt durch das enge **Hauptstadttor** steht man auf dem Al-Husn-Platz, um den herum sich das ›Regierungsviertel‹ gruppiert: Polizeistation, ganz rechts der ehemalige **Sultanspalast** und einige Büros der Stadtverwaltung. Folgt man der Hauptstraße nach links, so trifft man bald auf die angeblich über tausendjährige **Harun ar-Raschid-Moschee** mit dem gleichnamigen Platz. Von dem Standort aus kann man die Fassaden eines halben Dutzends stattlicher Bürgerhäuser bei gutem Licht betrachten; in den engen Gassen fehlt dem Besucher oft die Distanz. Lohnend ist beim Rundgang auch das Anschauen alter Türen und des sie umgebenden Dekors. Fast jede Stadt im Jemen hat in der Hinsicht etwas zu bieten. Aber von Ort zu Ort treten unterschiedliche Muster auf, und die in Shibam sind besonders eindrucksvoll.

Erst an der Nordseite Shibams wird richtig deutlich, daß die Stadt auch eine **Verteidigungsmauer** hat. Im Süden zum Wadi hin zeigt sie eine so geschlossene Häuserfront, daß Mauerreste gar nicht zu erkennen sind. Aber im Norden, wo das Gelände stärker abfällt, kennzeichnet noch eine 6–9 m hohe Lehmmauer die Stadtgrenze. In alter Zeit war sie ganz geschlossen, denn Shibam hatte allerhand Feinde, und zwar nicht nur die gewöhnlich räuberischen Beduinen, sondern auch die Marodeure benachbarter, aber feindlicher Kleinfürsten.

Wie viele Generationen von Hochhäusern den Platz Shibam schon besetzt hatten, ist schwer zu sagen. In der Gründungslegende heißt es, die Leute von Shabwah, der Hauptstadt des antiken Hadramaut, hätten Shibam unmittelbar nach der Vertreibung aus ihrer alten Heimat gegründet. Wann aber war das? Soviel wir wissen, wurde unter dem Druck halbnomadischer Stämme die Lage in Shabwah gegen Ende des 2. Jh. n. Chr. unhaltbar. Shibam könnte also an die 1700 Jahre alt sein.

Al-Qatn

Al-Qatn, 40 km westlich von Shibam, ist für die aus San'a' kommenden Reisenden die erste Stadt am Eingang zum Wadi Hadramaut. Bis 1968 war der Platz Sitz eines Sultans, und zwar aus der Familie der Qaitis, die auch in Mukalla herrschten. Freya Stark fand 1935 in Sultan Ali Ibn Salah einen gebildeten Mann, der sich auch für die vorislamische Geschichte seines Landes interessierte. Sultan Ali hatte in der Umgebung der Stadt graben lassen und war auf interessante Stücke aus der Zeit des antiken Hadramaut gestoßen. Leider hat er dann manchen Fund an ausländische Besucher verschenkt, die solche wichtigen Stücke in privaten Sammlungen verschwinden ließen.

Das heutige Al-Qatn gleicht an der Hauptstraße einer kleinen Industrie- und Gewerbestadt (Übernachtungen möglich), doch im Innern hat es noch schöne Lehmhäuser und mehrere Heiligengräber. Der österreichische Forscher Eduard Glaser vertrat vor rund neunzig Jahren die Auffassung, die Hauptmoschee von Al-Qatn sei architektonisch exakt einem sabäischen Tempel nachempfunden.

Die Seitentäler des Wadi Hadramaut

Die Seitentäler des Wadi Hadramaut
Besonders sehenswert:
Wadi Daw'an ☆
Al Hajarayn ☆

Zum **Wadi Adim** fährt man ab Say'un zunächst nach Osten in Richtung Tarim, um bei **Al-Ghuraf** (30 km) nach Süden abzubiegen. Die Fahrt führt nun über eine schon arg ramponierte schmale Kopfsteinstraße, die in den dreißiger Jahren unter großen Mühen angelegt wurde und dem damaligen Verkehrsaufkommen entsprach. Für die Pflasterung wurden unzählige Steine von den umliegenden Feldern gesammelt. Man kann sich leicht vorstellen, wie viele Bauern dem Sultan Fronarbeit für den Bau dieses neuen Verkehrsweges leisten mußten. Heute entschädigt ein farbenfrohes Bild für das wieder mühevoll gewordene Reisen: Palmen, Getreide- und Gemüsefelder, weißes Flußbettgeröll, gelber Sand und rotbraune Felsen. An beiden Seitenhängen des Wadis, stets etwas erhöht, um den gelegentlichen Sturzfluten zu entgehen, Ortschaften.

Die Straße führt bald zur **Rhail Umr**, einer Oase (guter Rastplatz). Hier speist das Wasser einer kräftigen Quelle einen See, der einen in Richtung Wadi Hadramaut strömenden, später versickernden Bach entläßt. Dichte Palmenhaine säumen seine Ufer. Im stellenweise felsigen Westufer sind zwei ausgemeißelte Kanäle erhalten geblieben, bei denen es sich nach von Wissmann um Teile einer antiken Bewässerungsanlage handelt. Etwas ›strom‹aufwärts liegt auf der Westseite des Wadis ein Hügel (an seiner Flanke eine kleine Moschee), auf dem sich eine Ruinenstätte befindet. Zu erkennen sind die Reste von Verteidigungsmauern, einer Torburg und mehrerer Einzelgebäude, daneben auch die Ruinen von Lehmziegelbauten. Hier könnte in der Antike eine Festung oder eine kleine befestigte Stadt gestanden haben, die vielleicht noch in frühislamischer Zeit bewohnt war.

Die alte Kopfsteinstraße, manchmal auch nur noch eine aufgewühlte Piste, folgt zunächst weiter dem Wadi Adim, um dann auf den Jawl hochzuleiten und bei Shihr (s. S. 212) ans Meer zu führen.

In das **Wadi Daw'an** kann man von Norden oder von Süden her gleich gut einreisen. Befindet man sich schon im Wadi Hadramaut,

Zu den Spezialitäten des Wadi Daw'an gehört die Bienenzucht. Nicht nur dort, sondern auch in anderen Teilen Hadramauts berufen sich Züchter auf eine sehr lange Tradition. Die fleißigen Sammler werden in röhrenartigen Behältern behaust, die flach auf dem Boden liegen. Ihre Besitzer haben etwas Nomadenartiges; sobald ein Blütengebiet erschöpft ist, laden sie die Behälter auf Geländefahrzeuge und ziehen in eine andere Gegend. Honig wird immer nur in kleinen Mengen produziert. Viele Südaraber betrachten übrigens Honig eher als Medizin denn als Nahrungs- oder Genußmittel. Dementsprechend sind die Honigpreise oft so hoch wie die für die teuerste Medizin in der Apotheke.

liegt der Nordeingang näher. Die Reise führt auf der schon erwähnten Asphaltstraße noch 25 km über Al-Qatn hinaus, um dann auf eine Piste nach Huraydah zu stoßen. Es lohnt sich ein Abstecher in Richtung dieses Ortes (ca. 20 km) im Wadi Amd, denn dort ist ein geschichtsträchtiges Gebiet. Allerdings ist **Madabum** auch für den archäologisch interessierten Reisenden kaum noch sehenswert. Der Platz liegt 3 km nordwestlich von Huraydah. Dort gab es die Reste eines Tempels, der einst dem Mondgott Sin geweiht war. Die Kenntnis verdanken wir der britischen Archäologin Gertrude Caton-Thomson, die im Wadi Amd 1937 Spatenforschung betreiben konnte; übrigens die erste kontrollierte und fachlich ausgewiesene Grabung in ganz Südarabien.

Die Archäologen hatten 21 Inschriften des frühen südarabischen Typs gefunden, allerdings keine mehr an ihrem ursprünglichen Platz. Doch ließ sich aus den Inschriften rekonstruieren, wann man an diesem Ort dem Mondgott zu huldigen begann: eben in der zweiten Hälfte des 5. Jh. v. Chr. In der Zeit von 100 bis 80 v. Chr. scheinen noch Erweiterungsbauten ausgeführt worden zu sein.

Huraydah selbst ist sehenswert. Die kleine Stadt wird hoch überragt von einer vorgeschobenen Klippe des Jabal Jahran, und ihre weiß gekälkten Häuser sind ansteigend auf dem Fuß des Berges erbaut. Gewissermaßen begrünt werden die Häuser von den Wedeln vieler Dattelpalmen, zwischen denen auch die untere Moschee hervorschaut. Am Dekor der Bauwerke läßt sich leicht südostasiatischer Einfluß erkennen. Etliche reich geschmückte Häuser verraten, daß ihre offenkundig wohlhabenden Besitzer ebenfalls in Java oder anderswo in Fernost zum Bauen daheim inspiriert worden sind.

Zurück zur Asphaltstraße, die nach weiteren 10 km in südlicher Richtung zu einer Pistenabfahrt zum Wadi Daw'an hinabführt. Dort erreicht man das an Palmen reichste Tal der ganzen Region. In diesem Nordteil sprechen die Einheimischen noch vom Wadi Hajarayn, nach der nächsten großen Stadt. Bis Al-Hajarayn erreicht ist, müssen noch rund 16 km im Wadi zurückgelegt werden – eine Anstrengung, die sich als lohnend erweist.

Al-Hajarayn ist eines der kühnen Bergnester dieser Region. Der Ort drängt sich an den oberen Teil zweier miteinander verbundener Felsen – der Name Hajarayn bedeutet ›zwei Felsen‹ –, und seine Häuser klettern von mittlerer Höhe bis zum Gipfel. Zur früheren Torburg des Ortes führt in weiten Kehren ein gepflasterter Pfad, dessen Kopfsteine durch unzählige Tritte von Fußgängern und Eselshufen glattgeschliffen sind. Ehe in den neunziger Jahren weiter südlich ein breiterer und auch befahrbarer Zugang geschaffen wurde, mußte der gesamte Ortsverkehr mit Eseln abgewickelt werden. Einige ältere Moscheen, schön geschnitzte Türen und die letzten Silberschmiede sind Hajarayns heutige Attraktionen.

Auf dem höchsten Punkt des Ortes findet man eine Zisterne, die himyaritischen Ursprungs sein dürfte. Der Aufstieg lohnt, allerdings weniger des offenen Beckens als des Ausblicks wegen: Er reicht über

Huraydah im Schatten des Jabal Jahran gewinnt langsam seinen Ruf als religiöses Zentrum für das Wadi Amd zurück, der ihm im volksdemokratischen Südjemen genommen worden war.

Berge und Höhen bis zum weiter östlich gelegenen Wadi al-Ayn. Der Blick schweift über ein Gebiet, in dem man zahlreiche Siedlungsspuren aus der Zeit des alten Königreichs gefunden hat. Der jemenitische Geograph Al-Hamdani (um 900 n. Chr.) erwähnt Hajarayn mit Worten, aus denen wir schließen dürfen, daß es in frühislamischer Zeit eine blühende Stadt gewesen ist.

Die Reise geht weiter nach Süden, jetzt im eigentlichen Wadi Daw'an. Während der Wagen über den Kies des Flußbettes holpert, säumen Palmenhaine dessen Ränder bis hin zu den steil emporragenden Klippen. 60, manchmal 70 m oberhalb des fruchtbaren und dicht bewohnten Wadis herrscht wieder die unwirtliche Welt des Djols mit seinen Dornen, Sandlöchern, Geröllhäufungen und jähen Abbrüchen. Nach ca. 40 km ist die kleine Stadt **Sif** erreicht, die sich im Zeichen des zunehmenden Tourismus ein brauchbares Hotel zugelegt hat. Ansonsten sind in Sif auch viele in den siebziger und achtziger Jahren neuerbaute Häuser zu sehen; weil aber ihre Bauherren, frühere Gastarbeiter in Saudi-Arabien und den ölreichen Golfstaaten, sich streng an das Traditionelle gehalten haben, stehen die Neubauten voll in Harmonie zur Landschaft. Selbst die manchmal etwas grelle Bemalung mit blauer oder grüner Farbe wird durch das gleißende Sonnenlicht gedämpft.

Dem Wadilauf für weitere 30 km nach Süden folgend, wechseln starke Eindrücke im Bereich der Architektur mit denen im Bereich der Agrikultur ab. Die fleißigen Bauern des Wadi Daw'an, deren Vorväter vielleicht noch Nomaden waren, kann man ohne weiteres als begabte Gärtner bezeichnen, die auf kleinen Flecken fruchtbaren Schwemmbodens reiche Ernten an Früchten und Gemüsen erzielen. Dabei müssen sie immer mit knappen Vorräten an Wasser haushalten, müssen das hier kostbare Naß sinnvoll und gerecht zwischen

Sif im Wadi Daw'an vereint Tradition und Moderne zu einer gelungenen Synthese.

Wadi Daw'an, Neubau im Traditionsstil

Menschen, Tieren und Pflanzen aufteilen. Zurückgegriffen werden kann nur auf Grundwasser und einige wenige Quellen, die meistens aus einer der Talwände hervorplätschern (aber kaum jemals hervorsprudeln); denn wenn es einmal heftig regnet, richtet das abrauschende Wasser oft mehr Schaden an, als es Nutzen stiftet, obschon die Einheimischen mit der Beckenbewässerung jahrhundertealte Erfahrungen haben.

Bei **Al-Khuraybah**, rund 60 km südlich von Sif, biegt die Piste aus dem Wadi Daw'an nach Osten hin ab und führt in langsamem Anstieg auf den Jawl zurück, um etwa 120 km nördlich der Küste bei **Huwayrah** zur Hauptstraße zu gelangen. Dieser kleine Ort östlich der Straße liegt inmitten einer Oase von Kokospalmen, und die exotischen Großnüsse werden den Reisenden am Straßenrand zum Kauf angeboten. Knapp 20 km vor dem Treffpunkt zwischen Jawl- und Küstenstraße führt eine Piste nach Osten. Über sie erreicht man in etwa einer Stunde (19 km) **Ghayl ba-Wazir**. Der Ort mit Oasencharakter kann leichter von der Küste aus angefahren werden. Es war die Sommerresidenz der Mukalla-Sultane, die sich dort in den zwanziger Jahren noch einen großen Palast hatten bauen lassen.

Der Palast sieht heute so aus, als sei seit der Fertigstellung nie mehr etwas an ihm getan worden; in Wirklichkeit kam er während der volksdemokratischen Zeit von 1970 bis 1990 stark herunter. Sehenswert ist noch der Palastgarten mit seinen alten Bäumen und tropischen Pflanzungen. Übernachtungen – möglich im vernachlässigten Palast – sollte man vermeiden, denn es gibt fast das ganze Jahr über (infolge der künstlichen Bewässerung) eine malariaverdächtige Moskitoplage. Bis Mukalla mit seinem heute schon verhältnismäßig hoch entwickelten zivilisatorischen Komfort fährt man nur noch knapp eine Stunde!

Der wilde Osten

Nach der Vereinigung der beiden Jemen-Staaten im Mai 1990 wurde Hadramaut zu einem Reiseziel ersten Ranges. Während der vorausgegangenen 20 Jahre der Volksrepublik war es allenfalls kleinen Gruppen westlicher Touristen unter ständiger Kontrolle gestattet worden, die damals als fünfte Provinz geführte Region zu besuchen. Das angrenzende Mahrah-Land, die sechste Provinz, war völlig gesperrt für neugierige Touristen und sogar für legitimierte Forscher, es sei denn, sie wären aus einem »befreundeten sozialistischen Staat« gekommen. Wie zu jener Zeit üblich, war auch im sozialistischen Südjemen das Regime von einer Paranoia hinsichtlich der Sicherung des Grenzgebietes besessen, zumal dieses bis 1982 als Basis für eine Aufstandsbewegung in der Westprovinz des benachbarten Sultanats Oman gedient hatte. Weil früher verboten, hat sich auch das Mahrah-Land zu einem begehrten Reiseziel entwickelt. Nun kann dieses etwa 3000 km^2 große Gebiet mit geschätzten 160 000 Bewohnern fast nichts an Infrastruktur bieten; an der Küste gibt es nur ein Stück Asphaltstraße ab Mukalla über 290 km bis Sayhut. Von dort an sind es über die Küstenroute bis zur Grenze nach Oman noch fast 400 km schwierigster Piste. Landeinwärts kann man sich nur in Trockenflußbetten und auf schlecht markierten Pfaden für Kamele und Geländefahrzeuge fortbewegen, ohne nennenswerte Ortschaften, geschweige denn Hotels und Gaststätten anzutreffen.

Für manche hartgesottenen Abenteuertouristen mag in jenem Mangel gerade der Reiz liegen. Doch nicht nur im Ringen mit der unwirtlichen Natur darf die Herausforderung gesehen werden. Es leben dort auch Menschen, deren jahrhundertelange Abgeschlossenheit von den Hauptströmen der Zivilisation ein anderes Wertesystem und andere Verhaltensmuster als in Europa hervorgebracht hat. Beide Seiten, die Abenteurer und die Einheimischen, sind meistens überfordert, wenn sie einander begegnen. Das kann zu Begegnungskrisen führen. Eine verantwortungsbewußte Touristenplanung würde deswegen den ›wilden Osten‹ des Jemens, das Mahrah-Land, nicht von heute auf morgen dem Massenbesuch öffnen, sondern allenfalls sorgfältig vorbereitete und qualifiziert geführte Kleingruppen zulassen. Die Führer solcher Gruppen müßten im wahren Sinne des Wortes *gute* Kontakte zu den lokalen Autoritäten pflegen, d. h. nicht nur zu den Behörden, sondern auch zu den Scheichs, Ortsvorstehern und Clan-Chefs.

Die ersten Plätze an der Küstenstraße östlich von Mukalla sind noch für Tagesausflüge geeignet. Beim Verlassen der Hafenstadt erkennt man, daß sie in der postsozialistischen Zeit einen wirtschaftlichen Aufschwung genommen hat. Die starke Erweiterung nach Osten hin spricht dafür. Es ist ein neuer Vorort entstanden mit Villen, Mietshäusern, Instituten, einer Technischen Universität, sowie

Qishn im Mahra-Land kennt noch die Wohnburgen, wie sie vor ca. 100 Jahren zum Schutz vor Beduinen unentbehrlich waren.

einigen Hotels. Anscheinend ist man darauf aus, dort einen an Mukalla gebundenen Badetourismus zu entwickeln. In diesen könnte später vielleicht auch **Shihr** (64 km) einbezogen werden, die kleine, aber früher einmal fast weltberühmte Küstenstadt.

Marco Polo, der um 1294 die Region besucht hat, nennt Shihr namentlich. Auch die Portugiesen, als sie den von Vasco da Gama 1497 entdeckten Seeweg nach Indien sichern wollten, wurden schnell auf Shihr aufmerksam. Sie besetzten den Ort zu Anfang des 16. Jh. und konnten ihn 35 Jahre lang halten. Von Shihr aus eroberte zu Ende des 19. Jh. der Clan der Qaitis die nächstliegende Stadt Mukalla und begründete ein Doppel-Sultanat, das etwa 90 Jahre lang, bis 1968, bestehen bleiben sollte.

Was heute malerisch wirkt an Shihr, stammt überwiegend aus der Zeit des Qaiti-Sultanats. Eines der beiden Hauptstadttore, inzwischen stark restauriert, das Bab al-Khor, grüßt den von Mukalla eintreffenden Reisenden. Sehenswert sind auch das Nordtor, genannt **Bab al-Airdrus**, und die Reste der einst mächtigen Stadtmauer, des Palastes und der **Festung Bin-Ayash**, die am Hauptplatz steht mit der Fassade zum Strand. Der **Fischmarkt** zeigt dem Besucher einen guten Querschnitt des Fischreichtums dieser Region: Vom Schwert-, Thun- und Haifisch über Hummer, Langusten, Krebse, Aale, Barsche, Seezungen bis hin zu den Millionen winziger Sprotten, die nur als Kamelfutter oder Dünger dienen – alles ist dort zu sehen. Nahebei gibt es Garküchen, in denen man recht gut von der Ernte aus dem Meer essen kann. Um in der vernachlässigten Altstadt weitere Schönheit zu entdecken, bedarf es Geduld und Spürsinns.

Ab Shihr führt die neugebaute Küstenstraße noch 204 km nach Osten bis zur kleinen Hafenstadt Sayhut. Zuvor trifft man aber auf die Orte **Al-Hami** (79 km ab Mukalla) und **Qusay'ir** (150 km). Beide Fischerstädtchen sind mögliche Ziele für einen Tagesausflug ab Mukalla. Vor Qusay'ir erkennt man noch einmal Ausläufer von früherer Vulkantätigkeit, und nahe dem Ort gibt es einen ausgewiesenen Badestrand, **Sharma Beach**. Das Städtchen, eher ein Dorf, hat kaum mehr als eine Straße mit älteren Häusern am Hafen aufzuweisen, wobei aller Dekor am Bau schon den südarabisch-ostasiatischen Mischstil zeigt.

Über mehr als 100 km ist dann die Küstenstraße zwischen dem Meer und öder Wildnis ›eingeklemmt‹ Man hat es schon mit den Ausläufern des Mahrah-Landes zu tun, obwohl die eigentliche Provinzgrenze noch nicht überschritten ist. Nun bekommt das Reisen langsam Expeditionscharakter. Zwar ist man gerade mal rund 300 km von Mukalla entfernt und könnte auf einer komfortablen Asphaltstraße dorthin zurückkehren; aber weiter nach Osten reist man jetzt schon ohne festes Ziel, bestenfalls um das vor einem liegende Gebiet zu erkunden.

Sayhut als solches ist jedenfalls die lange Reise nicht wert. Es bietet zur Zeit keine Sehenswürdigkeiten. Allerdings beginnt östlich

Stockfisch ist ein Grundnahrungsmittel nicht nur in Shihr, sondern im ganzen Hadramaut.

der Küstenstadt, die in der Antike als Umschlagplatz des Weihrauchhandels eine große Rolle gespielt hat, das eigentliche **Mahrah-Land**. Wer es an der Küstenlinie entlang (streckenweise biegt die Piste auch landeinwärts ab) bis zur Grenze mit Oman durchqueren will, der muß auf mindestens 24 Stunden Fahrt im Landrover und Zeltübernachtungen vorbereitet sein. Die Versorgung mit Wasser und Grundnahrungsmitteln wäre sicherzustellen, denn »unterwegs« gibt es noch einige Orte wie Qishn, Haswayn, Nishtun und das schon städtische **Al-Ghaydah**. Dort hat die Vorbereitung der künftigen Erdöl-Exploration auch gewisse Maßstäbe für den Umgang mit Fremden gesetzt. Im Inneren von Mahrah jedoch, 100 oder 200 km landeinwärts in nordwestlicher Richtung, herrschen ganz andere Maßstäbe.

Soqotra

Die Insel Soqotra im Indischen Ozean darf man wohl ruhig zum ›wilden Osten‹ des Jemens rechnen. Die meisten ihrer Bewohner drücken sich in einer Sprache aus, die abgewandelt auch in der östlichsten der jemenitischen Provinzen, im Mahrah-Land, gesprochen wird. Auf Soqotra wird die Sprache Soqotri genannt, und die Forscher wissen inzwischen, daß es sich um einen schriftlosen Dialekt handelt, der mit einem alten südsemitischen Idiom verwandt ist.

Soqotra bildet zusammen mit den kleineren Inseln Abdal Kuri, Samha und Darsa einen Archipel und ist der afrikanischen Ostküste, ziemlich genau am »Horn von Afrika«, vorgelagert. Soqotra hat etwa 3600 km^2 Landfläche und nach neueren Erkenntnissen (Zensus von 1994) an die 40 000 Einwohner, nicht 80 000 oder mehr, wie es zuvor in der Literatur immer wieder geheißen hatte. Von Aden sind es bis Soqotra über See rund 700, von Mukalla 500 km. Zur Spätzeit der britischen Kolonialhoheit und danach während der Volksrepublik Südjemen war die Insel nur wenigen ausländischen Spezialisten zugänglich. Dementsprechend gibt es immer noch Defizite, was die umfassende wissenschaftliche Erforschung in verschiedenen Disziplinen betrifft.

Geschichte

Es wird vermutet, daß die Sabäer um das Jahr 500 v. Chr. Soqotra in Besitz genommen haben. Sie stießen auf Ureinwohner, die möglicherweise auch vom südarabischen Festland eingewandert waren. Sicher ist das jedoch nicht. Man hat in den späten neunziger Jahren bei Lahj nahe Aden Spuren einer vor ca. 5000 Jahren entstandenen Kultur sichern können, der sogenannten Sabir-Kultur, die nicht südsemitischen, sondern eher afrikanischen Ursprungs war. Ebenso könnten die Ureinwohner von Soqotra afrikanischer Herkunft sein. In einem fachmännischen Urteil heißt es: »Wir wissen ... nach dem gegenwärtigen Forschungsstand nicht, wann die ersten Bewohner nach Soqotra gelangten und woher sie kamen.« (Stein)

Noch in vorchristlicher Zeit gelangten griechische und indische Einwanderer nach Soqotra, dem Weihrauchhandel folgend. Die Mahrah brachten im 10. Jh. n. Chr. nicht nur ihre Sprache, sondern auch den Islam auf die Insel, der über eine lange Zeit hinweg schrittweise den vorherrschenden christlichen Glauben verdrängen konnte. Wissenschaftliche Erkenntnisse über die Periode des Christentums auf Soqotra ergeben folgendes Bild:

Mit der Eroberung des Jemens im Jahre 525 durch die Aksumiten, Christen aus dem heutigen Äthiopien, kam auch Soqotra unter christliche Oberherrschaft. Namentlich der griechische Bevölkerungsteil schien sich schnell der neuen Lehre zugewandt zu haben. Ein weiterer Zustrom von Glaubensgenossen aus dem Byzantinischen Reich war die Folge der Christianisierung. Aber auch Äthiopier wanderten nun ein. Für die Zeit um 600 ist verbürgt, daß Soqotras Bewohner überwiegend Christen waren und Griechisch sprachen. Die Konfession war nestorianisch, und es gab einen Klerus mit einem nestorianisch-persischen Bischof, der dem Metropoliten in Persien unterstand.

Nach dem Sieg des Islams auf dem Festland geriet auch das Christentum auf Soqotra unter Druck. Im 9. Jh. konnten sich aus dem Euphrattal vertriebene Muslime auf der Insel festsetzen. Dennoch blieb wohl der größte Teil der Bevölkerung christlich. Ihr Glaube hinderte die Soqotraner jedoch nicht daran, dem gewalttätigen Geschäft der Seeräuberei nachzugehen. Auch scheint ein kultureller Niedergang stattgefunden zu haben. Marco Polo, der um 1294 Soqotra besucht haben soll, erwähnt das in seinem Bericht. Er schreibt, die Bewohner beschäftigten sich mehr mit Zauberei und Hexerei als irgendwelche anderen Leute, obwohl ihnen ihr Erzbischof solches Tun verbiete und sie für die Sünde exkommuniziere.

Die Südaraber eroberten Soqotra 1480. Bald danach, nämlich 1507, kamen die Portugiesen, um nur drei Jahre zu bleiben; die Insel fiel wieder den Festland-Arabern zu. Obwohl Soqotra von da an nur noch muslimische Oberherren kannte, durften weitere sechzig Jahre lang christliche Missionare unter der Bevölkerung wirken. Danach entwickelte sich eine eigenartige Mischreligion: Das Christentum wurde stark vom Mondkult durchsetzt und zugleich islamisch beeinflußt. Allerdings schritten noch die Gläubigen des ausgehenden 18. Jh. jährlich in einer Prozession mit dem Kreuz voran um die Kirchen. Doch das Kreuz war zum bedeutungsleeren Kultgegenstand geworden; man opferte dem Mond und betete zu ihm, führte die Beschneidung aus und nahm weder Wein noch Schweinefleisch zu sich: ein deutlicher Hinweis auf islamischen Einfluß. Wirklich durchsetzen konnte sich der Islam jedoch erst zu einem späteren Zeitpunkt. Noch zu Beginn des 20. Jh. wurde vielfach mit dem

Rücken nach Mekka und nicht in arabischer Sprache, sondern im einheimischen Soqotri gebetet.

Lothar und Heide Stein (Völkerkundemuseum zu Leipzig) gliedern die heutigen Inselbewohner in drei Gruppen: die Bergbewohner im Inneren der Insel, die südarabischen Händler und Handwerker an der Küste und die Fischer afrikanischen Ursprungs in der Küstenebene. Die Bergbauern gelten laut den beiden Forschern als Nachfahren der Urbevölkerung. Als Behausung dienen ihnen vorwiegend natürliche Höhlen. Viele arabische Händler und Handwerker haben Frauen aus den Bergen geheiratet, und in den Mischehen spricht man beide Sprachen, Soqotri und Arabisch. Der größte Teil der Fischer sind Nachfahren von Sklaven aus Ostafrika. In den achtziger Jahren hat Soqotra über 10 000 Menschen als Arbeiter nach Saudi-Arabien und in die Golfemirate entsenden können. Durch ihre Geldüberweisungen (bis 1990) ist ein ungewohnter Wohlstand auf die Insel gekommen, der die herkömmliche Sozialstruktur störte.

Inzwischen ist aber eher wieder die Armut vorherrschend auf Soqotra. Ab dem Golfkrieg 1990/91 (Irak-Kuwait-Krise) gibt es kaum noch Gastarbeiterüberweisungen; vielmehr sind die meisten Arbeiter – oft mittellos – zurückgeschickt worden. Die Insel selbst bietet fast keine Möglichkeit, eine Erwerbstätigkeit auszuüben. Ganz wenige Dienstleistungen, das Handwerk und die offizielle Bürokratie beschäftigen einige hundert Menschen. Kein Wunder also, wenn die Entwicklungsplaner in San'a' und Aden darüber nachdenken, ob sie Soqotra dem Tourismus öffnen sollen.

Soqotra für Touristen

In Wirklichkeit hat der Tourismus die Eingangstür nach Soqotra schon einen Spaltbreit geöffnet. Seit Beginn der neunziger Jahre haben sich immer wieder einmal Einzelreisende dorthin durchgeschlagen, und auch die erste Gruppe war schon dort. Verglichen mit dem Tourismusbetrieb des Festlandes ist jedoch die Zahl der Soqotra-Besucher sehr gering. Das hat gute Gründe. An- und Abreise sind nur zu einer bestimmten Jahreszeit möglich, und auch dann ist der Fahrplan mehr ein Zufallsprodukt, dem man nicht trauen kann. Darüber hinaus gibt es auf Soqotra für einen dauernden, gewinnbringenden und sich systematisch ausweitenden Tourismus keinerlei Infrastruktur.

Fast ein halbes Jahr lang, von April bis September, manchmal auch bis Oktober, ist die Insel wegen heftiger Stürme und Regenfälle so gut wie ganz von der Welt isoliert, läßt man einmal Rundfunk und Telefon unberücksichtigt. Auf der alten Kiespiste aus britischer Zeit in Mori können dann Flugzeuge nicht landen, und Schiffe, für die es ohnehin keinen Hafen gibt, können sich der Küste Soqotras nicht nähern. Nur von Oktober bis März gibt es Flugverkehr ab Aden und Mukalla, und in der Praxis dann eher nach Bedarf als nach Plan. Wer in dieser Zeit auf Soqotra landet, findet (seit März 1996) im

Hauptort Hadibu ein kleines Hotel vor. Sonst steht nur noch ein Regierungsgästehaus mit geringer Kapazität für ›besondere Besucher‹ zur Verfügung. Der Bau eines Hafens und eines Allwetterflugplatzes sind geplant.

Was bekommen Reisende zu sehen, die sich trotz aller Widrigkeiten nach Soqotra durchschlagen? Unseres Wissens haben sich keine bedeutenden Bauwerke aus dem Altertum auf der Insel erhalten. Nahe dem Hauptort Hadibu gibt es die Reste eines Forts aus dem 15. Jh., das von den arabischen und portugiesischen Eroberern der Insel benutzt worden war. Auch zu der Ortschaft Sug gehören die Trümmer eines Forts, und mitten im Ort haben britische Archäologen Reste einer Kirche gefunden, die zuletzt von den Portugiesen restauriert worden sein dürfte.

Eher noch als die Ruinen lohnen die Menschen und die Naturschönheiten einen touristischen Ausflug von Aden, San'a' oder Al-Mukalla aus. Flora und Fauna mit ihrem afrikanischen Grundcharakter bieten ungewöhnlich schöne Eindrücke. Der höchste Berg Soqotras, der 1500 m hohe Jabal Haghir, darf als ein regelrechtes Naturkundemuseum gelten. An den Hängen wachsen zahlreiche seltene Pflanzen und Bäume. Etwa 60 Arten von Pflanzen sprechen Wissenschaftler medizinischen Nutzen zu. Die Drachenblutbäume (*Dracaena cinnabares*) und die Adeniumgewächse bringen es bei Mumi zu ungewöhnlicher Vollkommenheit. Auch wurden inzwischen 112 Vogelarten auf Soqotra nachgewiesen; sechs Arten gelten als endemisch, drei davon wurden als global gefährdet eingestuft.

Die Naturschönheiten der Insel sollen nicht schutzlos dem Gang der Entwicklung ausgesetzt werden. Geht es nach den Planern, dann werden etwa im Jahr 2000 vier Teilgebiete Soqotras als Biosphärenreservate eingerichtet sein, in denen Besucher strenge Auflagen zu erfüllen haben werden. Man wird sehen. Mit dem Umsetzen dieser Planung hätte der neue »Jemenitische Rat für Umweltschutz«, ein Regierungsorgan mit Sitz in San'a', seine Bewährungsprobe zu bestehen.

Drachenblutbaum bei Mumi

Von San'a' über Ta'izz nach Aden

Die Reise von der Hauptstadt zur zweitgrößten Stadt des Landes, nach Ta'izz, ist in den zwei bis drei Jahrzehnten des Jemen-Tourismus die klassische Route gewesen. Viele der frühen Forschungsreisenden sind auf dieser Route in umgekehrter Richtung nach San'a' gelangt, wobei sie in Ta'izz auf die endgültige Genehmigung des Imams zur Weiterreise hatten warten müssen. Es waren die Deutschen, die Ende der sechziger, Anfang der siebziger Jahre die mühselige Piste zwischen Ta'izz und San'a' zu einer modernen Asphaltstraße ausbauten. Seither hat sie ungezählte Touristen in den ›grünen Jemen‹ geführt. Viele haben die neuen Abzweigungen, ebenfalls gut ausgebaute Asphaltstraßen, für Reisen in andere Landesteile genutzt: von Ma'bar in die Tihama, von Dhamar in Richtung Lawdar und Mukalla, von Yarim nach Aden.

Von San'a' bis Ta'izz sind es 256 km. In der Hauptstadt beginnt die Straße am Bab al-Jemen und führt direkt nach Süden. Es dauert gut 30 Minuten, ehe man den südlichen Neubaugürtel durchquert hat. Die Straße führt bald durch landwirtschaftlich genutztes Gebiet, in dem man keinen fruchtbaren Boden zu verschwenden hat. Deswegen sind die Häuser klein gehalten und stehen auf Klippen, steinernen Hügeln oder Felskegeln. Baumaterial, behauene Steine vor allem, kommt aus der näheren Umgebung. Das Terrain gehört noch zur Hochebene von San'a'. Diese wird (nach 41 km) über den **Yislah-Paß** verlassen; die Paßhöhe beträgt 2600 m.

Tip:
Nach 9 km geht von der Hauptstraße San'a'-Ta'izz südostwärts (links der Fahrtrichtung) die Straße nach Jihanah ab, dem Hauptort der Provinz Khaulan. Diese Straße führt weiter bis Sirwah. Ehe man sie befährt, sollten in San'a' genaue Informationen darüber eingeholt werden, ob die Stämme der Khaulanis derzeit in einem guten Verhältnis zur Regierung stehen und Fremde zu schützen gelobt haben.

Man durchquert nun eines der großen Vulkanbecken des Jemens, die Dank ihres hohen Alters und Verwitterungsgrades intensive Landwirtschaft zulassen. Dort wird sie sogar industriell, mit Traktoren und Maschinen betrieben. Die Vulkane des Gebietes sind nicht zu unterschätzen! Trotz ihres hohen Alters können sie aktiv werden, wie das schwere Erdbeben von 1982 gezeigt hat. **Ma'bar** (58 km), die nächste Station auf der Reise nach Süden, war zusammen mit anderen Orten der Region von jener Katastrophe hart betroffen, was man noch an den zahlreichen Neubauten für Erdbebenopfer erkennen kann.

Dhamar (88 km) zählt ebenfalls zu den Erdbebenopfern von 1982. Dennoch besitzt der Ort ein sehr sehenswertes Altstadtviertel (ca. 500 m östlich der Straße). Ihm sieht man es an, daß zeitweise die Imame dort residierten und der Hof Geld für den Bau stattlicher Häuser, darunter eine Religionsschule der Zaiditen, gegeben hat. Zudem ist Dhamar ein Knotenpunkt für die Region. Wie schon erwähnt, führt von der Stadt aus die neue Straße über Rada', Al-Bayda', Lawdar in den ehemaligen Südjemen. Etwa 10 km vor dem nördlichen Ortseingang verläßt eine Piste die Hauptstraße in Richtung Nordost nach Baynun, eine andere in Richtung Westen nach Hammam Ali.

◁ Ta'izz, Blick auf die Stadt zwischen den beiden Minaretten der Ashrafiya hindurch

Baynun und Hammam Ali

Die Piste nach Baynun führt zunächst auf den Vulkankegel Al-Isi zu, in dessen nächster Umgebung es heiße Quellen gibt. Von dort sind es mindestens drei Fahrstunden im Geländewagen, vorwiegend im Zeichen einer vegetationsarmen Landschaft; wobei nur 42 km gefahren werden. Die Anstrengung lohnt sich überwiegend für Reisende, denen das Archäologische besonders am Herzen liegt. Hamdani, der islamische Chronist, schrieb über Baynun: »Durchbohrt wurde Baynun, ein Berg; einer der himyaritischen Könige bohrte ihn durch, damit ein Wasserlauf aus dem hinter ihm liegenden Land nach dem Gebiet von Baynun geleitet werden könne.«

Baynun war jedoch viel mehr als nur ein durchbohrter Berg. Hamdani beschreibt es selber an einer anderen Stelle seines Werkes. Er läßt die Königsburg von Baynun als eines der Machtzentren des antiken Orients vor unseren Augen erscheinen. Die Burg sei berühmt gewesen wegen ihres Pomps, Reichtums und ihrer Kultur, berichtet Hamdani. Von ihm wissen wir auch, daß der Ort zeitweise Hauptstadt des himyaritischen Reiches gewesen ist und lange nach der Ablösung durch andere Plätze noch bedeutsam blieb. Erst viel später, wahrscheinlich 525 n. Chr., wurde Baynun von den Aksumiten völlig zerstört.

Was von Königsburg und Stadt Baynun übrig geblieben ist, lohnt die weite Anreise kaum. Auf den ausgedehnten Ruinenfeldern, die sich im weiten Bogen am oberen Teil eines Wadis hinziehen, steht so gut wie nichts mehr am alten Platz. Wer die Felder dennoch sieht, kann ermessen, welche Arbeit der archäologischen Feldforschung noch bevorsteht, ehe die sagenhafte Stadt und ihre Burg qualifiziert gewürdigt werden können. Die Attraktion: der durch den Berg getriebene Wasserlauf. Unterhalb der Ruinenfelder von Baynun ist ein stark eingefallener Schacht zu erkennen; es handelt sich um das Endstück eines nicht mehr begehbaren Tunnels. Einen zweiten Tunnel findet man nächsten Höhenrücken jenseits des Tales in Richtung Osten. Dieser Tunnel hat rund 1500 Jahre überlebt; er ist knapp 100 m lang, macht im Innern einen Knick, läßt sich aber gut begehen, denn er hat vorwiegend 4 m Höhe und 4 m Breite aufzuweisen. In Stein gesetzte Inschriften besagen, daß die beiden Tunnel aus dem Fels gebrochen wurden, um das ostwärts gelegene Tal von Numara zu bewässern.

Nach Hammam Ali sind es von Dhamar aus 59 km schwieriger Piste; vielleicht ein zu langer Weg, nur um ein volkstümliches Bad am Oberlauf des Wadi Rima zu besichtigen. Aber die Fahrt dorthin führt durch eine der schönsten Gegenden des grünen Jemens (s. S. 20), so daß man sagen kann: Die Reise selbst ist das Ziel. Zum Schluß trifft man auf heiße Quellen mit schwefelhaltigem Wasser. Sie werden von jemenitischen Besuchern – abwechselnd von Männern und Frauen – als Heilbäder genutzt.

Zafar und Umgebung

Zafar und Umgebung
Besonders sehenswert:
Jiblah ☆☆

Wieder zurück zur Hauptstraße. Sie steigt allmählich um 500 m und führt in ca. 2500 m Höhe durch die Berge. Es herrscht auch im Hochsommer eine annehmbare Temperatur, und immer wieder bieten sich schöne Ausblicke. In **Yarim** (nach 121 km) biegt in Richtung Südost die Route über Hammam Damt nach Aden ab; diese gut ausgebaute Asphaltstraße ist die direkte Verbindung zwischen San'a' und Aden (410 km). Wir empfehlen den nächsten Abstecher von der Hauptroute jedoch erst ab **Kitab**, nämlich 14 km hinter Yarim. Kitab ist der Ausgangspunkt für einen Besuch in Zafar, an den Resten der zeitweiligen himyaritischen Metropole. Etwa in der Ortsmitte von Kitab führt von der Hauptstraße San'a'–Ta'izz eine Nebenstraße

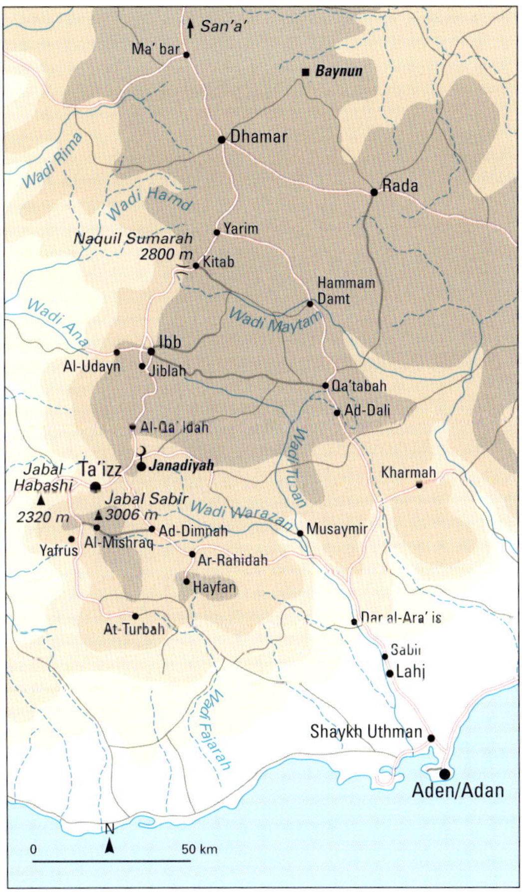

Von San'a' über Ta'izz nach Aden

nach Osten. Diese ist nur etwa 1000 m asphaltiert und wird dann zur Erdpiste, die nach Regen schwierig sein dürfte.

Man erreicht nach 3 km das Dorf **Ribat al-Qalah**. Von dort führen mehrere Pisten in verschiedene Richtungen. Man folge jener, die ein kurzes Stück nach Norden zeigt und in großen Windungen zu dem weiter nordöstlich gelegenen Zafar aufsteigt. Für die restlichen 3 km von Ribat benötigt man im Auto (nicht unbedingt Geländewagen) ca. 30 Minuten. Die Strecke von Kitab bis Zafar bietet sich auch als Fußwanderung an (zweieinhalb Stunden).

Der heutige Ort Zafar und die Reste der antiken Stadt liegen in einer landschaftlich überaus reizvollen Gegend. Obwohl man sich, nahe dem Sumarah-Paß, schon auf annähernd 2500 m Höhe befindet, führt der Weg in schwungvollen Bögen um hohe Hügel herum. Es ist leicht, sich in dieser Landschaft die natürliche Umwelt der Himyariten zu vergegenwärtigen. Vor etwa 2000 Jahren dürfte die Vegetation kaum anders ausgesehen haben. Büsche und Sträucher, einzelne Bäume wechseln mit versteppter Brache. Dazwischen wuchtige Einzelgehöfte und burgartig aufgetürmte Dörfer; ihr Baumaterial und ihr Stil scheinen über Jahrtausende keinen Wandel erfahren zu haben.

Spolie in Bayt al-Ashwal nahe Zafar

Man ist ein wenig enttäuscht, wenn man **Zafar** erreicht, denn das eigentliche Zafar bietet sich als großer und nicht sonderlich eindrucksvoller Hügel dar. Erst im Verlauf einer gründlichen Besichtigung entdeckt man seine Besonderheiten. Der mächtige Hügel ist von Geröll überdeckt, doch liegen zwischen dem natürlichen Bruchgestein zahllose bearbeitete Steine aus der Zeit des himyaritischen Zafar. Nord- und Westhang werden landwirtschaftlich genutzt. Die Felder sind von Mauern begrenzt, deren Steine Menschenhände in der Zeit vor Beginn unseres Kalendersystems bearbeitet haben.

Die Häuser des derzeitigen Dorfes Zafar drängen sich teils auf der Nordseite der Hügelhöhe, teils auf dem Osthang zusammen. Eine Führung zu denjenigen Bauten, die verzierte oder beschriftete antike Steine an gut sichtbarer Stelle aufweisen, ergibt sich fast automatisch: In Erwartung eines Trinkgeldes drängen Einheimische den Besucher Zafars zu einem entsprechenden Rundgang. Der Besucher sollte seinerseits auf einer Besichtigung der Naturhöhlen an den Hängen des Hügels bestehen. Die Höhlen haben in alter Zeit als Grabstätten, Wohnungen, Werkstätten und Vorratskammern gedient. Eine Höhle wird einem als Gefängnis beschrieben. Etwa die Hälfte von ihnen wird auch heute zur Lagerung von Vorräten genutzt. Manche der zugänglichen Höhlen zeigen interessante Bearbeitungen.

Auf der Hügelhöhe, einem fast runden Plateau, hat man ein einstöckiges Haus gebaut, dessen Steine auch schon vor vielleicht 2000 Jahren im Mauerwerk menschlicher Behausungen oder sakraler Bauten ihren Platz gehabt haben. »Mathaf« steht auf einem Schild über der Tür, ›Museum‹. Überraschend, daß es überhaupt gelungen ist, eine solche Sammlung einzurichten, denn die interessanten himyaritischen Steine haben fast immer in den heutigen Häusern

Ibb, eine kleine Bergstadt, gruppiert sich um seine ca. 500jährige Moschee.

eine wichtige Funktion, sei es als Tür- oder Fenstersturz, als Eckschlußstein oder auch als dekoratives Element in der Fassade. Hochlandjemeniten sind es in keiner Weise gewohnt, sich vom Staat etwas nehmen zu lassen; der Staat, den ihre Ahnen und meist auch sie noch selbst kennengelernt haben, mußte im Gegenteil ständig großzügig geben, um sich das Wohlverhalten dieser Hochländer zu erkaufen.

Das Museum vermag den Besuch in Zafar abzurunden. Es bietet eine kleine, aber lehrreiche Sammlung. Eindrucksvoll ist der **monumentale Schriftstein**, der für das Jahr 447 n. Chr. die Renovierung des Palastes auf dem benachbarten Burgberg Raidan meldet. Es gibt mehrere bronzene Tierfiguren, Stiere, Leoparden, Löwen, die römische Einflüsse erkennen lassen.

Noch in Sichtweite zu Zafar steht das Dorf **Bayt al-Ashwal**. Ein Besuch dort ist empfehlenswert, weil es unter den zahlreichen Spolien auch ein antikes Relief gibt, das zwei Frauen in Devotionalhaltung zeigt und als christlich gedeutet wird.

Zurück zur Hauptstraße. Diese gelangt gleich hinter Kitab an den **Sumarah-Paß** und steigt dort noch um weitere 300 m. Mit rund 2800 m ist nun der höchste Punkt dieser Route erreicht; dem Reisenden eröffnen sich nach Osten wie nach Westen dramatische Ausblicke. Er durchfährt ein Herzstück des grünen Jemens, das auch bei **Ibb** (nach 182 km), Hauptstadt der gleichnamigen Provinz, noch nicht endet. Ibbs Altstadt steht auf einem Hügel westlich der Hauptstraße. Stünde die Ansammlung der zum Teil sehr schönen Turmhäuser aus dunklen Steinen nicht erhöht, sie wäre schon von der wuchernden Neustadt (die mehrere ordentliche Hotels bietet) erstickt. Ein Rundgang lohnt sich noch für den Reisenden mit viel Zeit. Dasselbe läßt sich sagen, wenn eine Stichfahrt nach **Al-Udayn** (s. S. 105) erwogen wird. Eine bequem befahrbare Stichstraße führt dorthin nach knapp 40 km. Die letzten 10 km sind einem Abstieg in Haarnadelkurven um 800 m in das **Wadi Ana** vorbehalten. Während der Abfahrt ist auf der gegenüberliegenden Hangseite Terrassen-Wirtschaft in bester jemenitischer Tradition zu sehen: Qat, Kaffee und Obst werden auf sorgfältig gestützten, oft winzigen Feldern angebaut.

Auf der Talsohle zeigt sich die Natur sofort viel großzügiger. Aus der geschützten Lage resultiert ein fast tropisches Klima. Das Wadi führt die meiste Zeit im Jahr Wasser, und hohe Dschungelbäume säumen den Flußlauf. Unter den Bäumen haben noch Kaffee, Papayas und Bambus Platz. Al-Udayn hat eine malerische, aber wohl nicht sehr geschichtsträchtige Moschee. Man unternimmt die Fahrt vor allem der Landschaft wegen.

Auf der Hauptstraße San'a'–Ta'izz ist **Jiblah** (nach 195 km) nächste Station. Die Stadt steht 3 km westlich der Straße, und sie verdient in jedem Fall einen Aufenthalt. Jiblah hat sich auf einem Basaltkegel ausgebreitet, der von zwei Wasserläufen umflossen wird. Die beiden Flüßchen vereinigen sich an der Ostseite des Kegels. Die Unterstadt besitzt **drei Brücken** aus dem 14. und 15. Jh. Für den Aufstieg bis zum höchsten Punkt der Oberstadt benötigt man eine gute halbe Stunde. Neben der historischen Moschee sind stattliche Bürgerhäuser und Verteidigungsanlagen auf dem Gipfel des Kegels zu beachten. Die Anlage der Oberstadt am steilen Hang ist ein Meisterwerk der Statik.

Zwei Minarette überragen die **Hauptmoschee**, die auch **Moschee der Arwa Bint Ahmad** (Arwa, Tochter des Ahmad) genannt wird (s. S. 101). Fachleute halten das Minarett an der Südecke der Moschee für das ältere – es wird der Gründungszeit des Gebetshauses (1088–1089) zugeschrieben. Dieses Minarett hat ein viereckiges, gemauertes Unterteil, auf das ein ebenfalls gemauerter Zylinder aufgesetzt ist. Das zweite Minarett nimmt die Ostecke der Moschee ein; es

Jiblah, im Mittelpunkt der über 2000 m hoch gelegenen Bergstadt die Grabmoschee der »Malika Bilqis« alias Arwa Bint Ahmad

ist etwas höher und besitzt einen achteckigen Schaft, der erst dicht unter dem Balkon des Muezzins in Zylinderform übergeht. Das östliche Minarett wird ins 12. Jh. gewiesen.

Zurück auf der Hauptstraße, bereitet die Abfahrt über den Sayyani-Paß wieder ein Naturerlebnis. Die Straße verliert ca. 300 m an Höhe und leitet damit den Abstieg in Richtung Ta'izz ein. 11 km vor der ›Wirtschaftshauptstadt‹, wie Ta'izz auch genannt wird, biegt nach Südost die zweite große Straße in Richtung Aden ab.

Zweite Hauptstadt Ta'izz

Ta'izz ☆
Besonders sehenswert
Moschee Ashrafiya
Moschee Muzaffar
Moschee Mu'tabiya
Nationalmuseum
Altstadt-Markt

Auf halber Höhe (1400 m) zwischen der Küstenebene am Roten Meer und der Hochebene von San'a' erbaut, war Ta'izz über lange Zeit für Besucher und Eindringlinge die Pforte zum Bergjemen.

Al-Mukha (Mokka), die rund 100 km westlich von Ta'izz am Roten Meer gelegene Hafenstadt, diente vom 16. Jh. an als Ghetto für handeltreibende Fremde. Dort erfolgte der Warenumschlag, dort wurde eine wachsende Ausländerkolonie durch Verordnungen und Beschränkungen geknebelt, damit neben neuen Handelsgütern nicht auch noch neue Ideen importiert würden. Wurde aber doch einmal einer Delegation Eintritt ins Landesinnere gewährt, etwa um einen Handelsvertrag abzuschließen, dann gelangten die Fremden zuerst nach Ta'izz. Oft empfingen der Imam oder ein Prinz die fremden Delegierten schon dort, in der ›zweiten Hauptstadt‹, und schickten sie danach wieder heim.

Später, ab Mitte des 19. Jh., machte sich in Ta'izz die Nähe des britisch besetzten Aden bemerkbar. Al-Mukha sank schon bald zur Bedeutungslosigkeit ab, nachdem der Hafen Aden stark ausgebaut worden war. Ta'izz, rund 200 km nördlich von Aden gelegen, orientierte seinen Handel nun an der britischen Kolonie. In dieser Zeit wanderten auch Tausende von Jemeniten aus Ta'izz und Umgebung nach Aden ab, um dort Geld zu verdienen und Berufe zu erlernen, die ihnen bis dahin unbekannt gewesen waren. Neue Ideen ließen sich nun nicht mehr vom Bergjemen abschirmen. Der Bund Freier Jemeniten, der 1948 Imam Yahyah beseitigte und die Keime der republikanischen Revolution von 1962 legte, hatte sich in Aden zusammengefunden. Der Nachfolger des Getöteten, Imam Ahmad, machte 1948 Ta'izz zu seiner Hauptstadt, weil San'a' für kurze Zeit in den Händen von Rebellen gewesen war.

Frühe Besucher des Jemens, die nach langem Warten aus der Tihama nach Ta'izz reisen durften, empfanden den Ortswechsel meist als Erlösung. Welche Wirkung der Höhenunterschied von 1400 m hat, erlebt auch der Reisende unserer Tage. Damals aber war die Tihama noch ein Herd schwerer Fieberkrankheiten, und ein längerer Aufenthalt bedeutete für viele Fremde den Tod.

Die günstige Lage und die Nähe zur Küstenebene gereichten Ta'izz nicht immer nur zur Freude. Hatten Eindringlinge erst einmal die Tihama unterworfen, rüsteten sie bald zum Angriff auf die Stadt am Jabal Sabir. Namentlich vor der ersten osmanischen Invasion, aber dann auch in den rund 200 Jahren nach dem zeitweisen Abzug der Türken erlebte Ta'izz zahlreiche Kämpfe und Zerstörungen, nach denen es nie wieder vollständig aufgebaut wurde. Die Reste der Altstadt sind deswegen verhältnismäßig bescheiden.

Die moderne Großstadt Ta'izz hat über 300 000 Einwohner, und gerade mal 35 000 davon leben in dem historischen Stadtteil, der früher ganz von einer Mauer umgeben war. Man kann sich also vor-

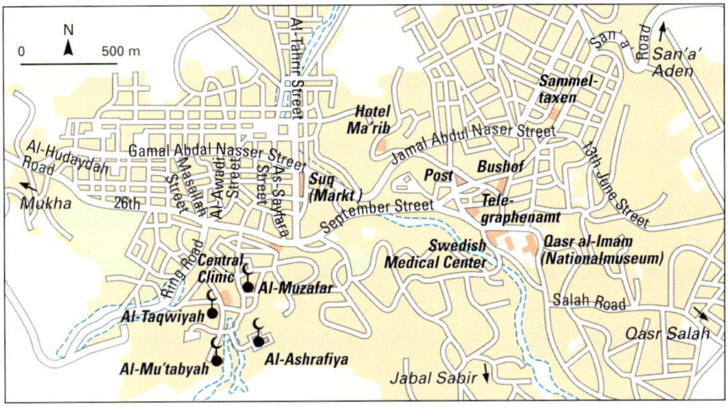

Stadtplan von Ta'izz

stellen, in welchem Maße das neue Ta'izz die umliegenden Hügel überwuchert hat. Stärker als in den Städten des oberen Bergjemens sind in Ta'izz die Betonmaschinen am Werk gewesen. Doch versprechen das Klima und die Hotels der Stadt Erholung. Und zu sehen gibt es auch noch einiges.

Die Sehenswürdigkeiten von Ta'izz liegen südwestlich des modernen Stadtteils, in dem viele Hotels zu finden sind. Das erst vor rund zehn Jahren fertiggestellte, aber jetzt dringend renovierungsbedürftige **Hotel Ma'rib**, auf einem Hügel erbaut, bietet vom Dach herab einen schönen Weitblick auf die Altstadt und ihr Umfeld. Besonders deutlich stechen die beiden Minarette der Ashrafiya-Moschee hervor. Das Gebetshaus steht hart am Fuß des Berges. In derselben Blickrichtung sieht man westlich der Ashrafiya ein Stück Stadtmauer, das den Berg hinauf gebaut wurde. Zwei wuchtige Turmruinen gehören zu diesem Mauerteil. Vor der Ashrafiya und der Stadtmauer ist auch die Musaffar-Moschee zu sehen. Die Reste der Altstadt und der ständige Markt (Suq) erstrecken sich nördlich der Ashrafiya.

Die **Ashrafiya-Moschee** ist vom Großen Tor (Bab al-Kabir), dem Haupteingang zum Markt, in fünfzehn Minuten zu Fuß zu erreichen. Um einen Gesamteindruck von dem Gotteshaus zu bekommen, sollte man seitlich vorbeigehen und weiter den Berg hinaufsteigen. Fußwege führen in leichten Serpentinen empor. Man kann ohne Schwierigkeiten bis etwa in Höhe der Minarettkuppeln gelangen und hat dann einen schönen Blick über die Ashrafiya, die weiter unten liegende Musaffar sowie über einen Teil von Ta'izz.

Grundriß der Ashrafiya

Die Ashrafiya-Moschee ist im 13. und 14. Jh. erbaut worden, und zwar während der Herrschaft von Al-Ashraf I. und Al-Ashraf II. Der älteste Teil ist das rechteckige Gebetshaus an der Nordseite, dessen Hauptdom von acht kleinen Kuppeln flankiert wird. Der rechteckige Innenhof wurde ebenfalls während der ersten Bauphase geschaffen. Schließlich entstand der Südteil des Bauwerkes mit den beiden Minaretten. Durch diesen Zubau wurde der Grundriß des Gotteshauses zu einem fast perfekten Quadrat. Noch später kam ein Anbau an der

Die Mu'tabiya wird als ein Meisterwerk der Ausgewogenheit in den Proportionen gepriesen.

Ostseite hinzu, der dem Unterricht und der Unterkunft von Studenten diente, denn die Ashrafiya war und ist eine Lehrstätte des Glaubens.

Decke und Kuppeln des eigentlichen Bethauses sind innen reich mit Stuckornamenten geschmückt. Drei Ecken des Innenhofes werden von den Grabstätten jemenitischer Sultane eingenommen. Dem Stil nach zu urteilen, dürften die Kuppelgräber im 15. Jh. von Baumeistern aus Kairo entworfen worden sein. Bei einer Gesamtwertung des Baustils der Ashrafiya drängt sich überhaupt der Schluß auf, daß hier die jemenitische Kunst eine Verbindung mit ägyptischen Einflüssen, die im 13. und 14. Jahrhundert schon stark waren, eingegangen ist.

Steht man auf dem Hügel oberhalb der Ashrafiya, ist deutlich zu erkennen, in welch kunsthistorisch wichtiger Gegend der Stadt man sich befindet. Nördlich unterhalb des Standortes sind die Kuppeln der **Muzaffar** zu sehen. Sie wurde rund 100 Jahre vor der Ashrafiya gegründet und gilt als die schönste erhaltene Moschee der Rasuliden-Zeit (etwa 1210 bis 1370 n. Chr.). Die Harmonie des Bildes ist allerdings seit Mitte der achtziger Jahre durch ein neuerbautes Minarett im San'a'-Stil gestört.

Als vom selben Architekten wie die Ashrafiya entworfen gilt die weiter westlich gelegene **Mu'tabiya-Moschee**. Sie wird als noch harmonischer und ausgewogener in den Proportionen gepriesen als die Madrasa der Ashrafiya. Weiter westlich des Standortes, unterhalb der über einen Hügel erbauten alten Stadtmauer, leuchten die Kuppeln der **Abdal Hadi-Moschee**, die ohne Minarett auskommt. Sie liegt im ältesten Teil der Stadt und dürfte selber 500 bis 600 Jahre alt sein.

Die Abdal-Hadi-Moschee wird als ebenso alt wie die Ashrafiya eingeschätzt, ist aber in der architektonischen Gestaltung viel sparsamer.

Die vierte historische Moschee des Viertels, die **Taqwiyah**, erkennt man an einem kurzen, gedrungenen Minarett. Das Bauwerk aus dem 14. Jh. liegt tiefer als das Bodenniveau. Es ist von einer Mauer umgeben und kann schlecht eingesehen werden. Zu besichtigen sind die Innenräume dieser Moschee ebensowenig wie die der anderen. Doch es sei empfohlen, in der Madrasa am Ostteil der Ashrafiya Kontakt zu suchen. Dort findet man oft Gesprächspartner mit Englischkenntnissen, die eine Besichtigung der Nebenräume des Gebetshauses ermöglichen. (1997 wurden in Teilen der Ashrafiya Restaurationsarbeiten unternommen, und dies erleichterte Nicht-Muslimen den Zugang.)

Der **Palast des Imam Ahmad** (Qasr al-Imam) steht östlich der Altstadt ebenfalls auf einem Hügel. Ein Besuch (von der Ashrafiya aus 30 Minuten zu Fuß) lohnt sich. Ausgestellt sind vorwiegend Gebrauchsgegenstände und Luxusartikel, wie sie die Herrschenden des Orients in der ersten Hälfte des 20. Jh. einander zu schenken pflegten. Daneben gibt es aber auch einige schöne Teppiche und alte Waffen, ferner Kostüme, die zeigen, was jemenitische Haremsdamen und ihre Herren und Gebieter bei welcher Gelegenheit trugen. Interessant sind auch die ausgestellten historischen Fotos. Vor allem aber lernt der Besucher ein größeres Herrschaftshaus des Jemens von innen kennen und muß dann feststellen: Imam Ahmad hat den ererbten Baustil viel höher geschätzt als den Zivilisationskomfort.

Ein anderes Museum ist der **Salah-Palast** (Qasr Salah), etwa 5 km östlich der Ashrafiya-Moschee. Dieser Palast war ebenfalls Eigentum der Imam-Familie und übertrifft den Stadtpalast an Größe und Ausstattung. Er beherbergt eine Sammlung sabäischer und himyaritischer Schriftsteine, präislamische Statuen aus Ma'rib und Yarim, Öllampen und Bronzeteile aus himyaritischer Zeit. Neben Exponaten islamischer Kunst gibt es eine ethnographische Sammlung und eine für moderne Kunst mit Werken des in Ta'izz lebenden Malers Hassem Ali Abdullah. Alle Sammlungen sind unzureichend präsentiert.

Der Markt

Bab al-Kabir, das Große Tor, ist der übliche Eingang zum ständigen Markt. Seine Fläche ist kleiner als die des Marktes in San'a', doch hat Ta'izz an Impressionen wie an materiellen Gütern Ergänzendes zu bieten. Der vorherrschende Eindruck ist, daß auf dem Ta'izz-Markt Frauen eine große Rolle spielen, und zwar als Verkäuferinnen ebenso wie als Käuferinnen. Dies ist auf die Frauen aus den Dörfern des Jabal Sabir zurückzuführen, die eine ganz andere Rolle spielen als ihre Schwestern im Hochland. Ähnlich wie die ›Markt-Mammies‹ in Westafrika regeln sie den Absatz fast aller landwirtschaftlichen und kleinindustriellen Produkte der Region. Ihre wirtschaftliche Macht ist so stark, daß sie auch weitgehend allein über den Profit verfügen können. Sie legen ihn zum großen Teil in Schmuck an. Überhaupt kleiden sie sich nach eigenem Geschmack, denn sie sind emanzipiert genug, um sich nicht nach islamisch-konservativen Ritualen verschleiern zu müssen.

Allerdings sind jener Freizügigkeit auch Grenzen gesetzt. So benutzen die Frauen vom Jabal Sabir Kopftücher, meist rote, weil es sich für eine Muslima schickt, die Haare zu bedecken. Auch tragen sie Hosen, die an den Knöcheln gebunden sind, und über diesen Hosen Röcke. Doch da nun der Schicklichkeit Genüge getan ist, schauen sie den männlichen Käufern freimütig ins Gesicht, ja sie versuchen, durch Zuruf Kundschaft zu werben.

Als Handelsplatz für Silberschmuck ist Ta'izz San'a' gleichzusetzen. Seit der Vereinigung des Landes gelangen wieder typisch südjemenitische Stücke auf den Markt von Ta'izz. Die südlich der Stadt gelegene Region, die Hudjariyah, war in den letzten Jahrhunderten nie Nomadengebiet, sondern eine Zone wohlhabender Bauern, Händler und Kaufleute. Dementsprechend ist der aus diesem Gebiet stammende Silberschmuck auch etwas üppiger, gewissermaßen barocker als der überwiegend auf Beduinen zugeschnittene Schmuck des Hochlandes. In Ta'izz wird Silberschmuck mehr in geschlossenen Läden, nicht in offenen Buden angeboten. Einige Geschäfte sind nahe dem Bab al-Kabir zu finden.

Ausflüge in die Umgebung von Ta'izz

Die Umgebung von Ta'izz
Besonders sehenswert:
Jabal Sabir ☆
Yafrus ☆

Noch Anfang der fünfziger Jahre galt das Wort des Imams, daß kein Fremder den **Jabal Sabir** besteigen dürfe. Der deutsche Botschafter Günther Pawelke schrieb damals, der Befehl habe Fremde daran hindern sollen, von des Berges Höhe aus Ta'izz und Umgebung in militärisch bedingter Absicht zu erkunden. Tatsächlich sind, steht man auf dem Berg, nahezu ganz Ta'izz und das nördlich, östlich und westlich sich erstreckende Gebiet zu überblicken, soweit das Auge reicht. Da inzwischen aus viel größeren Höhen Luftaufnahmen detailgetreu gemacht werden können, hat die jetzige jemenitische Regierung den rund 3000 m hohen Gipfel für Fremde freigegeben.

Die Auffahrt zum Jabal Sabir erfordert nicht mehr unbedingt ein Geländefahrzeug. Ehe man aber ein Taxi für relativ viel Geld exklusiv mietet, sollte man am Bab al-Kabir (Osttor) Ausschau halten nach einem Platz im Sammeltaxi mit dem Zielort Muntazah (9 km).

Das Dorf Misbar im Jabal Habashi hat neben Naturschönheiten himyaritische Mauerreste zu bieten.

Die Auffahrt über eine Asphaltstraße, dann über eine Piste dauert knapp eine Stunde. Es wird dabei ein Höhenunterschied von 1600 m zurückgelegt. Oben erwartet den Besucher (bei gutem Wetter) nicht nur der herrliche Ausblick, sondern auch das Musterbeispiel einer jemenitischen Kulturlandschaft in Höhenlage. Seine geologische Beschaffenheit hat den Berg zum Wasserspeicher werden lassen. In kleinen Seitentälern sprudeln Quellen und rinnen Bäche. An vielen Stellen wird das Wasser geleitet, um eine optimale Nutzung für die Terrassenwirtschaft zu erzielen; das Irrigationssystem zerstört jedoch nicht die Harmonie der Landschaft. Qatpflanzen sind vorherrschend auf den Terrassen, doch auch Kaffee wird angebaut. In den Seitentälern wachsen subtropische Früchte. Trampelpfade bieten sich als Spazierwege an. Den Abstieg (über die Fahrstraße) kann man in einigen Stunden auch aus eigener Kraft bewältigen.

Spitz wie ein Pfeil: das über 70 m hohe Minarett der Janadiya bei Ta'izz

Zur **Janad-Moschee** gelangt man auf der Ausfallstraße nach San'a' (17 km). Das Gebetshaus liegt 5 km östlich der Straße. Die leicht zu bewältigende Tour wird sich besonders für denjenigen lohnen, der an islamischer Kunst interessiert ist. Es handelt sich um eines der ältesten Gotteshäuser des Islams überhaupt. Obwohl die Moschee im Laufe der Jahrhunderte restauriert, vergrößert und wieder restauriert worden ist, hat sie ihre schlichte Grundstruktur behalten. Der Gesamtbau ist nahezu quadratisch; offene Wandelgänge, Zellen für Schüler und Gebetshalle sind um einen Innenhof gruppiert. Reihen von Pfeilern und Säulen tragen über Rund- und Spitzbögen die aus Baumstämmen, Brettern und Stroh zusammengesetzten Decken. Ein einzelnes pfeilspitzes Minarett, über 70 m hoch, ragt aus einem der Wandelgänge hervor. Die aus gebrannten Ziegeln errichtete Außenmauer ist von 200 Zinnen bekrönt.

Im Inneren des Gotteshauses gibt es fast keine Dekorationen. Dennoch bietet sich die Moschee kraft ihres architektonischen Ausdrucksvermögens ganz als Weihestätte dar. Man sollte auch die Zellen für rituelle Waschungen vor der Moschee beachten: Sie sind ein Musterbeispiel für schöne Formgebung mit einfachsten Mitteln aus der Umgebung. Das Bodenniveau rings um die Janadiya liegt einige Meter höher als die Maueransätze auf den Fundamenten; ein Zeichen dafür, daß sich hier im Laufe von 13 Jahrhunderten viel Kulturschutt abgelagert hat.

Eine **Tagestour von Ta'izz nach At-Turbah** mit Seitenfahrten zum Jabal Habashi und zur Moschee von Yafrus unternimmt man, um eine weitere Spielart an jemenitischer Landschaftsarchitektur und ein weiteres Juwel islamischer Baukunst kennenzulernen. Die Hauptstraße führt zunächst nach Westen (Ausfahrt in Richtung Tihama) und dann nach Süden um den Jabal Sabir herum. Nach etwa 10 km achte man auf eine gut begeh- und befahrbare Piste Richtung Westen. Diese führt zunächst in ein Tal, in dem Hirse, Kaffee, Qat, Bananen und andere subtropische Früchte wachsen. Später verläuft die Piste über steinigen Wadi-Grund, der bei starkem Regen Reißbäche führen dürfte. An den Berghängen erblickt man sehr ge-

Yafrus am Fuß des Jabal Habashi wartet mit einer dem ismaelitischen Ritus verbundenen Moschee auf, dem 500 Jahre alten Gotteshaus des Ahmad Ibn Alwan.

pflegte Terrassenkulturen. Nach etwa dreißig Minuten Fahrzeit leitet die Piste stark bergauf. An der ersten Gabelung gelangt man auf dem nach rechts abzweigenden Weg mit einem Geländewagen nach **Misbar** (s. S. 231, insgesamt 15 km ab Asphalt). Dort sind deutliche Reste himyaritischen Baubestandes zu finden. Sehr schöner Fernblick.

Zurück zur Asphaltstraße Richtung At-Turbah. Weitere 10 km südlich führt eine Piste über 5 km in Richtung Westen nach **Yafrus**.

Der selbst nicht besonders attraktive Ort beherbergt eine der schönsten Moscheen des Jemens. Das Gotteshaus des **Ahmad Ibn Alwan**, eines islamischen Mystikers aus den Reihen des Ismaeliten, wurde vor etwa 500 Jahren erbaut. Mit seinen zwei Haupt- und zahlreichen Nebenkuppeln zeigt es Einflüsse des zeitgenössischen ägyptischen Stils für Sakralbauten, bewahrt jedoch im Minarett und in den Nebenräumen das typisch jemenitische Stilelement. Wasser für rituelle Waschungen führt ein 3 km langer alter Aquädukt aus den Bergen der Moschee zu. Sie ist eine hochverehrte Pilgerstätte, kann jedoch manchmal (gegen Trinkgeld) außerhalb der Saison und Gebetszeiten von Fremden besichtigt werden.

Zurück zur Asphaltstraße nach At-Turbah. Da der Ort nur etwa eine Autostunde (75 km) von Ta'izz entfernt ist, kann man die Tour auch frühmorgens in At-Turbah beginnen. Dies sollte der Wetterlage entsprechend entschieden werden. Der Ort liegt auf einem Plateau in 1800 m Höhe; unmittelbar hinter dem südlichen Ortsausgang gibt es einen steilen Grabenabbruch von 800 m. Ist das Gebiet frei von Wolken und Nebel, bietet sich ein einmalig schöner Fernblick nach Süden über die in Richtung Aden sanft abfallende Landschaft. Meistens ziehen die hier unerwünschten Wolken gegen Mittag auf.

Bis zur Vereinigung der beiden Jemen-Staaten im Jahre 1990 war **At-Turbah** der Aussichtspunkt, von dem aus man über eine stark gesicherte Grenze in die südjemenitische Volksrepublik schauen konnte. Weiterfahren aber konnte man nicht. Diese Möglichkeit ist jetzt gegeben. Von Ta'izz kommend, trifft man rund 20 km vor At-Turbah auf eine nach Osten führende Piste. Sie leitet in einem großen Bogen über 140 km zum Golf von Aden. In der Wertung erfahrener Reisender gehört die Route zu den ›fünf schwierigsten des ganzen Jemens‹. Wer sie einschlägt, muß mit zehn Fahrstunden rechnen und handelt sich als Entschädigung das Erlebnis ein, drei Landschafts- und Klimazonen zu durchfahren.

Von Ta'izz nach Aden

Ab 1969 bis 1989, also genau 20 Jahre lang, gab es zwischen den beiden Jemen-Staaten eine arabische Variante des Eisernen Vorhangs, mit dem die Machthaber staatssozialistischer Systeme ihre ›neue Welt‹ zu schützen suchten. Im Jemen war der Eiserne Vorhang auf dem Gebiet des südlichen und östlichen Landesteiles errichtet worden, den Britannien in postkolonialer Verblendung bis 1967 zäh verteidigt hatte. Die südjemenitische Abschottung war insofern noch brutaler als die in Europa betriebene, als über den Eisernen Vorhang hinweg mehrmals kurze und doch sehr heftige Grenzkriege zwischen den beiden Jemen-Staaten stattfanden. An einen grenzüberschreitenden Tourismus war in jenen 20 Jahren nicht zu denken.

Seit der Wende im Jemen, die 1990 einige Monate früher als die in Deutschland eintrat, können Jemeniten wie fremde Besucher die 160 km zwischen Ta'izz und Aden bequem in zwei bis drei Stunden bewältigen. Selbst im Autobus, der die Strecke mehrmals am Tag befährt, gelangt man in gut drei Stunden zum Zielort. Zunächst werden auf der Hauptstraße 11 km in Richtung San'a' zurückgelegt, dann biegt die Ta'izz–Aden-Straße nach Süden ab. Wer in dieser Region **spektakuläre Landschaftsbilder** sehen möchte, müßte auf eine der **Nebenrouten** abbiegen, z. B. von Ad-Dimnah nach Al-Mishrakh oder von Ar-Rahidah nach Hayfan. Von beiden Orten führen Pisten nach Westen in die Ausläufer des zentralen Bergmassivs hinauf, die vielleicht noch Neues bieten. Doch sind solche Extratouren nur demjenigen zu empfehlen, der den Jemen gründlich bis in die letzten Winkel kennenlernen möchte.

Auf der Hauptstraße erlebt man den üblichen Wechsel der Landschaft beim allmählichen Abstieg von ca. 1000 m Höhe zur Küstenebene wenig über Null; dies bedeutet nicht nur ein Wechsel vom ›grünen Jemen‹ über das karge, aber noch von Kakteen und Dornengestrüpp begrünte Vorgebirge zur gelben Sandwüste, sondern auch die Abfahrt in eine um mindestens 10 Grad wärmere Klimazone. Nach 108 km ab Ta'izz trifft diese Straße dann auf die andere große Straße, die schon bei Yarim von der Nord-Süd-Magistrale abzweigt. Ab dem Punkt sind es noch rund 65 km bis Aden über Lahj.

Lahj hat seine frühere Rolle als Regierungssitz eingebüßt. Der Ort war bis 1967 Residenz eines Sultans, dessen Fürstentum den gleichen Namen trug. Dem Sultanat Lahj entrissen die Briten 1839 die Halbinsel Aden, um dort eine Kolonie zu gründen. Die Volksrepublik richtete im Palast des vertriebenen Sultans eine Landwirtschaftsschule ein. Sehenswert sind heute allenfalls die dazugehörigen Gärten und Pflanzungen, in denen Bauwolle, Getreide, Gemüse und die verschiedensten Obstsorten angebaut werden. Die **Umgebung von Lahj** ist archäologisch interessant. Knapp 20 km nördlich des Ortes, nahe dem **Jabal Tala**, gibt es eine vorgeschichtliche Fundstätte, die als eine der wichtigsten auf arabischem Boden gilt. Man hat dort Steinwerkzeuge und andere Besiedlungsspuren entdeckt, die von den ersten Bewohnern Südarabiens stammen dürften.

Tip:
Das Gebiet um Lahj, der Zugang von Norden nach Aden, war während des kurzen Bürgerkrieges im Mai/Juni 1994 heftig umkampft und ist teilweise vermint worden. Noch nicht alle Minen sollen (1997) wieder beseitigt worden sein. Es wird deswegen empfohlen, dort Querfeldeinfahrten oder Wanderungen nur mit wirklich ortskundigen Führern zu unternehmen.

Wer waren jene ersten Bewohner? Noch ist das Rätsel nicht völlig gelöst, doch wenigstens halb gelüftet. Dies ist der Feldforschung des Deutschen Archäologischen Institutes, Außenstelle San'a' zu danken. In Zusammenarbeit mit russischen Kollegen haben deutsche Wissenschaftler die seit langer Zeit bekannte Fundstätte **Sabir** nahe Lahj erforscht. Dabei gelangten sie zu Erkenntnissen, denenzufolge man es mit »einer völlig neuen und bis dahin unbekannten Kultur« zu tun habe. Da noch keine Schriftfunde gemacht wurden, nannten sie die gerade entdeckte Küstenkultur provisorisch ›Sabir-Kultur‹. Burkhard Vogt meint, daß sie von der Mitte des 2. Jahrtausends v. Chr. bis in das 9. vorchristliche Jahrhundert existiert habe. Ihr

Träger wäre eine gesellschaftlich hoch organisierte Bevölkerung gewesen, deren Sprache aber nicht semitisch gewesen sei. Diese Bevölkerung habe enge Beziehungen zur gegenüberliegenden afrikanischen Seite des Roten Meeres unterhalten, und möglicherweise sei sie ursprünglich von der afrikanischen auf die arabische Seite gekommen.

Bis zur Einfahrt nach Aden sind es noch rund 29 km. Man fährt vorher durch den Ort **Shaykh Uthman**, der bei den Kämpfen während des kurzen Bürgerkrieges im Frühsommer 1994 stark gelitten hat. Dennoch geht es in der von Gärten und Häusern im traditionellen Stil aufgelockerten Vorstadt der Metropole wieder recht lebhaft zu. Kamele ziehen Karren durch die Straßen, und am Straßenrand werden Töpferwaren, Flechtarbeiten und Gemüse feilgeboten. Ältere Häuser weisen Malereien auf, zumeist naive, z. B. Allegorien auf die Pilgerfahrt nach Mekka. Über einen Damm kreuzt man den Ostzipfel der brackigen Lagune, in der Reiher und andere Seevögel Nahrung suchen, um gleich danach im modernen Stadtteil Khormaksar anzukommen.

Aden heute

Aden
Besonders sehenswert:
Zisternen von Tawila
Stadtteil Krater

Etwa ab 410 v. Chr. war Aden sabäisch. Es sollte im Lauf der folgenden Jahrhunderte noch oft den Besitzer wechseln. Als Hafen für den Transithandel zwischen den Kontinenten blieb allerdings die Küstenstadt jedem Herrscher unentbehrlich. Ein anonymer griechischer Schiffskapitän, der im 1. Jh. n. Chr. gelebt hat, erwähnt dies in seiner Beschreibung von Reiserouten und Häfen zwischen Rotem Meer und Vorderindien, dem »Periplus Maris Erythraei«. Aden wird dort als »Eudaemon Arabia, eine Ortschaft am Meeresufer, die zum Reiche Caribaels gehört und bequeme Anker- und Wasserplätze hat« charakterisiert. Weiter heißt es, daß dort Frachten aus Indien und Ägypten umgeschlagen würden, Diamanten und Saphire, Elfenbein, Baumwolle, Indigo, Zimt und Pfeffer, Datteln und Wein, Gold, Myrrhe und Weihrauch. Aden spielt eine derart bedeutende Rolle für die Wirtschaft jener Zeit, daß der Stadt im »Periplus« der Name des ganzen Landes, den auch die Römer benutzten, zugeschrieben wird: Eudaemon Arabia, Arabia Felix, »Glückliches Arabien«.

Ob dieses frühe Arabien – und mit ihm Aden – wirklich ein glückliches Land war, mag dahingestellt bleiben. Zwar mußten Ägypter, Syrer, Juden, Griechen und Römer viel Geld bei den Südarabern lassen, um an die begehrten Duftstoffe und Gewürze zu gelangen, doch die nicht abreißenden Kämpfe zwischen den rivalisierenden Reichen und später die Aggressionen der Aksumiten und Perser dürften der florierenden Gesellschaft von Händlern immer wieder schwere Schläge versetzt haben. So kann das geschäftige und wohlhabende

Steamer Point, das ehemalige Zoll- und Paßkontrollhaus in britischer Zeit, sozusagen ein Eckpfeiler des Imperiums bis etwa 1960

Aden aus der Zeit vor dem Islam keinerlei Bauten vorweisen. Aber auch die islamische Geschichte hat in der Stadt hat keine großartigen Bauwerke hinterlassen. Immer wieder war Aden umkämpft, wurde erobert und oft dabei zerstört, so Mitte des 12. Jh. Zuerst war die Stadt von einer puritanischen Sekte besetzt worden, dann zog ein ägyptisches Expeditionsheer an, um dem rechten Glauben wieder zum Sieg zu verhelfen. »Turanshah eroberte und plünderte Aden und brachte über achtzig Schlösser und Burgen von ansehnlicher Stärke unter des Sultans Botmäßigkeit«, vermeldet eine zeitgenössische Chronik.

Welche Schäden die Stadt auch beim Stürmen und Plündern erlitt: Aden verlor weder im 12. noch in den folgenden Jahrhunderten seine Bedeutung als Hafen und Handelsplatz. Diese Stellung wurde erst schwer erschüttert, als Vasco da Gama 1497 mit der Umsegelung Afrikas den Seeweg nach Indien erschloß. Nun lag Aden plötzlich weit abseits der wichtigen Handelsroute. Erst danach begann die Stadt in einem Maße zu verkümmern, daß sie zu einem Ort mit nicht einmal hundert Steinhäusern abgesunken war, als 1835 die Briten kamen.

Bis in unsere Tage blieb das Schicksal der Stadt mit dem Lauf des Handelsweges und seiner Nutzung durch den erstklassigen Naturhafen am Fuße des Aden-Vulkans eng verbunden. Unter den Briten wurde Aden wieder groß, weil sie es nach der Eröffnung des Suezkanals (1869) zum wichtigsten Transithafen an der Schiffahrtsstraße zwischen dem Mittelmeer und Asien machten. Der Niedergang zur Zeit des volksdemokratischen Regimes war um so tiefer, als 1967, dem Jahr des britischen Rückzugs, im Sechstagekrieg zwischen Ägypten und Israel auch der Suezkanal geschlossen wurde. Aden wurde acht Jahre lang nicht mehr als Transithafen benötigt. Mit der

Wiedereröffnung des Suezkanals (1975) kam die Erkenntnis, daß der Hauptstrom der Schiffahrt den Seeweg um Afrika wiederentdeckt hatte und für die neuen Großtanker der Hafen Aden entbehrlich geworden war.

Seit der Vereinigung von 1990 versucht die jemenitische Regierung, den Handels- und Hafenplatz am Golf von Aden wieder zu einem internationalen Treffpunkt zu machen. Die in jahrelanger mühseliger Gesetzgebung geschaffene Freihandelszone konnte jedoch keine Belebungswunder vollbringen, weil es an den übrigen wirtschaftlichen Rahmenbedingungen mangelte. Den Tiefpunkt des Niedergangs brachten dann schwere Flutschäden 1993 und die Bürgerkriegsereignisse 1994. Die Zerstörungen und der Zusammenbruch alter Strukturen schienen die Stadt in eine unwiderrufliche Lähmung versetzt zu haben. Doch in der zweiten Hälfte der neunziger Jahre stellten sich Zeichen der Wiederbelebung ein.

Aden hat heute den Rang der »Winterhauptstadt des Jemens«, von der aus Staatspräsident und ein Teil der Regierung wenigstens mehrere Wochen lang das Land regieren. Einige vor dem Sozialismus emigrierte reiche Südjemeniten haben den Weg zurück gefunden und etwas Kapital investiert; auch in den Tourismus, der einmal ein wichtiger Wirtschaftszweig werden könnte. Kapital aus arabischen, britischen und amerikanischen Quellen fließt in das Projekt, Aden zu einem Containergroßhafen für die südarabische Region bis hin zum Persischen Golf auszubauen.

Besichtigung von Aden

Das moderne Aden umfaßt sieben Stadtteile. Tawahi, Ma'alla und Krater haben Platz gefunden auf der felsigen Halbinsel, die auch das antike Aden beherbergte. Weiter nördlich liegt Khormaksar mit ausländischen Konsulaten und dem Flugplatz. Dann folgen die volkstümlichen Vororte Shaykh Uthman, Dar Sad und Mansura, schließlich der Industrievorort Little Adan.

Das Kolonialzeitalter, obwohl es in Aden 128 Jahre dauerte, hat nur wenig Sehenswertes hinterlassen. Wenn man so will, kann die Freilegung und Ausgestaltung der antiken Zisternen (Tanks) von 1856 als größte kulturhistorische Leistung der Briten in Aden gewertet werden. Wer das Flair jener Zeit nachempfinden möchte, der möge sich in **Tawahi** am Hafen umsehen, da Aden der wichtigste Hafen südöstlich von Suez auf dem Seeweg nach Indien war. Dort begegnet er noch dem Zoll- und Paßhaus von **Steamer Point**, wie der Stadtteil damals genannt wurde; auf einem Hügel oberhalb Steamer Points steht, wenn auch etwas ramponiert, weiterhin der Uhrturm »Little Ben«, den die Kolonialbehörde 1905 erichten ließ. Und am Steamer Point strahlt das Traditionshotel Crecent, inzwischen erfolgreich privatisiert, seit dem Frühjahr 1997 wieder im Glanz der imperialen zwanziger Jahre. Ein eher trauriges Überbleibsel jener Zeit sind die halb zerstörten äußeren Hüllen christlicher Kirchen. Es heißt, ihr jetziger Bestand soll zumindest vor weiterem Verfall geschützt werden.

Krater ist der älteste Stadtteil von Aden. Wie der Name sagt, ist die Altstadt direkt in den Krater eines erloschenen Vulkans (Jabal Shamzan, 517 m) hineingebaut worden. An seinen Außenwänden sind später weitere Siedlungen entstanden – heute moderne Stadtteile. Das Bild Kraters wird durch mindestens drei Baustile bestimmt. Die Häuser an der Seeseite, deren Veranden und Balkone Holzgitter schmücken, könnten genausogut in Kalkutta oder Bombay stehen. An die großen Durchgangsstraßen hat man anonyme Betonbauten gesetzt, in Nebenstraßen alte Steinhäuser. Einen ständigen Markt (Suq) wie in San'a' und Ta'izz gibt es in Aden nicht. Wer Silberschmuck sucht, muß eines der wenigen einschlägigen Geschäfte in den Nebenstraßen der Altstadt finden.

Die **Zisternen von Tawila** sind die einzige Hinterlassenschaft der Antike in Aden außerhalb des Museums. Tawila nennen die Araber ein Tal, das sich – zum Jabal Shamzan hin ansteigend – am nördlichen Ende Kraters in den Felsen hineinzwängt. Dort ist unter britischer Herrschaft ein Park entstanden, der die Ausläufer der antiken Wasserversorgung einschließt. Bassins und Überlaufrinnen, Kanäle und wiederum Bassins sind, flankiert von ausgemauerten Wegen und überspannt von Brücken aus roten Ziegeln, in den Berg geschlagen. Siebzehn Staubecken reihen sich aneinander. Das unterste faßt zugleich das meiste Wasser, maximal 13 Millionen Liter. Etwa 45 Millionen Liter kann die gesamte Anlage auffangen, wenn es einmal kräftig geregnet hat. Dann werden die am Jabal Shamzan fallenden Niederschläge sinnreich kanalisiert und gesammelt. Aden ist allerdings heute nicht mehr von diesen Zisternen abhängig; das gesammelte Regenwasser dient nur noch der Bewässerung von Gärten.

Die damals mit Unrat fast zugeschütteten Staubecken sind ab 1856 von der britischen Besatzungsmacht wieder instand gesetzt worden. Merkwürdigerweise hat man bei der Wiederherstellung eine gründliche archäologische Untersuchung der Anlage versäumt. So kann der Interessierte das Alter der Zisternen nur schätzen bzw. aus verschiedenen Tatsachen ableiten. Zunächst wird vorausgesetzt, daß nur in einer Periode des Wohlstands und der Stabilität eine so umfangreiche Arbeit wie das Aushauen mehrerer Zisternen aus dem massiven Lavafelsen möglich war. Die Zeit der Kriege mit Aksumiten und Persern scheidet folglich aus. Wenn man ferner in Erwägung zieht, daß den Himyariten eine besondere Fertigkeit bei der technischen Berechnung sowie beim Bau von Staudämmen und Anlagen zur Bewässerung zugeschrieben wird, weiter daß der Höhepunkt der himyaritischen Macht über die Küstenzone von Aden um das 1. Jh. n. Chr. lag, ist eine Datierung und historische Einordnung der sogenannten Tawila-Tanks in diesen Zeitabschnitt vertretbar.

Nur drei Sehenswürdigkeiten von Aden zählen zu denen aus islamischer Zeit. Zuerst ist das freistehende, weißgekalkte und mit

Hinterlassenschaft der Antike in Aden: die Zisternen von Tawila, ab 1856 auf Weisung der britischen Besatzungsmacht restauriert. Mit dem Aushauen der Zisternen soll im 1. Jh. n. Chr. begonnen worden sein.

Stuckornamenten verzierte **Minarett** der ehemaligen Salama-Moschee nahe dem Hauptpostamt in Krater zu nennen; die ins 8. Jh. datierte Moschee gibt es nicht mehr. Empfohlen sei auch ein Besuch der **Moschee des Sayyid Abdullah al Aidrus**, den die Legende zum Schutzheiligen von Aden macht. Der Sayyid soll um 1500 von Tarim nach Aden gekommen sein. Die ihm gewidmete Moschee stammt in ihrer jetzigen Form aber aus der Mitte des 19. Jh. Der damals durch arabische Seefahrer und die Briten an die südarabische Küste gelangte indische Kultureinfluß hat auf den Stil der Restaurierung eingewirkt. Der Bau wird von einem Minarett mit drei umlaufenden Holzgalerien dominiert. Die Grabstätte des Schutzheiligen in der Moschee wurde während der Kriegswirren 1994 von islamistischen

Fanatikern, hinter denen man Wahabiten vermutet, schwer beschädigt.

Erhalten haben sich zudem Befestigungsanlagen aus islamischer Zeit, die zum Teil aus dem 12. Jh. stammen. Sie waren zunächst zur Sicherung der Stadt gegen Überfälle von Beduinen zur Landseite hin angelegt worden. Später wurde auch die Seeseite befestigt. Reste der Mauern und Türme sind auf den Bergen zwischen den Stadtteilen Krater, Ma'alla und Khormaksar zu sehen.

Beachtung verdient in Krater schließlich auch das **Maison Rimbaud**. Die französische Regierung meinte, nahe der jetzigen Hauptpost in Krater (und schräg gegenüber dem Salama-Minarett) das Haus wiederentdeckt zu haben, in dem 1880 der junge Dichter Jean Arthur Rimbaud bei einem Landsmann und Kaffeehändler Beschäftigung gefunden hatte. Paris ließ das Haus restaurieren und richtete in ihm ein Kulturinstitut ein. Die fast elfjährige Aufenthaltszeit Rimbauds in Aden – allerdings immer wieder unterbrochen durch ausgedehnte Reisen nach Ostafrika – ist dort in bescheidenem Maße dokumentiert. An erster Stelle dient das Institut dem französisch-arabischen Kulturaustausch.

Nur das Minarett blieb von der Salama-Moschee aus dem 8. Jh. erhalten.

Das Nationalmuseum

Zeugen aus der Antike Ausans und Qatabans, den beiden südarabischen Königreichen, denen Aden zeitversetzt angehört hat, finden sich sonst nur noch im Nationalmuseum. Es ist eingerichtet im Stadtpalast des ehemaligen Sultans von Lahj am Rand von Krater. Dorthin sollten Besucher gehen, denen die Archäologie besonders am Herzen liegt. Nun war allerdings das Museum von den Bürgerkriegswirren des Sommers 1994 besonders betroffen: Wertvolle Exponate wurden damals geplündert. Bisher konnte nur ein Teil der entwendeten Stücke wiederentdeckt werden, und eine Bestandsaufnahme war für diese Ausgabe nicht möglich. Es sei deswegen hier nur auf Exponate verwiesen, die den Besuch im Nationalmuseum zu San'a' ergänzen würden.

Das nahezu ganz verschollene Königreich Ausan hat zwei Königsstatuen von seltener Vollständigkeit hinterlassen, die im Museum von Aden ausgestellt sind. Die beiden Figuren haben in der Fachwelt einige Verwirrung gestiftet. Eine Alabasterstatue des Yashdul Far'am, eines Königs von Ausan, entspricht dem traditionellen Stil Südarabiens in der Zeit um 500 v. Chr. Es handelt sich um eine ziemlich grob geschnittene Statue jener Zeit, mit der typischen Armwinkelung und Handballung eines Boxers, wobei die übergroßen Füße und Hände detaillierter als üblich ausgeführt worden sind. Dennoch läßt sich die ausanische Königsfigur unschwer in die lange Reihe von Alabasterfiguren Südarabiens gleicher Größe, Körperhaltung und Ausdrucksform einfügen. Nicht so hingegen die Statue des Königs Yashduqil Far'am Sharah'at von Ausan. Obwohl die Herrscher un-

Statue eines Königs von Ausan im Nationalmuseum von Aden

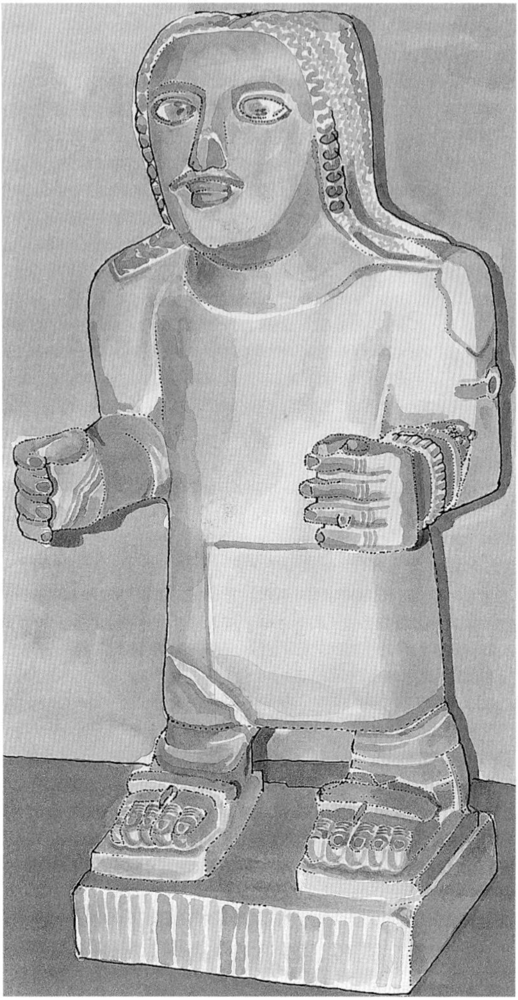

mittelbar aufeinander folgten, sind ihre Abbilder grundverschieden. Beim zweiten Königsbildnis erinnert die Kleidung an griechische Vorbilder. Der König trägt langes Haar oder eine Perücke sowie einen Schnurrbart. Es taucht auch ein für Südarabien ganz fremdartiges faltiges Gewand auf. Fachleute meinen, es handele sich um eine Porträtstatue. Wenn das stimmt, tritt an die Stelle entindividualisierter Gesichtszüge eine für den örtlichen Kunstkanon ganz untypische Porträtähnlichkeit.

Da Ausan schon bald nach der Schaffung jener Königsstatuen untergegangen ist, läßt sich die Frage nach dem Grund solch abrupten ikonographischen Wandels nicht beantworten. Ob nur ein griechischer Künstler an den Hof von Ausan gelangt war, ob die griechische Kunstauffassung Südarabien erreicht oder im damaligen »Glücklichen Arabien« gar eine interne Kulturrevolution stattgefunden hatte – wir wissen es nicht.

Das Nationalmuseum zu Aden besitzt (oder besaß) auch einige schöne antike Schmuckstücke: aus Gold und Halbedelsteinen gearbeitete Ketten, Armbänder, Ohrringe und Broschen. Die Fachwelt meint, es handele sich wahrscheinlich um Importe, die während des 1. Jh. n. Chr. entstanden sein könnten.

Von Aden nach San'a' – Der Ostbogen

Erst nach 65 km Reise in Richtung Norden gabelt sich die Hauptstraße, wobei der nordöstliche Zweig in Richtung San'a', der westliche in Richtung Ta'izz führt. Der nordöstliche Zweig berührt nach der Gabelung das Gebiet der **Radfan-Berge**, wo sich 1963 zum ersten Mal ernsthafter militärischer Widerstand gegen das britische Protektorat und die mit ihm verbündeten Stämme geäußert hatte. Die Volksrepublik datierte den Beginn ihrer Revolution mit einem Partisanenüberfall im Oktober 1963. Vom Radfan-Gebiet steigt die Straße auf die rund 1300 m hoch gelegene Ebene von **Ad-Dali**. Diese Hochebene ist noch einmal von Bergen umgeben, deren höchster, der Jabal Jihaf, etwa 2300 m erreicht. Die Landschaft erinnert stark an den nicht weit entfernten südlichen Teil des ehemaligen Nordjemens. Beachtung verdient die alte Hauptmoschee von Ad-Dali. Ihr aus behauenen Steinen erbautes Gebetshaus krönen zwölf kleine Kuppeln, und um das gedrungene Minarett zu schmücken, hat man farbig abgestufte Natursteine zu Mustern gefügt.

Das Minarett der Hauptmoschee von Ad-Dali aus farbig abgestuften Natursteinen

Auf der Weiterfahrt nach Norden über Qa'tabah wird **Hammam Damt** erreicht (176 km von Aden). Die Landschaft ist sehenswert, und sie erreicht beim »Bad Damt« mit seinen heißen Quellen einen Höhepunkt. Dort stehen schroffe Vulkankegel, deren höchster im Volksmund »Thron der Bilqis« genannt wird. Er kann über eine angebaute Treppe bestiegen werden. Von oben sieht man nicht nur in den Krater mit seinem fast kreisrunden, dunkelgrünen See hinab, sondern hat auch einen weiten Blick über das Wadi Bana sowie über weitere Vulkankegel und erstarrte breite Ströme dunkelfarbiger Lava. Jemeniten nutzen Hammam Damt mit seinen heißen und mineralhaltigen Quellen als Heilbad für die meisten herkömmlichen Krankheiten.

Von Hammam Damt bis zur Hauptstraße nach San'a' bei Yarim sind es noch rund 47 km. Diese Strecke verdient erhöhte Aufmerksamkeit, weil sie mit zu den landschaftlich schönsten des Jemens gehört.

Von Ta'izz in die Tihama

Von Ta'izz in die Tihama
Besonders sehenswert:
Zabid ☆
Kamaran ☆
Jabal Bura ☆

Ab Ta'izz bis Al-Mukha sind es 105 km, und diese kann man im Auto in gerade mal 90 Minuten bewältigen. Aber man legt dabei auch einen Höhenunterschied von über 1000 m zurück und taucht dabei in die schwüle Hitze der Küste am Roten Meer ein, die schon im Frühjahr Temperaturen von über 30 Grad als normal verzeichnet. Lohnt Al-Mukha, das Mokka der Kaffeehändler des 18. und 19. Jahrhunderts, die Strapaze? Nur wer eine Vorliebe für wirklich morbide Ruinen hat oder sich vom bloßen Mythos eines Namens bezaubern läßt, möge sich der Strapaze unterziehen. Allein die inzwischen restaurierte Große Moschee, der Stumpf eines als Leuchtturm wie als Minarett benutzten Turmes und einige wenige Reste verfallener Villen ausländischer Kaufleute erinnern noch an die Hafenstadt, die unserem Kaffeekonzentrat den Namen gegeben hat.

Einmal in Al-Mukha, hat man die Gelegenheit, 63 km an der Küste entlang (nur mit dem Geländewagen) nach **Al-Khawkha** zu fahren. Wer es tut, erlebt die Schönheit einer fast unberührten Küste am Roten Meer und findet am Zielort ein afrikanisches Camp mit Badegelegenheit. Es besteht dann die Möglichkeit, über eine Nebenstrecke (29 km) bei **Hays** (bekannt für seine Töpferware) auf die Hauptstraße zu gelangen, um nach weiteren 35 km die Stadt Zabid zu erreichen.

Zabid verdient immer noch besichtigt zu werden, obwohl wir 1997 in einigen Teilen der Stadt starken Verfall und neugebaute Betonhäuser zur Kenntnis nehmen mußten. Wer Zeit hat und einen Blick für Einzelheiten besitzt, sollte ruhig länger bleiben. In den engen Gassen des Marktes, an den Fassaden der Wohnhäuser, an den Moscheen und Befestigungsanlagen gibt es genug zu entdecken.

Zabid ist heute eine kleine Stadt: Man kann sie in einigen Stunden umschreiten und sich dabei die Reste der Stadtmauer und Wehrtürme ansehen; man kann sich auch in das Gassengewirr zwischen den Häusern begeben, ohne Gefahr zu laufen, die Orientierung zu verlieren; wohl immer endet der Rundgang nach einiger Zeit auf dem Hauptplatz der Stadt. Dieser Platz erstreckt sich vor der **Zitadelle**, die einen Teil der Ostseite der Stadtmauer belegt. Ein wuchtiges Tor öffnet sich nach draußen, ein weiteres nach innen zur Stadt. Die aus gebrannten Ziegeln aufgemauerte Festung wird von mehreren gedrungenen, oben stumpfen Wehrtürmen verstärkt. Zwischen zwei solchen Türmen ragt das Minarett der **Iskander-Moschee** empor; ein Teil der Basis des Minaretts bildet den Eckpfeiler der Bastion. Zitadelle und Moschee sind von ägyptischen und osmanischen Einflüssen geprägt. Das heißt, daß sie vom 16. bis zum 19. Jh. immer wieder auf- und ausgebaut worden sind. Unter den Fundamenten der Anlage dürften die Reste anderer Bauten aus frühislamischer Zeit liegen.

Die streckenweise wieder verfallene **Stadtmauer** stammt zum größten Teil aus dem 19. Jh.; Niebuhr fand 1763 fast den ganzen Wall im Zustand des Verfalls vor. »Arme Leute holen die Steine aus den Trümmern und verkaufen sie für den Bau neuer Häuser«,

◁ *Die meisten Bauern und Fischer der Tihama wohnen in kralartigen Hütten, ein Zeichen des afrikanischen Erbes.*

Zabid, ehemals bedeutende Stadt in der steinarmen Tihama, mußte seine Sakralbauten mit gebrannten Ziegelsteinen errichten. Hier eine der etwa 80 verbliebenen Religionsschulen

schrieb er. Etwa ab 1850 wurde, auf türkische Veranlassung, die Mauer wiederhergestellt. Der **Regierungspalast** am Hauptplatz verdient ebenfalls Beachtung, obwohl er in seiner jetzigen Form ein Produkt des 19. Jh. ist. Aus gebrannten Ziegeln errichtet, die weiß gekälkt sind, treten an seiner sonst glatten Fassade die aus Ziegeln konstruierten Ornamente der Oberfenster deutlich hervor. Um den Spitzbogeneingang des weiß verputzten Nebengebäudes schlingen sich drei üppige Ornamentbänder.

Beim Rundgang durch die engen Gassen sollte man versuchen, möglichst viele der verbliebenen rund 80 **Religionsschulen** zu entdecken. Diese Bauwerke aus der Blütezeit schafi'itischer Gelehrsamkeit , errichtet und unterhalten mit Spenden aus verschiedenen Ländern der arabischen Welt, zeichnen sich meist durch eine großzügige Konstruktion und klare Linien aus. Manche weisen neben den gängigen Dekorationen auch aus Ziegelsteinen gebildete Schriftbänder verschiedenen Stils auf. Bezugspunkt aller Religionsschulen war die **Große Moschee**, auch Al-Asha'ir-Moschee genannt.

Zum Haupteingang des Gotteshauses führen mehrere Stufen hinab, denn das Straßenniveau hat sich seit dem Bau des Portals und der Umfassungsmauer um rund einen Meter gehoben. Dies spricht für das hohe Alter der Moschee (15. Jh.). Gemauerte Säulen, die einander im Spitzbogen stützen, umsäumen den Innenhof. Zu tragen haben sie nur ein leichtes hölzernes Dach. Das Minarett, aus Ziegeln gemauert und verputzt, ist kurz und gedrungen; es hat ein sogenanntes Bienenkorbdach, das wahrscheinlich aus dem syrisch-mesopotamischen Gebiet übernommen wurde. Die Schönheit dieser Moschee liegt nicht in ihren Dekorationen, sondern in ihren klaren Linien. Allerdings sahen wir die Al-Asha'ir 1997 in einem so schlechten Zustand, daß Renovierung dringend notwendig erscheint.

Außerhalb der Stadt, aber noch in Sichtweite, östlich der Straße Al-Hudaydah–Ta'izz, steht eine weitere Moschee, die **Mustafa Pascha**. Mit ihrem wuchtigen, wehrturmartigen Minarett, einem Dutzend Kuppeln und einer hohen Umfassungsmauer gleicht sie mehr einer Festung als einem Gotteshaus. Der Mann, dessen Namen die Moschee trägt, war der erste osmanische Gouverneur in der Tihama nach der Eroberung von 1539/40.

Nächster Ort auf dieser Fahrt nach Norden ist **Bayt al-Faqih**. Hier lohnt sich ein Aufenthalt besonders am Freitag, dem Markttag. Der Markt ist einer der größten im ganzen Jemen. Schwerpunkte sind Töpfer-, Flecht- und Lederwaren sowie einheimische Textilien. Bayt al-Faqih entstand im 18. Jh. als Siedlung von Kaffeehändlern. Die Türken bauten in der Mitte der Stadt später eine starke Festung, **Husn Osman**, eine Art Rückendeckung zum Schutz ihrer Ansprüche im Jemen. Die Häuser der Kaffeehändler sind inzwischen leider in den Zustand des Zerfalls eingetreten. Selbst die wuchtige Türkenfestung (lange auch ein Stützpunkt des jemenitischen Militärs) verwandelt sich nach und nach in eine Ruine. Nur wer den faulenden Atem der Geschichte noch spüren möchte, möge durch die Gassen streifen.

Einst ein stolzes Minar, Leucht- und Moscheeturm, heute nur noch ein fauler Stumpf, Symbol für das untergegangene Al-Mukha.

Al-Hudaydah

Al-Hudaydah (noch 52 km) ist auf der breiten Straße in flachem Gelände in weniger als einer Stunde erreicht; vom Stadtrand bis zum Zentrum kann es allerdings eine weitere Stunde dauern. Al-Hudaydah ist eine moderne Stadt mit über 300 000 Einwohnern. Ein dichter Autoverkehr und der vorherrschende Betonbaustil, dazu hohe Temperaturen bei hoher Luftfeuchtigkeit machen die Stadt ziemlich unleidlich. Man sollte sie möglichst nur als »technischen Aufenthalt« benutzen: Die Hotels besitzen Bäder, in denen man Staub und Schweiß loswerden kann; Krankenhäuser und Apotheken sind verhältnismäßig gut ausgestattet; Telefon und Post zeigen einen ansprechenden Leistungsstand. Hingegen sind die letzten alten Kaufmannshäuser und die osmanische Festung am Meeresufer in sehr schlechtem Zustand. Lohnend erscheint hingegen noch ein Besuch im **Fischereihafen** mit seinem Fischmarkt, auf den das Rote Meer täglich ein Angebot von erstaunlicher Fülle entläßt.

Zwei Ausflüge in die Umgebung von Al-Hudaydah, die man aber auch als mehrtägige Touren gestalten kann, sind zu empfehlen. Erstmalig gestattete die jemenitische Regierung 1996/97 fremden Besuchern, die Rotmeer-Insel Kamaran zu betreten, die bis dahin vom Militär beansprucht worden war. Es handelt sich wohl um das Pilotprojekt zur eventuellen Einführung eines Bade- und Tauchtourismus auf der Insel, das einem deutsch-jemenitischen Ehepaar anvertraut worden ist. Die zweite Möglichkeit besteht in einem eintägigen (bei Rückkehr nach Al-Hudaydah) oder mehrtägigen Besuch (mit Übernachtungen im Zelt) des rund 1800 m hohen Jabal Bura'. Beide Ziele sind ökologisch sehr verletzbare Gebiete, und man würde sich wünschen, daß sowohl Veranstalter von Gruppenreisen wie auch Einzelreisende diese Gegebenheit respektieren würden. Auf keinen Fall sollten Kamaran und der Jabal Bura' dem Massentourismus anheimfallen.

Nach **Kamaran** fährt man zunächst auf der in Richtung Norden führenden Küstenstraße etwa 16 km, um dann auf eine Piste mit leichtem Nordwestkurs überzuwechseln. Immer in Küstennähe, erlebt man an sanften Lagunen Schwärme von Seevögeln: Pelikane, Reiher, Fischadler und vieles mehr. Nach weiteren 58 km auf einer mehr oder weniger bequemen Piste ist der kleine Küstenort **As-Salif** erreicht, dessen Bewohner sich durch Fischerei und Gewinnung von Meeressalz ernähren; einige wenige mögen auch Beschäftigung gefunden haben am Endpunkt der Ölpipeline, die nahebei das Rote Meer erreicht. Von As-Salif kann man – nur nach vorheriger Vereinbarung – mit dem Boot in 30minütiger Fahrt zum provisorischen Touristencamp auf Kamaran übersetzen. Herrscht Sturm, ist eine Überfahrt nicht möglich.

Von Ta'izz in die Tihama

Jabal Bura' am Westrand des Bergjemens. In rund 1000 m Höhenlage gedeihen hier Kaffee und Qat in einem ausgewogenen Verhältnis von halb und halb.

Auf Kamaran werden sehr schöne Badestrände und ergiebige Augenweiden für Schnorchler und Taucher geboten. Ein seltenes Naturerlebnis bieten Wanderungen oder Bootsfahrten zu den Mangrovenwäldern im nordwestlichen Teil der Insel. Aber auch der Besuch des Städtchens Kamaran lohnt sich. Die Einheimischen sind überwiegend freundlich und wesentlich aufgeschlossener als viele Bewohner des Festlandes. Zum Teil mag dafür die koloniale Vergangenheit Kamarans den Ausschlag geben. Wie Aden wurde die Insel gegen Ende des 19. Jh. von den Briten besetzt, die erst 1967 wieder abzogen. Folglich ist dort auch Englisch bekannter als in anderen Teilen des nördlichen Jemens.

Zum **Jabal Bura'** gelangt man zunächst auf der nordöstlichen Autostraße in etwa einer Stunde bis **Bajil** (55 km). Ab dieser heute kaum noch erwähnenswerten Tihama-Stadt bewegt man sich auf einer nach Süden führenden Piste fort, die ein stabiles Geländefahrzeug und einen guten Fahrer erfordert. Erst durchquert man noch das tropische Wadi Siham mit einem sehr schönen lockeren Baumbestand, um dann auf rohem und steilem Weg im Fußgängertempo bergauf zu klimmen.

Schon nach einigen hundert Metern Höhengewinn (in stundenlanger Fahrt) gibt es wieder sehr schöne Landschaftsszenerien; es bieten sich Fernsichten über etliche in unterschiedlichen Stufen aufgefältelte Berghänge hinweg. Wieder ist jemenitischer Bauernfleiß zum Landschaftsgestalter geworden, denn jeder Hang hat seine Terrassen, angepaßt der gegebenen Situation. Etwa ab 800 m Höhenlage halten sich Kaffeepflanzungen mit Qatpflanzungen die Waage, später überwiegt der Kaffee. Einzelgehöfte und kleine Siedlungen, die Häuser aus behauenem lokalen Stein, thronen auf den Gipfeln. Zu ihnen führen schmalste Gebirgspfade, die von Trupps junger Frauen, stets mit hochbeladenen Kiepen auf den gebeugten Rücken, benutzt werden. Die Frauen sind in der Regel unverschleiert und tragen zu ihren bunten Trachten besonders gefaltete Tücher auf dem Kopf, um dem islamischen Gebot der Haarbedeckung zu genügen. Zu ihren Aufgaben gehört es, Holz und Viehfutter aus abgelegenen Tälern herbeizuschaffen.

In dem Ort **Duran** endet die Auffahrt. Wer weiter möchte, um den Restbestand von Urwald am Jabal Bura' zu sehen, sollte nach einer Möglichkeit zum Übernachten Umschau halten. Manche Einheimischen sind es gewohnt, Fremde mit einem Zelt auf dem Flachdach nächtigen zu lassen. Der weitere Aufstieg zu Fuß bis zum Ort **Rijab** (1800 m) sollte jedenfalls am frühen Morgen beginnen. Simper und Brixel berichten über eine Wandertour, die nach der Auffahrt von As-Sukhna über eine ebenfalls schwierige Piste ab dem Marktflecken **Maraba** zu machen wäre. Von dort seien bis Rijab noch gut vier Stunden Fußweg zu leisten. Der Restwald steht westlich von Maraba.

Von Al-Hudaydah nach Al-Luhayyah

Carsten Niebuhr benötigte 1762 noch mehrere Tage für diese Reise; heute kann sie in knapp drei Stunden bewältigt werden. Man legt auf der nach Norden zur Grenze mit Saudi-Arabien führenden Asphaltstraße 109 km zurück, um dann nach Westen in Richtung Küste abzubiegen. Die Stichstraße nach Al-Luhayyah verläuft parallel zum **Wadi Mawr**. Diese Flußregion, bewohnt von etwa 70 000 Menschen, ist ein wichtiges Landwirtschaftsgebiet.

Das Wadi entwässert die Berge in westlicher Richtung; der Fluß versickert allerdings, ehe er das Rote Meer erreicht. Durch solche Einschnitte im Gebirgsrelief, wie das Wadi Mawr einen darstellt, findet der tägliche Ausgleich der Luftströmungen zwischen Meer und Hochland statt, so daß tagsüber häufig starke Winde talaufwärts wehen. Dadurch können feuchte Luftmassen schnell in größere Höhen gelangen und dort Gewitterregen verursachen.

Auf dieser Reise lernt man ein Stück der nördlichen Tihama kennen, in der sich arabische und afrikanische Elemente besser gegeneinander aufwiegen als in der südlichen Tihama. Keines der beiden Elemente dominiert, während im Süden manchmal der afrikanische Einschlag überwiegt. Auch im Norden wird intensive Landwirtschaft betrieben. Wo Motorpumpen rattern, erzielt man beachtliche Ergebnisse. An vielen Stellen wird jedoch einfach nur mit Menschenkraft aus 10 bis 15 m tiefen Brunnen das Wasser in Eimern heraufgezogen, um Vieh zu tränken und vielleicht einen winzigen Gemüsegarten zu bewässern. Trotz ihres harten Lebens wirken die Menschen der nördlichen Tihama freundlich und aufgeschlossen. Verschleierte Frauen sind selten. Vielmehr kleiden sich die Frauen des Gebietes in leichte bunte Tücher.

Die strohgedeckten Häuser des Gebietes werden im Vergleich zum Süden mit höheren Kuppeln gebaut (s. S. 244). Gehalten wird das Dach von einem zentralen Pfahl, dessen geschnitzte Spitze über die Strohkuppel hinausragt. Die Kuppel ist mit starken Seilen bespannt, und das ganze Dach ruht auf einem runden Unterbau aus Stampflehm, manchmal auch aus ungebrannten Lehmziegeln.

Al-Luhayyah steht etwas erhöht in einer flachen Senke; wenn die See landeinwärts vorgedrungen ist, befindet sich die Stadt in einer Insellage. Auf ihrem höchsten Punkt erhebt sich die osmanische **Festung**, in ihrer jetzigen Form ein Verteidigungswerk des 19. Jh.. Vom Festungshügel aus bietet sich ein schöner Blick auf die **Hauptmoschee** mit 14 kleinen Kuppeln, die noch von dem großen gewölbten Dom des **Grabmals von Scheich Salah**, dem Ortsgründer, überragt wird. Über die Moschee hinweg blickt man auf strohgedeckte Wohnstätten, hier jedoch keine Rundbauten, sondern zeltartige rechteckige Hütten mit Satteldächern. Die Steinbauten, früher Wohn- und Warenhäuser von Kaufleuten, gruppieren sich um den versandeten, schon lange unbedeutenden Hafen. Die Häuser sind von ihren ursprünglichen Besitzern vor langer Zeit verlassen worden, und in manchen der Ruinen haben sich Markthändler eingerichtet.

»Die Stadt Loheia (Al-Luhayyah) ist etwa 300 Jahre alt. Sie liegt in einer dürren, unfruchtbaren Gegend und ist der nördlichste Hafen im Gebiet des Imams. Die Einwohner leben vom Handel mit Kaffee, der aus dem benachbarten gebirgigen Gegenden hierher gebracht...wird...Deshalb gibt es in Loheia viele Kaufleute, die für ihre Auftraggeber in Dschidda, in Ägypten und in der Türkei Kaffee kaufen. Manche Bewohner Kairos holen sich den Kaffee hier selbst.«
(Carsten Niebuhr in seinem Tagebuch 1763)

Immerhin gibt es im Hafen von Al-Luhayyah noch Fischerboote, und es werden manchmal auch einige der hochbordigen arabischen Segelboote gebaut oder repariert. Auf dem Markt am Ufer der seichten Bucht sind schmackhafte Imbisse zu bekommen, so etwa fester Weißkäse, der gut zu den in Öl gebackenen ungezuckerten Kuchen paßt. Wer in einem Teehaus am Ufer Rast macht, kann nah und fern Wasservögel beobachten: Kormorane, Pelikane, Reiher, um nur einige Arten zu nennen.

Die Rückfahrt nach Al-Hudaydah kann zum großen Teil auf einer Piste in Meeresnähe über Al-Khawbah erfolgen. Unterwegs finden sich immer wieder Badegelegenheiten. Nach 103 km Pistenfahrt erreicht man wieder die asphaltierte Hauptstraße.

Empfohlen sei aber auch die Rückkehr auf die Hauptstraße nach Saudi-Arabien (58 km ab Al-Luhayyah). Die Hauptstraße fährt man nun für 33 km in Richtung Süden, um dort auf eine südöstlich abgehende Piste zu stoßen. Auf ihr kreuzt man das **Wadi Surdud** und bewundert noch einmal Landschaftsvarianten. Nach 56 km und zwei bis drei Stunden Fahrt ist man in Bajil. Von dort aus wäre eine Rückfahrt direkt nach San'a' in weiteren drei bis vier Stunden (169 km) zu bewältigen.

Der Hafen von Al-Hudaydah. Noch bietet das Rote Meer reiche Beute und beschäftigt eine große Zahl von Menschen als Fischer. ▷

Die **Fahrt von Bajil nach San'a'** führt über eine der schönsten Straßen des Jemens, und man sollte sich Zeit lassen. Ausgebaut wurde diese Straße mit finanzieller und tätiger Hilfe Chinas ab etwa 1960, und nicht nur wegen der Gebirgigkeit des Geländes, sondern

auch wegen des Bürgerkrieges dauerten die Arbeiten rund zehn Jahre. Vor den Chinesen hatten die Türken in ungefähr gleicher Linienführung eine Schotterstraße zur Hauptstadt gebaut und unterhalten, und wahrscheinlich waren sie wiederum nur dem Pfad gefolgt, auf dem in sabäischer und himyaritischer Zeit der Verkehr zwischen ›oben und unten‹ verlief.

In der Türkenzeit dauerte der Aufstieg zur Hochebene von San'a' mindestens drei Tage. Naturereignisse oder jemenitische Überfälle konnten ihn um ein Vielfaches verlängern. Für Tausende, vielleicht Zehntausende von Soldaten des osmanischen Heeres wurde dieser Weg zu einem Marsch in die Ewigkeit: Sie starben an den Strapazen oder unter den Kugeln von Partisanen. Heutzutage ist diese Straße sicherer als andere, denn die gutausgebaute Chinesenstraße hat so viele Windungen, daß sie nur ein gedrosseltes Tempo erlaubt.

Ab Bajil wird die Fahrt wieder zum Anschauungsunterricht über verschiedene Formen der Landwirtschaft. Die untersten Hänge der Bergstöcke sind oft nicht mehr terrassiert. Dort leben die Menschen von Kleintierhaltung und vom Holzhandel: In gewissen Abständen sind neben der Straße Holzsammelplätze angelegt, die aus den Seitentälern versorgt werden. Das intensive Sammeln und Abholzen beschleunigt die Bodenerosion, ist aber wohl noch – inzwischen verbreitet sich mehr das landeseigene Flaschengas – wegen des Mangels an anderen Brennstoffen unvermeidlich.

Seit Mitte der achtziger Jahre gibt es eine voll ausgebaute **Querverbindung**, die rund 7 km nördlich von Bajil nach Südosten in Richtung Madinat Ash-Shirq und weiter nach **Ma'bar** (Straße Ta'izz–San'a') führt. Diese Route (172 km) bietet wieder herrliche Szenerien des mittleren Bergjemens und sehr schöne Eindrücke von der subtropischen Landschaft des Wadi Siham. Doch trüben die manchmal abrupte Kurvenführung der Straße und die akute Steinschlaggefahr das Reisevergnügen.

Bei der Auffahrt vom Hügelland findet ein langsamer Übergang im Siedlungsbild vom Tihama-Typ der strohgedeckten Hütten zum Steinhaus mit Flachdach statt. Je höher man kommt, desto höher werden auch die Häuser, und vielfach liegen die Dörfer in extremen Positionen auf Gipfeln und Graten.

Die ›Chinesenstraße‹ tritt zwischen dem Jabal Dahnah und dem Jabal Izzan in die eigentliche Bergregion ein. Sie folgt dann zunächst dem Lauf des Wadi Surdud, das ständig Wasser führt und damit an seinen Rändern eine intensive Landwirtschaft ermöglicht. Häufig muß jedoch die Straße das Flußtal verlassen und sich an Berghänge schmiegen, Felsnasen überwinden und durch Klippen hindurchleiten.

Erläuterungen der Fachbegriffe (Glossar)

A.H., Anno Hijra das Jahr, in dem Muhammad vor seinen Verfolgern aus Mekka nach Medina entwich. Das Jahr des „Umzugs", 622 A.D., wurde später als Jahr 1 der isl. Zeitrechnung benannt

Almaqah (Ilumquh) Mondgott, Hauptgottheit der Sabäer

Attar Männlicher Venussterngott, wichtige Gottheit im ganzen antiken Südarabien

Bait In sich geschlossene Wohneinheit eines großen frühislamischen Hauses

Djambiya Jemenitischer doppelschneidiger Krummdolch, der in traditioneller Ausführung einen Griff aus Rhinozeroshorn und eine kunstvoll gearbeitete Scheide hat; Statussymbol

Diya Durch das islamische Stammesrecht festgelegte Entschädigungszahlung an die Hinterbliebenen eines fahrlässig oder vorsätzlich Getöteten; auch zur Entschädigung eines Verletzten vorgesehen. Wichtiges Mittel, um die Blutrache zu verhindern oder zu unterbrechen

Funduq Arabisch: Hotel. Im Jemen meist ein Gasthof mit Mehrbettzimmern auf dem Land oder ein sehr einfaches Hotel in der Stadt

Haram Altsemitisch, sabäisch: Bezirk im Schutz der Gottheiten; heute auch islamisch: verboten durch heiliges Recht

Harem Nur für engste männliche Familienangehörige zugänglicher Wohnbereich der Frauen

Imam Eigentlich Vorbeter im islamischen Gottesdienst; im Jemen bis 1962 auch religiöses und weltliches Staatsoberhaupt

Kadi Islamischer Gelehrter, als religiöser wie weltlicher Richter tätig

Kalif Nachfolger des Propheten Muhammad als Anführer der Gemeinde der Gläubigen; erster Kalif nach dem Tod des Propheten 632 war Abu Bakr

Karib Priesterkönig, lokaler Herrscher in jedem der antiken südarabischen Reiche

Koran Heilige Schrift des Islam; enthält die von Gott an den Propheten Muhammad geleiteten Offenbarungen

Mafraj Wohnzimmer des Hausherrn und Empfangszimmer für männliche Gäste, meist im obersten Stockwerk

Masdjid (Moschee) vor allem für Freitagsgebete genutztes islamisches Gotteshaus

Madrassa, Medrese Islamische Hochschule einer Moschee oder theologische Lehranstalt mit Schul- und Beträumen

Spolie

Sabur-Technik

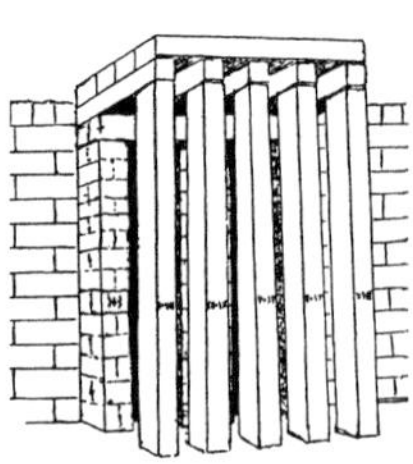

Propyläen

Minar/Minarett Der einer Moschee angegliederte Turm zum Gebetsruf

Mukarrib Sabäischer Bundesfürst, Mittler zwischen Bevölkerung und Gottheit

Propyläen Monumentale Toranlage eines Tempelbezirks

Qasr Arabischer Palast, auch festungsartiges Schloß

Qat Frische Blätter der Catha edulis Forskal; der beim Zerkauen mit Wasser austretende Saft wirkt als Stimula

Sabur Spezielle Bautechnik mit Wülsten aus Stampflehm

Sadah Angehörige des islamischen Religionsadels (Einzahl Sayyid), oft als Friedensstifter zwischen verfeindeten Stämmen gefragt

Samsarat Jemenitische Stadt-Karawanserei, ein zur Moschee gehörendes Hotel und Lagerhaus für Kaufleute und ihre Waren

Schafi'iten Sunnitische Muslime der in Kairo durch Imam Schafi'i um 800 gestifteten Rechtsschule

Schari'a Das islamische Recht; integraler Bestandteil des Islam, enthält die von Gott festgelegte Schöpfungsordnung, wie sie durch den Propheten Muhammad offenbart wurde

Schiiten Angehörige der Schi'a; Bezeichnung für diejenigen Muslime, die den vierten Kalifen Ali, den Vetter und Schwiegersohn Muhammads, als den ersten legitimen Nachfolger des Propheten betrachten

Sin Mondgott, Reichsgott im antiken Hadramaut

Spolie Wiederverwendetes Werkstück älterer Bauten

Sunna Die Tradition, die von Gefährten Muhammads überlieferte Lebensführung und Handlungsweise des Propheten

Sunniten Diejenigen Muslime, die der Sunna folgen und damit zugleich im Gegensatz zu den Schiiten → nicht zuerst Ali, sondern Abu Bakr, Omar und Uthman als Kalifen anerkennen

Thuma Dolch in kostbarer Scheide auf Brokatgürtel, Statussymbol der Sadah →

Wadd Mondgott, Reichsgott in Ma'in

Wadi Trockenes Wüstental, das nach Regenfällen Sturzbäche oder Flüsse ableitet

Zaiditen Anhänger des islamischen Sektengründers Zaid Ibn Ali aus Medina, die um das Jahr 1000 n. Chr. im Norden des Jemen einen Staat formierten

Wahhabiten Angehörige einer islamisch-puritanischen Sekte, die in der ersten Hälfte des 18. Jh. von Scheich Muhammad Ibn Abdul Wahhab in Zentralarabien gegründet wurde; der Wahhabismus ist heute Staatsdoktrin in Saudi-Arabien.

Praktische Reiseinformationen

Reiseinformationen von A bis Z

Reiseinformationen von A bis Z

Anreise und Ankunft

... mit dem Flugzeug

Mehrmals wöchentlich gibt es von Frankfurt/Main Direktflüge nach Sa'na' mit der Lufthansa und der nationalen jemenitischen Luftlinie, der Yemenia. Ab Frankfurt oder Düsseldorf fliegen zudem die KLM (Flugzeugwechsel in Amsterdam), die Egyptair (Wechsel in Kairo), die Ethiopian Airways (Wechsel in Addis Abeba) und die Alia, Royal Jordanian (Wechsel in Amman). Die Zahl der Anreisemöglichkeiten erhöht sich, wenn die Flugpläne der Gulf Air und der Emirates Airways, meistens mit ›Umsteigen‹ in Dubai oder Abu Dhabi, einbezogen werden. Schließlich kann man natürlich auch über London mit British Airways oder über Paris mit Air France nach San'a' gelangen.

Einzelreisenden, die selbst zu buchen wünschen, sei geraten, nicht bei dem ersten Hinweis »ausgebucht« zu resignieren; viele Reiseveranstalter haben bei den Fluggesellschaften Kontingentbuchungen, die längst nicht immer voll in Anspruch genommen und zu einem bestimmten Zeitpunkt teilweise zurückgegeben werden (das gilt insbesondere für die Yemenia). Dann gibt es immer noch die Chance, einen oder mehrere Plätze direkt zu buchen. Konziliante Reiseveranstalter vergeben natürlich auch Buchungen an Einzelreisende, ohne daß diese sich dann auf weitere Leistungen des Veranstalters im Jemen festlegen (siehe »Reiseplanung«).

Es gibt keinen öffentlichen Transport zwischen San'a'-Flugplatz und der Stadt. Selbstfinanzierende Einzelreisende sind auf Taxen angewiesen. Im Frühjahr 1997 zahlte man den Gegenwert von sechs bis zehn Dollar für die Fahrt.

Fluggesellschaften

... in Deutschland

können die einschlägigen Reisebüros schnell einen Überblick verschaffen, wo zu welchen Preisen noch Plätze für San'a' zur Verfügung stehen. Wer selbständig handeln möchte, wende sich am besten an die:

Yemenia
Rossmarkt 5
60311 Frankfurt a. M.
✆ (069) 28 82 72/4
Fax (069) 28 76 55

... in San'a'

Die meisten Fluggesellschaften sind in der großen Zubairy Street (Sharia Az-Zubairy) zu finden, die vom Bab Al-Jemen nach Westen entlang der Stadtmauer bis in die Neustadt hinein verläuft. Ein Anruf vor dem eigenständigen Besuch sei wegen lokalbedingter Öffnungszeiten empfohlen.

Lufthansa: ✆ 27 26 67/8 u. 21 34 00, am Flughafen 34 41 66, Fax 20 71 94
Yemenia: ✆ 26 08 34/5
KLM: ✆ 27 87 57
Gulf Air: ✆ 26 52 74
Air France: ✆ 27 28 95/6
Egypt Air: ✆ 27 50 61/27 34 52
Royal Jordanian: ✆ 27 53 14

...auf dem See- und Landweg

Wegen der seit 1990 bestehenden Störung in den Beziehungen zur Republik Jemen erteilt das Königreich Saudi-Arabien praktisch keine Transitgenehmigungen für Touristen zur Durchfahrt von Jordanien nach dem Jemen. Wer dennoch mit dem eigenen Wagen anreisen möchte, sollte eine kombinierte Land- und Seereise mit dem Rotmeer-Hafen Al-Hudaydah als Zielhafen wählen. Es gibt nur sporadische Schiffsverbindungen ab dem jordanischen Hafen Aqaba oder dem ägyptischen Hafen Suez. Wer diese Route wählt, benötigt neben viel Zeit auch eine gehörige Portion Glück.

Auskünfte

... vor Reisebeginn

Deutsch-Jemenitische Gesellschaft e.V.
Erwinstr. 52
79102 Freiburg
✆ u. Fax 0761/707 11 13

Ausreise

Wer mit einem einmonatigen Touristenvisum das Land besucht hat, benötigt kein Ausreisevisum mehr. Wer länger als einen Monat geblieben ist (s.o.), muß sich im Innenministerium in San'a' ein Ausreisevisum erteilen lassen.

Der Rückflugschein muß mindestens 72 Stunden vor dem Abflugtermin rückbestätigt werden. Für Gruppenreisende erledigen das meistens die jemenitischen Partnerbüros der Reiseunternehmer; Einzelreisende sollten das Büro ihrer Fluggesellschaft aufsuchen.

1997 wurde manchmal eine Abfluggebühr von 10 US-Dollar erhoben, manchmal auch nicht. Es wird daher geraten, bei der Ausreise ›für den Fall‹ noch 10 US-Dollar pro Person zur Verfügung zu halten.

Banken, Geld, Devisen

Jemenitische Rial (J. R.) dürfen von Touristen nicht in den Jemen eingeführt werden; es würde sich auch nicht lohnen, denn der Umtauschkurs für die jemenitische Währung liegt im Ausland höher als im Jemen. Zwischen etwa 8 Uhr morgens und 24 Uhr ist der erste Geldumtausch auf dem Flugplatz möglich; wer außerhalb dieser Zeit eintrifft, muß die ersten Ausgaben mit Dollar (kleine Scheine bereithalten) tätigen.

Den J. R. gibt es in Banknoten zu 10, 20, 50, 100, 200, 500 (und sicherlich auch bald zu 1000 Rial). Münzen erhält man nur selten, doch theoretisch sind sie noch als 5 und 10 Rialstücke im Umlauf.

In den letzten 25 Jahren ist der J. R. einem starken Inflationsdruck ausgesetzt gewesen. 1972 war im Umtausch 1 J. R. gleich 1,20 DM, 1997 bekam man 75 J. R. für 1 DM. Immerhin ist die Inflation seit 1995 rückläufig, und die derzeitigen Umtauschrelationen zu Deutsche Mark und Dollar erweisen sich als ziemlich stabil. 1997 lag der Umtauschkurs bei im Durchschnitt für 1 DM: 75 bis 80 J. R.; für 1 US Dollar: 125 bis 135 J. R.

In San'a' kann man Deutsche Mark ebenso gut wie US-Dollar verkaufen, in den Provinzstädten wird aber weiterhin der Dollar vorgezogen. Viele Händler bieten für 50- und 100-Dollar-Noten einen etwas besseren Kurs als für kleinere Nominationen; bei 100-Dollar-Noten sollte man aber Stücke der neuen, seit 1995 aufgelegten Serien mitnehmen. Es empfiehlt sich auch, kleine Stückelungen für eventuelle Direktzahlungen dabei zu haben.

Es gibt heute mehrere zuverlässige einheimische Banken im Jemen, die voll in das internationale Bankensystem integriert sind. Ihre Dienste werden aber allenfalls für größere Geschäfte und selten von Touristen benötigt. Nach der Liberalisierung des Devisenhandels hat sich inzwischen auch die Position der privaten Geldwechsler gefestigt, die das Tauschgeschäft schnell und unbürokratisch abwickeln. In San'a' findet man kleine Wechselbüros nahe dem Midan At-Tahrir und auf dem Markt hinter dem Bab Al-Jemen. Wechseln kann man auch in den Hotels, jedoch zu einem etwas schlechteren Kurs als ›draußen‹. Gewarnt sei vor den fliegenden Händlern, die auf der Straße Umtausch aus der Plastiktüte anbieten; ihre dicken Geldbündel, die man nicht durchzählen kann, enthalten oft einige unbrauchbare und manchmal weniger Scheine als angegeben.

Botschaften und Konsulate

... in der Bundesrepublik Deutschland

Botschaft der Republik Jemen

Adenauerallee 77
53113 Bonn
✆ 0228/22 02 73/22 04 51
Fax 0228/22 39 64
Konsularabteilg.: 0228/26 14 90
geöffnet Mo–Fr 8.30–14 Uhr

... in San'a'

Botschaft der Bundesrepublik Deutschland

Postanschrift:
P. O. Box 41 und 2562
San'a'/Jemen
✆: 41 31 74/41 31 77/41 31 78/ 41 31 82/41 31 87/41 31 89,
Fax: 41 31 79, Telex: 2245 AA SANA YE
geöffnet Sa–Do 9-13 Uhr

Die deutsche Botschaft liegt ca. 20 Minuten Fahrzeit im Taxi südlich der Altstadt in der Hadda Area, Street 22, No. 9–49. Um sie zu finden, bedarf es eines Taxi-Fahrers, der die Botschaft kennt. Man frage nach *ßafara almaniya*.

Österreichisches Generalkonsulat

Bagdad Street 56
P. O. Box 1465
San'a'/Jemen
✆ 41 69 39
Fax: 41 25 44
geöffnet Sa–Do 17–19 Uhr

Vertretung der Schweiz

San'a'
✆ 01/25 22 13

... in Aden

Deutsches Generalkonsulat
Abyan Beach Road 49
Khormaksar, oder:
P. O. Box 6100
Aden/Jemen
✆ 23 21 62

Einreisebestimmungen

Einreisende in San'a' benötigen ein gültiges Visum im Reisepaß, das sie von der Konsularabteilung der jemenitischen Botschaft in Bonn (s. Botschaften) oder von einer anderen Botschaft des Jemens im Ausland erhalten haben. Die ausgefüllten Antragsformulare sollten mindestens zwei Wochen vor Reiseantritt im Konsulat vorliegen (1 Paßbild, Verrechnungsscheck – kein Bargeld – über DM 50, frankierten und adressierten Einschreiberückumschlag mitschicken); wer den Sichtvermerk in Bonn selber einholt, bekommt ihn in der Regel am selben Tag, wenn er den Antrag morgens zu Beginn der Dienstzeit vorlegt.

Seit dem Sommer 1997 kann ein Einreisevisum jedem Deutschen auch erst am Flugplatz in San'a' ausgestellt werden. Die Gebühren entsprechen dem Gegenwert von ca. 80 US-Dollar. Die übrigen Bedingungen sind dieselben wie bei der Visa-Erteilung in einer jemenitischen Botschaft. Es sei angemerkt, daß es den Einreiseprozeß erheblich verzögern kann, wenn man ein Visum erst auf dem Flugplatz beantragt.

Für die Visum-Erteilung muß der Reisepaß noch mindestens sechs Monate gültig sein. Es gilt nicht mehr als Hindernis, wenn im Paß ein israelischer (oder südafrikanischer) Sichtvermerk enthalten ist. Einzelreisenden sei dennoch geraten, sich einen zeitweiligen neuen Reisepaß ausstellen zu lassen, wenn sie gerade in Israel (oder im palästinensischen Autonomiegebiet) gewesen sind. Der Jemen will den Ausgleich mit Israel erst annehmen, wenn ein umfassender arabisch-israelischer Friedensschluß einschließlich Syriens zustande kommt, und bis dahin könnte ein übereifriger Grenzbeamter in San'a' Schwierigkeiten bereiten.

Einreisende erhalten auf dem Flugplatz eine für vier Wochen geltende Aufenthaltsgenehmigung sowie ein Ausreisevisum in den Paß gestempelt. Verlängerungen sind möglich, müssen jedoch mindestens eine Woche vor Ablauf im Innenministerium in San'a' beantragt werden.

Die Einfuhr von alkoholischen Getränken in den Jemen ist verboten. Da jedoch der Tourismus zu einem wichtigen Wirtschaftszweig geworden ist (und die jemenitische Regierung europäische und amerikanische Trinkgewohnheiten kennt), wird es toleriert, wenn Ausländer bis zu einem Liter geistige Getränke mit sich führen. Das ist jedoch nur das stillschweigende Hinnehmen des Übertretens eines (in Saudi-Arabien strikt durchgesetzten) religiösen Verbots. Reisende sollten mit Alkoholika keinerlei öffentliches Aufsehen erregen. Während des Fastenmonats Ramadan könnte das Einfuhrverbot für alkoholische Getränke durchgesetzt werden.

Entfernungen

Von San'a' aus auf gut ausgebauten Asphaltstraßen:

nach Aden: 410 km, Al-Hudaydah: 226 km, Ta'izz: 256 km, Sa'dah: 243 km, Ma'rib: 173 km, Al-Bayda': 168 km, Amran: 50 km, Hajjah: 77 km, Jizan (Saudi-Arabien): 430 km.

Von Aden auf Straßen, Pisten oder im Flugzeug:

nach Ad-Dali: 155 km, zum Bab Al-Mandab: 150 km, nach Al-Mukalla: 657 km, nach Ataq: 386 km, zum Wadi Hadramaut: 550 km (Luftlinie), nach Soqotra: 950 km (Luftlinie), nach Sayhut: 750 km.

Essen und Trinken

In den Jahren der Öffnung des Jemens hat sich zumindest in den fünf großen Städten (San'a', Ta'izz, Al-Hudaydah, Aden und Al-Mukalla) eine internationale Küche entwickelt. Eine ganze Reihe von Restaurants unterschiedlicher Nationalitäten sorgt für Abwechselung: libanesische, palästinensische, chinesische, vietnamesische, italienische, amerikanische, um die wichtigsten zu nennen. Luxushotels bieten neben der internationalen Standardküche Spezialitäten (z. B. indische Küche) sowie »nationale Wochen«, während derer die Gerichte bestimmter Länder vorgestellt werden. In den Hafenstädten gibt es gute bis hervorragende Fischgerichte, und verbesserte Lieferbedingungen sorgen dafür, daß man inzwischen auch ›oben‹ in San'a' frischen Fisch bekommen kann.

In San'a' serviert allenfalls das Sheraton alkoholische Getränke zum Essen oder an der Bar; in Al-Hudaydah und Aden haben sich mehrere Hotels und Restaurants die nicht legalisierte offizielle Toleranz gegenüber dem Alkoholkonsum durch Touristen zunutze gemacht: Sie schenken kaum verhohlen Bier und Whisky an Ausländer aus. In Ta'izz und Mukalla ist man in der Hinsicht wesentlich zurückhaltender. Wo immer alkoholische Getränke serviert werden, gilt die Regel, daß mäßiger Konsum gepaart mit diskretem Verhalten unbeanstandet durchgeht.

Jemeniten legen großen Wert auf regelmäßige Mahlzeiten, insbesondere auf das Mittagessen. (Nach dem Mittagessen kommt meist der Qatgenuß.) Das gilt auch für diejenigen, die häufig oder ständig im Land umherreisen. Folglich gibt es fast überall, zumindest auch in den kleineren Städten und größeren Dörfern, Garküchen und Restaurants. An solchen Plätzen sind ausländische Gäste eine Minderheit, die sich den jemenitischen Eßgewohnheiten anpassen müssen. Hat die Minderheit einen Jemeniten als Begleiter, wird dieser für den Ablauf der Dinge sorgen. Einzelreisende müssen sich durchschlagen.

Im jemenitischen Restaurant herrscht ein hoher Geräuschpegel: Geschirr klirrt ständig, Gäste unterhalten sich lauthals, vielleicht plärrt ein Radio- oder Fernsehgerät; auf jeden Fall schreien die Bediensteten (Kellner wäre zuviel gesagt) Bestellungen der Gäste mit äußerster Stimmkraft in Richtung Küche. Von dort wird ebenso heftig zurückgeschrien, sobald ein Auftrag erfüllt worden ist.

Oft, nicht immer, kann man in der Küche durch Augenschein erkunden, welche Gerichte vorrätig sind. Gebratene Hühnerteile und trockenen Reis gibt es für den vorsichtigen Touristen fast in jedem Fall. Mehrere Arten von Gemüsegerichten, gekocht mit etwas Hammel- oder Rindfleisch, schmecken den meisten ausländischen ebenso wie den jemenitischen Gästen.

Eine *Salta*, ein im Steintopf gekochtes Mischgemüsegericht mit einer Soße aus Bocksklee, gehört zu den spezifisch jemenitischen arabischen Gerichten. Die *Salta* wird kochendheiß serviert und ohne Löffel, Messer oder Gabel, sondern mit frischem Fladenbrot, d. h. aufgetunkt, gegessen.

Die jemenitische Variante des ägyptischen Nationalgerichtes *Ful*, ein Brei aus dicken braunen Bohnen, Zwiebeln, Tomaten und Chilipfeffer, vielleicht veredelt mit einem Ei, kann man jederzeit zum Frühstück, mittags und abends essen. Wer Abwechslung wünscht, bestellt Rührei mit Tomaten, gebratene Leberstücke mit Tomaten oder Rindfleisch mit Brühe. In den meisten Restaurants hat man erkannt, daß ausländische Gäste mindestens einen Löffel als Eßbesteck benötigen. Dennoch gilt es als gute Sitte, am einzigen Wasserkran am Platze sich vor und nach dem Essen die Hände zu waschen. Wird mit den Fingern gegessen, sollte man nur die rechte Hand dazu benutzen, denn die linke Hand dient vorzugsweise zur Verrichtung von Tätigkeiten, die als unrein gelten. Dennoch brauchen Ausländer sich nicht absolut an die altbeduinische Sitte zu halten, nur mit der rechten Hand zu essen: Im Zuge der allgemeinen Auflockerung wird ihnen auch auf dem Gebiet eine gewisse Narrenfreiheit zugestanden.

Getrunken werden im jemenitischen Restaurant Leitungs- oder Mineralwasser, stark gezuckerter Tee mit oder ohne Milch, Limonaden und Colas oder Säfte. Manchmal ist auch Kaffee zu haben, aber fast immer aufgebrüht aus konserviertem Pulver amerikanischer Herkunft. Eigenartigerweise hat das Land, das der Welt die Kaffeebohne bescherte, heute keine eigene Kaffee-Trinkkultur mehr. Nur noch wenige Jemeniten trinken einen Aufguß aus *Bun*, dem Mehl gebrannter Kaffeebohnen. Die meisten bevorzugen *Qishr*, den stark gewürzten, teeartigen Aufguß aus der Haut von Kaffeebohnen.

Feste und Feiertage

Auch im Islam gilt der arabische Mondkalender, der aus der Antike übernommen wurde. Die Einteilung der Monate nach den Mondphasen bringt es mit sich, daß die religiösen Feiertage, selbst der Geburtstag des Propheten, in jedem Jahr ca. elf Tage nach vorne wandern. 1997 begann im Jemen der **Fastenmonat Ramadan** am 10. Januar und endete am 9. Februar, lief also in der Hauptreisezeit für ausländische Besucher ab. So wird es auch in den folgenden Jahren sein. Für 1998 ist mit Ramadan den ganzen Januar über zu rechnen und für 1999 dann ab Weihnachten 1998 bis etwa 19. Januar des folgenden Jahres.

Wer in betreuten Gruppen während des Fastenmonats den Jemen besucht, wird von den sonst überall spürbaren Einschränkungen wenig merken. Die im Tourismusgeschäft tätigen Jemeniten haben es inzwischen gelernt, ihre Kunden auch tagsüber, wenn nahezu alle Einheimischen fasten, mit Essen und Getränken zu versorgen. Allenfalls die internen Reise- und Besichtigungszeiten werden den veränderten Umständen angepaßt sein.

Einzelreisende, zumal solche, die mit Bus und Taxi vorankommen wollen, müssen hingegen im Ramadan empfindliche Einschränkungen hinnehmen. Es fahren weniger Busse und Taxen, und während der Zeit des Fastenbrechens (bei Sonnenuntergang und mindestens eine Stunde danach) ruht der Verkehr fast ganz. Tagsüber sind die meisten Restaurants geschlossen; die Geschäfte, auch die auf dem Markt, öffnen erst am Nachmittag, um den Einkauf von Lebensmitteln für das Fastenbrechen zu ermöglichen. Wer Mitgebrachtes während der Fastenzeit ißt, trinkt oder raucht, muß das höchst diskret tun, um keinen religiösen Eifer zu provozieren. Während des größten Teils der Nacht geht es dann in den Städten und Dörfern um so lebhafter zu, weil man viele der tagsüber ruhenden Aktivitäten nachholen will und es außerdem im Ramadan mehrere religiöse Teilfeste zu feiern gilt.

Das Fest zum Schluß des Monats Ramadan, der **Eid al-Fithr**, dauert drei bis fünf Tage; das große Fest am Ende der Pilgerzeit, **Eid al-Adha**, dauert vier bis sechs Tage. An diesen Feiertagen ist der Reiseverkehr stark eingeschränkt; vor- und nachher sind die öffentlichen Verkehrsmittel überfüllt.

Weitere Feiertage: Tag der Arbeit (1. Mai); Tag der Vereinigung (22. Mai); Revolutionstag (26. September); Nationalfeiertag (14. Oktober); Unabhängigkeitstag (30. November). Die genannten Staatsfeiertage gehen mit Arbeitsruhe (auch die jemenitischen Botschaften sind dann geschlossen) und Paraden einher. Außer in San'a' und Aden braucht der fremde Besucher aber kaum Notiz davon zu nehmen.

Foto und Film

Der Jemen ist ein sehr dankbares Objekt für Fotografen. Nicht nur ›stimmen‹ meistens die Motive und das Licht (es gibt allerdings auch graue Regen- und fahle Sandsturmtage), auch zeigen sich die jemenitischen Männer und Kinder im allgemeinen den fotografierenden Touristen gegenüber recht aufgeschlossen, wenn diese die Gebote der Höflichkeit respektieren. Zurückhaltung sollte auf jeden Fall bei Frauen geübt werden: Man sollte stets um Erlaubnis bitten, bevor man Frauen ablichtet.

Militärische Stellen sind schnell bei der Hand, Fotoapparate konfiszieren zu lassen, wenn sie Geheimhaltungsvorschriften (z. B. beim Fotografieren auf Flugplätzen) verletzt sehen. Allgemein sollten Reisende im Grenzgebiet und überall dort zurückhaltend sein, wo sie Militär feststellen können.

Farb- und Schwarzweiß Filme, auch Fotobatterien gibt es in den größeren Städten zu Preisen zu kaufen, die nur geringfügig höher sind als in Europa. Beide Arten Filme können im Jemen entwickelt werden, auch lassen sich dort Abzüge von den Negativen machen. Die Qualität solcher Fotoarbeiten liegt allerdings unter der in Europa üblichen.

Gesundheitsvorsorge

Dringend ratsam ist Malaria-Prophylaxe. Während der Regenzeiten tritt Malaria im Jemen auch in Höhen über 2000 m auf. Nach Auskunft der Weltgesundheitsorganisation ist im Jemen Chloroquin noch wirksam.

Manchen Reisenden macht in San'a' (rund 2400 m) die Höhenlage zu schaffen. Eine Reizung der oberen Atemwege und vermehrte Müdigkeit sind häufig beobachtete Erscheinungen. Magen-Darm-Erkrankungen, die im internationalen Tourismus etwa 20 bis 40 Prozent der Reisenden befallen, scheinen hingegen im Jemen nicht so häufig aufzutreten. Dennoch sei geraten, bei Mahlzeiten im Restaurant auf frischen Salat zu verzichten. Auch sollte man mit eisgekühlten Getränken vorsichtig sein (Eiswürfel!). Mineralwasser reichlich, jedoch nicht zu kalt trinken!

Die Küstenebenen am Roten Meer und am Golf von Aden erfordern im Sommer, bei hohen Temperaturen und ebenso hoher Luftfeuchtigkeit, eine robuste Konstitution der Besucher. Auch in den gemäßigten Monaten, Oktober bis Mai, sollte man sich nicht allzu lange der direkten Sonnenbestrahlung aussetzen. Der Körper verlangt nach einem ständigen Ausgleich des Wasserhaushalts aufgrund starken Schwitzens.

Keine der früher geforderten Impfungen – gegen Pocken, Cholera und Gelbfieber – ist noch erforderlich. Den gelben internationalen Impfpaß benötigt man bei der Einreise nur dann, wenn man nicht direkt aus Europa, sondern z. B. aus einem afrikanischen Land kommt, das von einer Epidemie betroffen ist oder vor kurzem betroffen war. Wer lange keine Schutzimpfungen gegen Hepatitis, Polio und Tollwut gehabt hat, sollte diese vor einer Jemenreise auffrischen lassen.

Hotels

In San'a' gibt es gegen Ende der neunziger Jahr genügend Hotelbetten, und es sind noch zahlreiche weitere Hotels im Bau. Wie an anderer Stelle schon gesagt, sind längst nicht alle Neubauten dort entstanden, wo es sich ruhig schlafen läßt. Die an den Ausfallstraßen errichteten Häuser erwähnen wir erst gar nicht. In Ta'izz und Al-Hudaydah bilden sich manchmal Engpässe, zumal am islamischen Wochenende (Donnerstag und Freitag). Aden ist unterversorgt mit Hotelzimmern mittlerer Qualität. Einzelreisende haben es namentlich im Hadramaut während der europäischen Schulferien in den gemäßigten Jahreszeiten (Ostern, Weihnachten und Neujahr) schwer, Zimmer zu finden.

Gruppenreisende buchen in aller Regel ihre Hotelzimmer mit dem ganzen Reisepaket. Wir beschränken uns deswegen hier darauf, einige Häuser zu nennen, die wegen ihrer Lage für Einzelreisende geeignet erscheinen.

... in San'a'

Das **Taj Sheba** wird wegen seiner zentralen Lage und Nähe zum Westeingang in die Altstadt geschätzt, während das **Sheraton** knapp vier km vom Zentrum (Midan At-Tahrir) entfernt steht. Die Altstadt ist ebenfalls von den Hotels **Panorama, Sam City, Sultan Palace, Menaha** und **Al-Ikhwa** aus schnell zu Fuß zu erreichen, während es vom **Dar Al-Hamd** bis zum Bab Al-Jemen für den rüstigen Fußgänger etwa 40 Minuten sind. Dar Al-Hamd bietet durch seine Lage aber Ruhe und frische Luft. In den zentral gelegenen Großhotels schützen Doppelverglasung und andere schalldämpfende Einrichtungen die Gäste vor dem Verkehrlärm der Innenstadt. Dieser erlischt in Alt-San'a' während der Nacht fast ganz. Dafür rattern dort häufig die hoteleigenen Stromaggregate, bellen nachts die Hunde und schallt am späten Abend sowie am frühen Morgen (ca. fünf Uhr) der Gebetsruf von zahlreichen Moscheen besonders intensiv. Folglich sind die in der Altstadt gelegenen Hotels nicht als ruhige Schlafstätten zu qualifizieren.

Sheraton*****, ✆ 23 75 00/1/2/3, Fax 25 15 21
Taj Sheba*****, ✆ 22 23 72, Fax 27 411 29
Panorama****, ✆ 21 89 71, Fax 20 14 92

Sam City***, ✆ 27 62 94,
Fax 27 51 68
Dar Al Hamd**, ✆ 28 31 19,
Fax 20 31 17
Plaza**, ✆ 27 91 00,
Fax 27 26 04
Sultan Palace*, ✆ 27 37 66,
Fax 27 37 66
Menaha, ✆ 27 42 54
Al Ikhwa, ✆ 27 49 08

... in der Umgebung von San'a'

In **Thula** und in **Kawkaban** gibt es je ein neu hergerichtetes Touristenhotel mittlerer Qualität. Nur knapp eine Autostunde von San'a' entfernt, lohnt sich hier für diejenigen die Übernachtung, die diese beiden Traditionsstädte einmal gleich nach dem Frühstück erleben möchten, ehe der erste Touristenschub kommt.

Am Stadtrand von San'a', etwa 10 km vom Zentrum entfernt, liegen:
Ramada Hotel Hadda****,
✆ 21 52 12
Al-Rawda Palace, ✆ 34 02 27

... in Ta'izz

Ma'rib**, ✆ 21 03 50/1/2,
Fax 212122
Al-Ikhwa**, ✆ 21 03 64/5
Plaza**, ✆ 22 02 24/5/6
Al-Yemen**, ✆ 21 95 22/3/4,
Fax 21 95 25
Asia*, ✆ 22 29 48, Fax 22 78 46
Al-Khair*, ✆ 21 66 47,
Fax 216647

... in Aden

Aden Hotel Mövenpick*****,
✆ 23 29 11, Fax 22 12 55
Crescent Hotel****, ✆ 20 34 71,
Fax 20 45 97
Rock Hotel**, ✆ 20 20 87,
Fax 20 44 04
Ambassador**, ✆ 20 36 41 u.
20 12 71

... im Stadtteil Krater

Al-Amar**, ✆ 25 63 01/2/3,
Fax 25 63 04
Al-Medina*, ✆ 25 13 11
Al-Wafa*, ✆ 25 61 21,
Fax 25 27 30

... in Al-Hudaydah

Bristol***, ✆ 23 91 58 u.
23 91 97
Ambassador***, ✆ 23 12 47/8/9
Tihama*, ✆ 23 95 58
Borg, ✆ 23 93 36 u. 23 92 79

... in Sa'dah

Rahban**, nahe Bab Al-Jemen
(Südtor)
Al-Mamoon**, ✆ 22 03,
Fax 24 59
Bilquis Throne*, ✆ 29 73

... in Marib

Bilquis Marib**, ✆ 23 71/2–8
Al-Janattayn**, ✆ 23 10/1

... in Al-Mukalla

Hadramaut****, ✆ 30 34 41/2
Al-Maseela**, ✆ 30 38 11
Al-Atemad*, ✆ 35 24 39,
Fax 35 34 05

Mukalla Hotel*, ✆ 30 35 47, Fax 303349

... im Wadi Hadramaut

In dieser Region sind seit dem Zusammenschluß der beiden Jemen-Staaten (Mai 1990) zahlreiche neue Unterkünfte entstanden. Es gibt aber immer noch nicht genug, um alle Reisenden während der Hochsaison (Nov. bis April) unterzubringen. Einzelreisende müssen bei Vorausbuchungen möglichst schriftlich festmachen, daß ihnen die Zimmer auf jeden Fall reserviert bleiben, selbst wenn eine Reisegruppe eintreffen sollte. Die meisten der neuen Unterkünfte gehören nämlich jemenitischen Reiseunternehmern, die dazu neigen, Einzelreisende auszuquartieren, wenn ihnen für die Unterbringung einer Gruppe Zimmer fehlen sollten.

Die meisten Hotels gibt es in Say'un, das sich als täglicher Ausgangspunkt für Besichtigungstouren im Wadi Hadramaut und in den Nebentälern bestens eignet. Aber auch in kleineren Orten (Al-Qatn) und in den Nebentälern (Sif im Wadi Daw'an) gibt es brauchbare Unterkünfte. Wir nennen einige Hotels, für die von San'a' aus Zimmer gebucht werden können.

... in Say'un

Samah**, ✆ 40 36 23, Fax 40 36 23
Yata/Seyun*, ✆ 42 54, Fax 42 54
Tower*, ✆ 35 75
Sam City Chalets*, ✆ u. Fax 44 44
Qasr Al-Qubba (Tarim), ✆ 5 52 21, Fax 5 54 88
BMC**, (ca. 7 km westlich von Say'un), ✆ 25 24

Kleidung

Sich für die Jemen-Reise ›vernünftig‹ mit Kleidung auszurüsten heißt nicht nur, Sonnenschutz für Kopf und Arme, Wolle gegen die empfindliche Abendkühle in den Bergen und in der Wüste, Strümpfe zum Schutz der Knöchel und Unterschenkel vor Moskitostichen mitzuführen. Daß auch festes Schuhwerk für die Kraxelei in Ruinen und über Felsen erforderlich ist, versteht sich ebenfalls von selbst. Sich vernünftig zu kleiden bedeutet ebensosehr, Sitten und Gebräuche des Gastlandes zu respektieren. Dies dient der eigenen Sicherheit und erleichtert den Besuch sakraler Orte.

»Wer im Urlaub auf die kurzen Hosen nicht verzichten kann, ist im Jemen fehl am Platz, ob Mann oder Frau«, heißt es in einer Aufklärungsschrift (Jemen Sympathie-Magazin). Dieselbe Schrift empfiehlt Frauen ein Tuch als Allzweckmittel: um den Hals im zugigen Auto, zur Verhüllung der Haare beim Moscheebesuch, Schutz für Augen und Haare bei Sandsturm und gegen die Sonne. Den Frauen werden lange und weite Oberteile, die über die Ellbogen und den Schritt reichen, empfohlen. Ärmellose und enganliegende Bekleidung läßt man am besten zuhause. Latzhosen sind unterwegs sehr unpraktisch, »wenn frau mal verschwinden muß.« Dem ist nichts mehr hinzuzufügen, außer vielleicht, daß die guten Ratschläge der Feder einer Frau entstammen.

Kosten

Die Kosten einer Jemen-Reise sind natürlich von vielen Faktoren abhängig, individuellen wie objektiven. Auszugehen hat man zunächst von dem gerade gültigen Wechselkurs (s. Banken, Geld, Devisen). In den neunziger Jahren hat die Inflation vor allem den jemenitischen Verbraucher geplagt; die Inlandskosten für Einzelreisende sind jedoch nicht so dramatisch gestiegen. Wirklich teuer sind die Übernachtungspreise in den (wenigen) Luxushotels von San'a' und Aden. Dort wird der Zimmerpreis in US-Dollar abgefordert und liegt schon bei 250 Dollar je Doppelzimmer und Nacht. Außerhalb der Saison und bei Buchung über einen jemenitischen Reiseunternehmer läßt sich dieser Preis herunterhandeln.

In den Mittelklasse-Hotels liegt der Preis für ein Doppelzimmer bei 50 bis 60 Dollar. In bescheideneren, aber immer noch gut erträglichen Häusern (Altstadt-Hotels in San'a') kostet das Doppelzimmer 30 bis 40 Dollar. Das Essen in jemenitischen Restaurants ist immer noch sehr preiswert. Auch die öffentlichen Verkehrsmittel – Überlandbusse, Sammeltaxen und Einzeltaxen in der Stadt – bereiten keine hohen Kosten. Ein alleinreisendes Paar, das sich mit Übernachtungen in Mittelklasse-Hotels bescheidet, dürfte sich (Stand 1997) mit dem Gegenwert von 100–120 Dollar je Tag unterhalten können. Für zwei Plätze im Geländefahrzeug, das ab San'a' für zehn Tage ins Wadi Hadramaut geht, müßte das Paar zusätzlich 800 Dollar rechnen, plus 250 Dollar für die Wüstendurchquerung (s. Sicherheit).

Krankenhäuser

San'a' hat mehrere modern ausgestattete Krankenhäuser, in denen auch der schwer erkrankte Tourist Hilfe finden kann. Als bestes gilt das Kuwait General Hospital. Neben den staatlichen haben sich in den neunziger Jahren auch private Kliniken aufgetan. Diese machen sich meistens auch durch Schilder in Englisch bekannt, und die leitenden Ärzte geben an, an welchen ausländischen Universitäten sie studiert haben. Moderne Krankenhäuser gibt es außerdem in Aden, Ta'izz, Al-Hudaydah, Ibb und Sa'dah.

Öffnungszeiten

Freitag ist der Wochenfeiertag, an dem Behörden, Firmen und die meisten Geschäfte geschlossen bleiben. Auf den Märkten von San'a', Ta'izz, Aden, Al-Hudaydah und Al-Mukalla haben jedoch viele Geschäfte bis kurz vor dem Mittagsgebet geöffnet, manche auch am späten Nachmittag; allgemein ist der Freitag nicht in dem Maße Ruhetag wie für die Christen der Sonntag. Im ganzen Land gibt es an zahlreichen Orten Freitagsmärkte.

Wochentags haben die Behörden von 8 bis 13 Uhr Publikumsverkehr (donnerstags um eine Stunde verkürzt), die Banken sind von 8 bis 12 geöffnet. Die Hauptpostämter in den großen Städten haben Publikumsverkehr von 8 bis 13.30 Uhr, mancherorts nur bis 13 Uhr, und von 15 bis 19 Uhr; am Freitag sind sie geschlossen. Die Museen bleiben am Freitag geschlossen. Das Nationalmuseum in San'a' hat Samstag bis Mittwoch von 8.30 bis 13 Uhr und am Nachmittag von 15 bis 17 Uhr geöffnet; am Donnerstag dann nur zwischen 8.30 und 12 Uhr. In Aden kann man das Nationalmuseum täglich außer freitags von 9 bis 13 Uhr besuchen.

Post

Die jemenitische Post gilt als zuverlässig und tüchtig. Ab San'a' kann man mit einer Laufzeit von vier bis sechs Tagen für Briefe/Karten in europäische Länder rechnen. Von Aden aus, das nicht mehr über direkte internationale Flugverbindungen verfügt, ist die Post ein bis zwei Tage länger unterwegs.

In San'a' ist das Hauptpostamt aus der Innenstadt heraus in ein neues Gebäude weit draußen Richtung Flugplatz verlegt worden. Das frühere Hauptpostamt an der Südseite des Midan At-Tahrir hat jedoch weiterhin geöffnet und ist für Touristen von der Altstadt und von den Hotels der Innenstadt her gut zu erreichen. Dort bekommt man Briefmarken, kann postlagernde Briefe empfangen oder Einschreibebriefe aufgeben. Die meisten Angestellten sind freundlich, und einige sprechen auch etwas Englisch. Vor dem Gebäude werden Ansichtskarten, Briefpapier und Kugelschreiber verkauft.

Die Deutsche Bundespost hatte in den siebziger Jahren der jemenitischen Post Entwicklungshilfe geleistet. Daran erinnern im vormaligen Nordjemen noch die vielen gelben Briefkästen. Diese kann man in San'a' und an anderen Orten ruhig benutzen, sie werden ordnungsgemäß geleert. Die Laufzeit von Briefen und Karten verringert sich jedoch beträchtlich, wenn man Gelegenheit hatte, sie im Postamt am Midan At-Tahrir einzuwerfen.

Ins Ausland telefoniert man von verschiedenen anderen Stellen aus (s. Telefonieren). Telefongespräche innerhalb des Jemens werden jedoch von dem Postamt am Midan At-Tahrir abgewickelt.

Reisebüros

Es gibt in Deutschland zahlreiche auf den Jemen spezialisierte Reiseunternehmen, die sich durch Werbung im Jemen Report (Deutsch-Jemenitische Gesellschaft e.V.) und in den Reisebeilagen der Tages- und Wochenpresse bekanntmachen. Viele dieser deutschen Unternehmen haben seriöse jemenitische Partner. Kritisch betrachtet, muß man aber sagen, daß im Jemen selbst zu viele neue Reisebüros ›wie Pilze aus dem Boden geschossen‹ sind. In San'a' allein gibt es jetzt 240 Reiseagenturen, im ganzen Land über 300. Nicht alle haben die nötige Infrastruktur, das Kapital und die Erfahrungen, um den hohen Anforderungen des Geschäftes gerecht zu werden. (s. Sicherheit). Wir verzichten darauf, aus der Vielzahl von Namen einzelne zu nennen. Für Gruppenreisende steht das jemenitische Partnerunternehmen ohnehin bei der Buchung in Europa schon fest; passionierte Einzelreisende können spezialisierte deutsche Reisebüros finden, die ihnen seriöse jemenitische Partner auch dann nennen werden, wenn kein Pauschalangebot gebucht wird.

Reisegenehmigung

Bis zu Beginn der neunziger Jahre war es erforderlich, in San'a' eine schriftliche Bewilligung der im Land geplanten Reisen einzuholen; jeder angesteuerte Ort hatte auf dem Dokument verzeichnet zu sein.Seit der Vereinigung der beiden Jemen-Staaten kann scheinbar jeder Reisende im Jemen zu jeder Zeit in jeden Landesteil auf jeder beliebigen Route gelangen. Die Wirklichkeit ist jedoch anders. Hält die Regierung ein Gebiet oder eine Route dorthin für unsicher, dann weisen die an den Ortsaus- und -eingängen sowie an Kreuzungen von Überlandstraßen stationierten Militärposten ausländische Reisende zurück (s. Sicherheit). Früher waren es eben diese Posten, die das in San'a' ausgestellte Reisedokument zu prüfen hatten.

Sicherheit

Während der Reisesaison 1996/97 war der Jemen durch einige Entführungen oder Geiselnahmen von Touristen ins Gerede gekommen. Insbesondere die Festnahme von 13 Mitgliedern einer Motorrad-Exkursion in das noch kaum erschlossene Mahra-Land durch Stammeskrieger erregte internationales Aufsehen. Obwohl auch diese Entführungen, wie in den Jahren zuvor andere Fälle, ohne Schaden für Leib und Leben der Betroffenen beendet werden konnten, führten sie zu einer Verkürzung der Frühjahrs-Reisesaison 1997. Zahlreiche europäische Reiseunternehmen stornierten im März/April des Jahres ihre verbliebenen Buchungen, zumal die jemenitischen Behörden auch wegen der zu Ende April durchgeführten Parlamentswahlen aus Sicherheitsgründen die internen Reisebeschränkungen erheblich verschärften.

In diesem Buch haben wir zu erläutern versucht, daß die jemenitische Gesellschaft sich in einem Übergangsstadium von der Stammesstruktur zu einem modernen Gemeinwesen mit harmonisierten Interessenunterschieden zwischen den einzelnen Bevölkerungsschichten befindet. Präsident und Regierung versuchen, das Ziel auf demokratischem Weg zu erreichen. In weiten Teilen des Landes dominiert allerdings noch die Gliederung der Bevölkerung nach Stämmen (selbst im vormals ›sozialistischen‹ Südjemen). Das hat Vor- und Nachteile für die Gesamtgesellschaft. Einerseits hat die Stammesgliederung verhindert, daß sich im Jemen ein streng zentralistisch-autoritärer Überbau niederlassen konnte, wie er in so manch einem anderen arabischen Land jede Eigeninitiative lokaler Kräfte erstickt. Andererseits gibt es im Jemen ein dauerndes Spannungsverhältnis zwischen der Zentralmacht in San'a', die ihren Einfluß ausweiten und vertiefen möchte, und den lokalen Chefs, sprich Scheichen, die ihre Eigenständigkeit behaupten und Ansprüche gegenüber der Zentrale durchsetzen wollen. In dieses Spannungsfeld sind hin und wieder Touristen geraten. Sie wurden von den Stammeschefs zeitweise festgehalten, um als Druckpotential gegenüber der Zentralmacht zu dienen, die bestimmte Ansprüche oder gar Zusagen nicht erfüllt haben soll. (Es entzieht sich in aller Regel dem Urteilsvermögen Außenstehender, zu erkennen, ob solche Ansprüche berechtigt sind oder nicht.) Sobald es zum Eklat gekommen ist, hat die Regierung kaum eine andere Wahl, als über die Freilassung der Geiseln gegen bestimmte Zugeständnisse zu verhandeln.

Es ist aber auch deutlich zu erkennen, daß meistens die betroffenen Touristen, bzw. ihre Reiseleitungen, nicht einfach nur Opfer gegebener archaischer Zustände geworden sind. Fast immer hätten die Festsetzungen vermieden werden können, wenn entsprechende Vorkehrungen getroffen worden wären, d. h. wenn man Sicherheitshinweise beachtet und den Rat von Kennern unsicherer Regionen eingeholt hätte.

Die seit langem im Geschäft erfahrenen jemenitischen Reiseunternehmer (und damit ihre deutschen Partner) stehen in Kontakt zu den lokalen Chefs, deren Gebiet ihre Kunden besuchen. Sie kennen den immer noch gültigen uralten Stammeskodex, wonach vereinbarte Schutzzusagen absolut einzuhalten sind. Für Schutzzusagen zu zahlen, ist nach ebenso altem Stammeskodex keine Schande; der Gruppenreisende hat seinen Anteil daran meistens schon mit dem ursprünglichen Reisepreis bezahlt. Wo aber keine verbindliche Schutzzusage erzielt werden kann, dorthin wird dann auch nicht gefahren. Doch gibt es »im Jemen so viele interessante Ersatz-Reiseziele, daß ein kurzfristig angezeigtes Abweichen von der vorgegebenen Route keinen Qualitätsverlust bedeutet«, meint ein deutsches Reiseunternehmen zu Recht, und vielleicht hat der Reisende, der sich nicht mit einem Jemen-Besuch begnügt, beim nächsten Mal die Gelegenheit, das vorher unzugängliche Ziel zu erreichen. Die spektakulären Geiselnahmen des Frühjahrs 1997 fanden in Gebieten statt, die zu dem Zeitpunkt von kenntnisreichen und verantwortungsbewußten Unternehmen nicht mehr angefahren wurden.

Soll man nun den Rat einer deutschen Wochenzeitung befolgen, die da schrieb: »Jemen – nicht auf eigene Faust reisen!« Es wäre schade, wenn Individualisten, die nicht in einer Gruppe reisen möchten, den Jemen aus ihren Plänen ausklammern würden. Einzelreisende müssen allerdings in San'a' ihre Routen entsprechend der aktuellen Sicherheitslage neu bestimmen.

Wer Timna' und Shabwah auf der Fahrt zum Hadramaut besuchen möchte (was im Frühjahr 1997 nicht möglich war), der wird sich ohnehin einem jemenitischen Reiseunternehmer anvertrauen müssen. Die Fahrt mit Autobus und Sammeltaxi zu den antiken Stätten, obwohl möglich, wäre doch wohl zu langwierig und schwierig. In San'a' dürfte meistens die Gelegenheit geboten werden, sich zeitweise einer sachkundig geführten Gruppe anzuschließen, wenn man nicht einzeln ein Fahrzeug mieten will oder kann. Eigenständig, ohne Timna' und Shabwah, gelangt man ziemlich sicher in den Hadramaut über Al-Mukalla; man kann den öffentlichen Autobus ab Ta'izz oder Aden bis nach Say'un benutzen. In Al-Mukalla sollte man noch einmal die Sicherheitslage erkunden.

Der versierte Einzelreisende wird in San'a' versuchen, mit zeitweilig ansässigen Ausländern (Diplomaten, Entwicklungshelfern, Fachkräften, Kaufleuten usw.) in Verbindung zu gelangen. So nützlich die Hinweise der Deutsch-Jemenitischen Gesellschaft (s. Auskünfte) auch sein mögen: Sie fußen nur im Sonderfall auf den neuesten Nachrichten von vor Ort. Ortsansässige müßten in der Regel über aktuellere Informationen verfügen. Vielleicht wird ja auch in absehbarer Zeit der in San'a' neu geschaffenene jemenitische »Rat für Tourismusförderung« zu einer seriösen Auskunftsquelle.

Hinweise auf das momentane Sicherheitsrisiko an bestimmten Orten oder auf bestimmten Routen zu mißachten, Kontrollposten an den Abzweigungen zu zeitweilig gesperrten Gebieten zu umgehen oder ohne vorherige Abklärung in die entlegensten Teile des Jemens vorzustoßen (Mahrah-Land oder nordöstliche Grenzzone von Al-Jawf) – das alles wäre kein legitimer Abenteuertourismus, sondern eher der Mißbrauch einer relativ freizügigen Bewegungsmöglichkeit. Wenn es zu einer Geiselnahme kommt, gerät die jemenitische Regierung in einen peinlichen Zustand der Nötigung. Infolge verschärfter Sicherheitsmaßnahmen wird dann die Reisefreiheit vieler anderer Touristen mindestens zeitweise eingeschränkt werden.

Raubüberfälle, Taschen- und Gepäckdiebstähle, Betrügereien hat der fremde Reisende im Jemen so gut wie nicht zu befürchten. Nun gut, auch dort lebt man nicht mehr in der Idylle der siebziger Jahre, in denen Eigentumsdelikte an Ausländern, Bettelei (außer um religiös bedingte Almosen), ja selbst reguläre Trinkgelder praktisch unbekannt waren und niemand seine Haustür abschließen mußte. Dennoch kann der Ausländer auch heute noch nach Mitternacht (natürlich mit einer Taschenlampe versehen) ohne Furcht durch die Straßen von San'a' oder jeder anderen Stadt im Jemen gehen.

Sprache

Als Fremdsprache hat Englisch sehr an Boden gewonnen. Zuerst war es vom früher britisch besetzten Südjemen in den Nordjemen gekommen, inzwischen sind auch viele Jemeniten mit guten Englischkenntnissen von Übersee heimgekehrt. British Council hat in San'a' ein Institut für Sprachunterricht eröffnet. Und der wachsende Tourismusbetrieb hat manchen darin beschäftigten Jemeniten genötigt, wenigstens die Grundbegriffe der englischen (oder der deutschen) Sprache zu erlernen. Zudem wird in den Luxushotels überwiegend englischsprachiges asiatisches oder ägyptisches Personal beschäftigt.

Doch die Masse der Bevölkerung spricht ausschließlich Arabisch. Ein gepflegtes Hocharabisch hat einen hohen Stellenwert im Jemen. Im täglichen Leben wird jedoch Dialektarabisch in regional unterschiedlicher Ausprägung gesprochen. Da im Schulwesen ägyptische Lehrer und im Fernsehen ägyptische Filme eine große Rolle spielen, gibt es einen spürbaren Dialekteinfluß aus Ägypten. Mit ägyptischem Umgangsarabisch, für das kleine Lehrbücher zu haben sind, lassen sich auf dem Land durchaus Basisinformationen einholen. In der Wörterliste haben wir manchen Begriffen neben der hocharabischen die dialektägyptische Bezeichnung beigegeben; im Register gibt es neben der Umschrift von arabischen Ortsnamen entsprechend der Landkarte der Deutsch-Jemenitischen Gesellschaft auch eine Aussprachehilfe.

Wörterliste

Äpfel	tuffah
Auto	arabiya (äg.)
	ßiara (hochar.)
Bad	hammam
Bananen	moß
Bank	banka (äg.)
	maßrif (hochar.)
Busbahnhof	mahatta al baß
Bett	sarir
Bezahlen!	dafa'!
bitte	minfatlak
Briefmarke	taba baridi
Brot	eisch (äg.)
	chubs(hochar.)
Buch	kitab
Butter	sibta
danke	shukran
Datteln	balah
Deutscher	alemani
deutsch	alemani
Deutschland	alemaniya
du (m), du (f)	enta, enti
Ei	beda
Ente	batta
Essen	al akl
Fahrkarte	taskara
Fahrpreis (auch Lohn)	ujra
Film	filim
Fisch	samak
Fleisch	lamah
Flughafen	matar
Foto	ßura
Garten	bustan
Geld	fulus